制度的均衡与演化

——企业制度安排与制度环境双向选择的动态均衡关系研究

田永峰 著

中国出版集团
世界图书出版公司

图书在版编目（CIP）数据

制度的均衡与演化：企业制度安排与制度环境双向选择的动态均衡关系研究/田永峰著. —广州：世界图书出版广东有限公司，2012.5

ISBN 978-7-5100-4624-7

Ⅰ．①制… Ⅱ．①田… Ⅲ．①企业制度—研究—中国 Ⅳ．①F279.21

中国版本图书馆 CIP 数据核字（2012）第 093224 号

制度的均衡与演化：企业制度安排与制度环境双向选择的动态均衡关系研究

策划编辑：	陈名港
责任编辑：	韩海霞
责任技编：	刘上锦　余坤泽
出版发行：	世界图书出版广东有限公司
	（广州市新港西路大江冲 25 号　邮编：510300）
电　话：	020-34203432
http：	//www.gdst.com.cn
编辑邮箱：	gzzjp2012@126.com
经　销：	全国各地新华书店
印　刷：	虎彩印艺股份有限公司
印　次：	2013 年 5 月第 2 版　2013 年 12 月第 3 次印刷
规　格：	710mm×1000mm　1/16　19.5 印张　260 千字
书　号：	ISBN 978-7-5100-4624-7/F·0069
定　价：	63.00 元

若因印装质量问题影响阅读，请与承印厂联系退换。

◉　现在的社会不是坚实的结晶体，而是一个能够变化并且经常处于变化过程中的有机体。

—— 马克思、恩格斯：《马克思恩格斯选集》第 2 卷

◉　理解经济变迁的过程将使得我们能够解释各经济体过去和目前各不相同的经济绩效。我们将能解释美国和欧洲持续增长的长期历史、苏联蔚为壮观的兴起与衰落，并解释中国台湾和韩国的快速经济增长与撒哈拉沙漠以南非洲经济体的黯淡表现之间对比鲜明的绩效，以及拉丁美洲与北美对比鲜明的演化。这种认知除了有助于理解已发生的变迁外，还是改进各经济体目前和未来经济绩效的关键。对经济如何成长的真正理解，为人类打开了通向提高福利、减少苦难与赤贫之门。

—— 道格拉斯·C·诺思：《理解经济变迁过程》

◉　人类并不是只诞生了一次，他诞生了几次，我属于期望他的一个新的诞生的人。

—— 埃德加·莫兰：《复杂性思想导论》

前　言 >>

　　本书是从现代企业制度建设问题入手对中国整体制度矩阵复杂演进过程的一个探索。

　　企业制度安排是多重规定性的统一，制度环境也是决定企业性质的关键变量。但是，现代企业理论本质上是西方企业理论，制度环境的因素在很大程度上被作为假定前提抽象掉了。因此，在异质性制度环境条件下，现代企业理论要想发现并实现其对于中国而言的"现代性"使命，就必须从理论上赋予自身以"宏观制度之维"，从实践上重视东西方总体制度环境的差异及其与企业制度安排之间的互动关系。

　　"宏观制度之维"包括两个层面。其一是要"澄清前提"，从企业制度安排的一般逻辑入手反向推导出企业成立及可持续演进的必要制度前提，回答"企业何以可能"的问题。其二是要"追根溯源"，分析制度环境影响企业制度安排的内在机理及其表现，回答"企业制度模式何以可能"的问题。研究发现：企业制度安排本质上是一种"内部规则"，企业并不一定天然存在或事先给定，产权原则、合约原则和法治原则是企业获得其一般逻辑并将其持续拓展的必要条件；基于企业制度安排"嵌入"于异质性制度环境当中并受其"建构"的事实，现实中的企业也必然具有异质性，并普遍遵循着"适应性效率"最大化的原则。

　　在宏观制度视野中，对企业制度模式进行比较制度分析印证了我们的结论。在此基础上反观自省，发现我国的现代企业制度建设不仅意味着"目标创新"，也必然是一种"过程创新"；不仅意味着"顺向制度演进"，也必然伴随着"逆向制度修正"。这两大进程共同决定了中国特色企业制度的最终形成，也反映出我国整体制度矩阵复杂演化过程的本质特征。我们判断，随着这一过程的持续进行，我国企业制度安排与制度环境的关系将逐步走上良性互动的轨道，其契合性将更为增强，经济绩效将更加显著。我们相信，中国特色企业制度创新的典型案例，将不仅给中国的和平崛起奠定坚实的微观基础，也必将给世界其他国家的经济发展提供一种新的制度演进路径的借鉴。

目 录 CONTENTS

第一章 导 论

如果说，一百多年前马克思是从商品入手深刻揭示了当时社会市场经济运行的特点与规律，那么，本书的目的则在于通过对经济复杂系统微观"细胞"即企业制度安排的分析，来探索我国当前整体制度矩阵的均衡状况与发展、演进前景。相比较传统经济学的静态均衡分析，我们的研究基于马克思的"社会有机体"思想和诺思的"适应性效率"理论、借鉴当代科学最前沿复杂性科学的基本理念，更多凸显了制度系统的适应性、动态性和演化性。我们将以"均衡"与"演化"的双重视角、对我国企业制度安排与制度环境间双向"选择"的复杂互动过程进行深入地考察。

1.1 问题的提出

现代企业理论和制度经济学具有天然的相关性。自科斯发现企业生产的制度结构以来，蒙于企业之上的"无知之幕"终于被揭开。以此为标志，现代企业理论诞生；以此为起点，企业理论研究的焦点从企业的生产属性转向了企业的交易属性和制度特征，并主要围绕以下三个问题展开：（1）企业为什么会存在于市场之中？（2）企业边界是如何决定的？（3）企业所有权是如何在企业不同成员间配置的？进而，一系列的理论领域得到开拓：在基础理论方面，主要有产权理论、交易成本理论、制度变迁理论、合约理论；在相关学科拓展方面，主要有新经济史学、公共选择学派、法经济学；在微观分析的应用方面，主要有现代企业理论、经济组织理论、现代金融契约理论等。

如果说经济学是社会科学皇冠上的明珠，那么制度经济学和企业理论则是现代经济学当中最富有魅力和最具有挑战性的领域之一。不过，即使抽象的纯理论研究是如此容易令人着迷，人们也不应忘却：学以致用是学术研究的主要宗旨，经邦济世是学者肩负的基本使命。事实上，我们有幸生于中国这样一个具有深厚文化积淀的国家，我们正处于一个历史传统与现代文明对话的制度大变迁时代，我们正在亲身见证中国崛起这一后发国重新得到振兴的独特案例。即使仅从功利的角度考虑，对于理论的发展来说，关注我们周围每天都在发生变化的现实经济生活，也比盲目追随西方企业理论本身更容易做出具有原创性的成果。弗里德曼就曾说过，谁能解释中国的改革进程，谁就可以获得诺贝尔经济学奖。

但令人遗憾的是，国内学者的有关研究，无论是对企业理论的正面拓展，还是对企业理论的反向批判，基本上都没有超出科斯等人事先给定的分析框架。与此同时，我国经济实践中的一些重大问题没有得到深入的分析和解释，相应地，经济理论中的一些很可能具有原创性意义的课题也没有得到应有的关注和发掘。这是我们本不应付出的昂贵"机会成本"。显然，这不仅有悖于学术研究的基本宗旨，也不符合基本的经济逻辑。

"直面现实"，以制度均衡与演进的视角观照我国以现代企业制度建设为中心的制度变迁过程，我们有如下发现：

1．中国改革的历史方位与逻辑

中国的改革，或者说中国的制度创新和制度变迁过程，是在未来紧迫挑战和远古路径依赖之间的夹缝中进行的。中国改革的这一特点，既决定了其千古少有的难度，答案同时也孕育其中。出路何在？与古为新；前景如何？旧邦新命①。

何谓与古为新？从微观上，它揭示出了改革的两个最基本原动力；从宏观上，它则揭示出了改革的双向性质。所谓改革的两个最基本的原动力，就是对于效率最大化和交易成本最小化双重目标的理性追求。对效率最大化的追求，决定了我们一定要采取"现代"意义上的制度安排；对交易成本最小化的追求，则决定了我们一定会创新出与历史传统有传承与契合关系的制度安排。所谓改革的双向性，就是同一制度变迁路径上并存的方向相反的两种制度创新过程。一个就是"由果溯因"，我们应当对原有的制度环境作出符合时代要求的创新，这是一个"逆向制度修正"的过程；再一个则是远古历史车轮的时代回响，是我们的传统必然会在所谓现代制度上打上难以磨灭的烙印，这是一个"顺向制度演进"的过程。需要着重强调，同时进行的这样两个过程都具有创新的性质。如果一定要进行比较并做出区分，我们认为前一过程事实上是现代社会制度平台的建构和现代精神理念的启蒙，其意义不证自明且影响深远；后一过程则是在文化多元和经济全球化条件下进行的历史传统与现代文明的对话，其必然的结果，是在相互融合中经过一个复杂的适应性过程最终创新出异质性的制度系统，同时在经济绩效诉求方面获得"适应性效率"②。

---

① 《诗经·大雅·文王》云："文王在上，於昭于天。周虽旧邦，其命维新。"冯友兰曾将"周虽旧邦，其命维新"简化为"旧邦新命"，认为其在一定意义上代表了中国文化的基本精神与中国社会的现状。

② 关于这一问题的详细探讨，参见本书第四章、第八章的有关内容。

2."渐进式"改革过程中制度的均衡性要求渐趋显著[①]

在不同的历史阶段，改革逻辑有不同的表现。在特定时刻，它还有可能分别依存于不同的载体而形成不同的阵营。所以称之为阵营，是因为新旧制度之间可能会存在持续的紧张甚至冲突；而阵营之所以形成，则是因为制度之间的紧张其实质主要就是利益的分歧。在人类发展的"功利境界"[②]，政府犹然很容易为利益所"俘获"，更何况芸芸众生！

一般来说，在"内敛"、"革命"和"演化"三种制度变迁模式中，"演化"往往是低成本和高效率的。中国所进行的改革具有众所公认的渐进性质，其本质就是在增量的范围内进行新制度的创新和积累，而对巨大的旧制度存量暂时存而不论。渐进式改革可以缓解新旧制度系统之间的紧张，但却难以最终解决这种紧张。我们已有共识，一定意义上中国并不存在纯粹的经济问题；我们已经看到，整体上渐进式改革开始呈现"报酬递减"趋势。有观点认为，从经济到政治，改革必须是"全面改革"[③]；也有学者指出，要使中国的改革继续进行，就必须从狭义的改革走向"改制"；我国总理温家宝在 2012 年全国"两会"后答记者问时更公开宣示，"现在改革到了攻坚阶段，没有政治体制改革的成功，经济体制改革不可能进行到底，已经取得的改革和建设成果还有可能得而复失，社会上新产生的问题也不能从根本上得到解决，'文化大革命'这样的历史悲剧还有可能重新发生。"所有这一切都隐晦地暗示：中国渐进式改革的空间渐趋有限，制度创新和变迁的均衡性要求渐趋显著。

---

① 对制度均衡的较详细讨论，参见本章方法论部分的有关内容。

② "哲学的任务……不是增加关于实际的积极的知识，而是提高人的精神境界。……我们可以把各种不同的人生境界划分为四个概括的等级。从最低的说起，它们是：自然境界，功利境界，道德境界，天地境界。"——冯友兰：《中国哲学简史》，北京大学出版社 1996 年第 2 版，第 291 页。

③ 《从经济到政治，改革必须是"全面改革"》，《新闻周刊》2004 年第 10 期。

所谓制度的均衡性，这里主要是就制度系统内不同制度子系统之间的相互关联性而言。一个稳定且高效的社会，其总体制度或许并不是均质的，但其主要制度子系统或模块之间的关系却一定应当是高度契合的。对于一个正处于制度演进过程中的后发转轨国家而言，当旧有的制度环境难以容纳更高效率的制度安排时，就需要根据这种新制度安排的需求对原有的制度环境进行变革；当新的制度安排要在带有显著路径依赖性的制度环境中生存时，根据制度环境的"异质性"，演绎出与之适应的新制度形式，交易成本最小。

需要说明的一点是，中国既有的渐进性改革具有特定的意义，体现为整体制度框架中新制度增量同巨大旧制度存量的对比；而制度变迁的均衡性则要求实现新、旧制度之间的契合，虽然其本身也并不排除可能会采取渐进的方式，但较之前者很明显更具有本质性的意义，难度也更大。

3. 现代企业制度建设存在的难题

企业是一国国民经济最基本的微观载体，企业制度安排①是一国制度系统当中最重要的模块之一。我国早就开始了致力于现代企业制度建设的努力，并对西方看来更为先进和具有"现代性"的企业制度进行了大量的引进、试点和推广的工作。但实践表明，企业绩效并未因之如预想般显著增进，国外本来先进的企业制度和理念，在中国似乎失去了其"现代性"的光芒。以有关公司治理的法律制度为例，1994年《公司法》的出台，标志着我国企业改革进入了公司化改造的新阶段。公司法本以建立现代企业制度为目的，以规范公司组织和行为为己任。然而，公司制度的实际推广和运作，却并未达到预想的目标。比如就国有

---

① 制度安排与人和人之间的"契约关系"有内在的联系，是"制度"一词最通常使用的含义。"企业制度安排"是与"制度环境"相对应的规范提法。为了简洁起见，后文一般将其简化为"企业制度"。更进一步的讨论参见卢现祥：《西方新制度经济学》，中国发展出版社2003年版，第37页。

企业来看，政企不分的痼疾尚未根除，又新增了"内部人控制"、"外部人内部化"① 等病症；甚至有学者认为，几十年过去了，国有企业这一关键的问题仍然没有解决②，甚至在 2008 年的金融危机及其应对的诱导下又重新出现了"国进民退"的苗头。

经济实践产生了问题，如果不是因为没有理论的指导，那也一定是因为用以指导实践的理论本身存在不足甚至错谬。事实正是如此。把现代企业制度建设的问题纳入到改革和制度演进的宏观视野中进行观照，我们就会发现，虽然后发国政府应该对企业制度建设发挥指导性的作用，但这决不意味着抹杀企业本身的逻辑和自为性；虽然关注制度本身并没有错，但我们所关注的所谓现代企业制度，只是整体制度系统中的一个子系统。道理就是这样浅显。当我们主要以一种政府思维方式行事的时候，企业自身的主体性被遮蔽了；当我们引进所谓"现代"企业制度的时候，西方社会的制度环境没有也不可能随之而来。毫无疑问，不同制度系统之间持续的紧张将或隐或显存在于由此衍生出来的企业制度当中：（1）中国制度环境没有充分进行适应新制度要求的变革，效率最大化的追求打了折扣；（2）新制度安排没有充分考虑中国固有的历史传统与制度环境，交易成本最小化的追求也难以实现。既没有达到效率的最大化，也没有实现交易成本的最小化，这样的企业制度安排怎样才能放射出其本来引以自豪的"现代性"光芒？

那么现在，真正需要回答的问题最终显露出来了：

第一，现代企业制度何以未从中国历史自发创新③？当科斯提出"企业为什么会在市场中存在"的质疑的时候，其客观的现实是市场和

---

① 黄少安：《中国经济体制改革的核心是产权制度改革》，《中国经济问题》2004 年第 1 期。

② 秋风：《计划与市场可以混合吗》，《经济学消息报》2004 年 3 月 19 日。

③ 这或许也可以称之为制度经济学上的"李约瑟之谜"。——田永峰：《"李约瑟之谜"的三个层面：技术、制度、文化》，《江苏科技报》2010 年 6 月 28 日第 A10 版。

企业不仅存在，而且已经存在了若干个世纪。但是，建国以后我国的基本国情，则是市场发育的严重滞后，而且也几乎并不存在严格意义上的企业，或者说，现实中存在的都是性质遭到不同程度异化了的企业。事实上，建国以来中国国有企业对其旧制度存量所作的边际修正，以及民营企业新制度增量从无到有的发展壮大，本质上是一个"企业再造"的过程。那么，在市场和企业都并非天然存在或事先给定的情况下，我们的问题首先是：企业何以可能？企业内涵的逻辑究竟是什么？联想到在中国历史上并非不存在古典式企业的事实，进一步，我们的问题是：现代企业制度何以未在中国历史中自发创新？企业成立及其可持续演进需要哪些必要的制度前提？

第二，面对形形色色的企业制度模式，何取何舍？我们早已习惯了对发达国家的企业制度模式尤其是公司治理模式评头论足，激扬文字。而且，在企业制度模式的绩效表现与研究、仿效之的热度之间，似乎也存在某种正相关的关系。但是，当我们发现从总体上看各种企业制度模式所体现出来的经济绩效难分优劣的时候，我们在众多的选择面前手足无措了；当我们发现各种企业制度模式既有历史上曾经的辉煌，也难以避免会暴露出各自固有弊端的时候①，我们更强烈地感受到了因理论无知而导致的实践上的盲目和方向缺失感。这一点鲜明体现于我国公司治理结构在法律规定、结构设置和实际运作上的诸多不一致和矛盾上②。

---

① 比如，英美模式既有 20 世纪 60 年代和 90 年代的辉煌，也有 70 年代的危机，特别是 2001 年以来接连不断涌现出的安然公司、世通公司、施乐公司的假账丑闻更使人们对其产生了怀疑；日德模式在 20 世纪 70 年代后显现出其稳定性的优势，但日本 80 年代后经济泡沫的破灭给其蒙上了一层难以挥去的阴影；东南亚的家族模式也曾造就了"东南亚奇迹"，但 20 世纪末的金融危机同样暴露出许多严重的弊端和缺陷。参见贾生华等：《全球化背景下公司治理模式的演进趋势分析》，《中国工业经济》2003 年第 1 期。

② 我国目前的公司治理结构，实际上还在英美模式和大陆模式之间、现代公司治理结构和国企原来的治理结构之间徘徊和选择。比如，在法律规定上是二元治理模式，在机构设置上是多元治理模式，在实际运作上却是带有极端化色彩的一元治理模式。参见黄少安：《中国经济体制改革的核心是产权制度改革》，《中国经济问题》2004 年第 1 期。

于是我们不禁发问：为什么会存在多种多样的企业制度模式？其异质性特征根源何处？在中国独特国情下是否也会创新出企业制度的中国模式或者"中国特色的企业制度"？

本质上，第一个问题是"企业何以可能"的问题，后一个问题则是"企业制度模式何以可能"的问题。显然，这样两个问题都涉及到企业制度与其制度环境之间的双向选择的动态均衡关系问题。如果说科斯仅仅从微观层面关注了企业生产的制度结构，那么我们则更关注宏观层面上国家如何到达繁荣彼岸的制度结构。这正是经济实践已经暴露出的和理论研究已经意识到却没有得到系统、深入回答的问题。

在理论上对这些问题作出回答，我们的工作，其建设性的意义就在于此。

1.2　企业理论史的回顾与反思

文献回顾表明，对企业制度与制度环境之间的动态均衡关系这一颇具重大实践意义的课题，尽管既有的企业理论提供了深厚的资源积淀和丰富的启发线索，但总的说来还缺乏系统而深入的专门研究。

一般认为，企业理论发展可大致分为三个阶段。第一个阶段是马歇尔以前的企业理论，可称为古典企业理论；第二个阶段是新古典经济学的企业理论；第三个阶段是以科斯的研究为发端的新制度经济学的企业理论。除此之外，还存在一些其他的企业理论，包括：演化经济学的企业理论、新兴古典经济学的企业理论、企业的能力理论、后现代企业理论，以及当代学者对新制度经济学企业理论的商榷和批判等等。在企业理论发展史上需要特别提到的，是本质上属于另一个理论系统的马克思主义经济学独特的企业理论。

1.2.1　古典经济学的企业理论

考察发现，尽管古典经济学缺乏有关"企业"的系统研究，古典企业理论还仅仅体现为较个别而分散的阐述，但其中也不乏真知灼见。在这里，我们对三个比较有代表性的古典经济学家（亚当·斯密、约翰·穆勒和马歇尔）的理论观点做一扼要述评。

1.　亚当·斯密的企业理论

早在亚当·斯密的时代，市场经济在英国已经初步建成，企业在国民经济增长中的作用日益突出。从亚当·斯密开始，经济学家开始对企业问题进行思考。亚当·斯密有关企业问题的理论论述集中体现在《国富论》当中，主要对企业内部的劳动分工和合股公司两个问题进行了分析思考：（1）有关企业内劳动分工的理论。亚当·斯密最先把分工和交换价值的生产看成一件事。亚当·斯密认为，劳动生产力的极大改善主要是劳动分工的结果：劳动分工提高了工人的熟练程度；劳动分工节省了在转换工种过程中损失的时间；劳动分工有助于机器发明。为此，亚当·斯密提出四个重要的理论观点：分工和发明过程相互联系；分工只受市场范围的限制；分工制度不仅有助于解释劳动生产率在现代的巨大增长，而且有助于解释物质福利水平的改善；分工的确立决定了人际之间交换和相互依赖的必要。（2）有关合股公司的理论。在亚当·斯密时代，已存在许多根据国王特许或议会法案批准的合股公司。亚当·斯密对合股公司与私人合伙公司和受管制公司股份的不同特征进行了分析。亚当·斯密事实上已经观察到了合股公司中的现在称之为由所有权和控制权分离而引起的委托代理问题，但由于没有认识到合股公司产生的深刻根源，因此对其作出了比较消极的评价。

2.　约翰·穆勒的企业理论

约翰·穆勒的企业理论主要体现于联合供给产品和合股公司两个方

面。（1）有关联合供给产品的理论。约翰·穆勒关于联合供给产品的理论是他对价值理论所作的一个重要贡献。约翰·穆勒对联合供给的答案如下：在产品是以固定的比率联合生产的情形中，每种产品的均衡价格必须是市场上出清的价格，它要服从两种产品的价格总额等于其（平均）联合成本的条件。（2）有关合股公司的理论。约翰·穆勒指出公众合股公司具有如下优势：易于获得资本；可以得到规模经济；公开性即信息比较透明。同时，约翰·穆勒也注意到合股公司的缺点：管理者激励较弱，不乏忠诚但缺乏热情；不会精打细算。总体上，比起亚当·斯密来说约翰·穆勒对合股公司的评价比较积极。

3. 马歇尔的企业理论

企业理论在马歇尔的理论体系中占有重要的地位，在其著名的《经济学原理》中，马歇尔用了整整六章的篇幅来专门探讨企业问题。马歇尔对企业的关注是与技术变迁、知识和决策联系在一起的，他最关心的是企业家的作用和组织的形式，也相当关注市场竞争的结构和企业的规模。马歇尔的企业理论包含着动态的、历史的、演化的观点。其中，马歇尔关于企业是一个不断演化的组织的观点，以及马歇尔关于"微分法"和"积分法"的论述，给了我们有益的启示。

马歇尔秉承亚当·斯密关于组织增进效率的思想，并吸收当时经济学家和生物学家共同研究生存竞争对于组织的影响的结果，把企业看作为一个不断演化的组织。在马歇尔看来，企业组织之所以不断演化，起决定作用的是自然选择，即"生存竞争使最适合于从环境中获得利益的有机体增多"[①]，这主要阐释了经济领域中的"适者生存"法则，说明企业作为整体必须适应所处的环境及其变化，只有"适者"才能生存，虽然"适者"并不一定是最好的。马歇尔还认为，组织形式的演进与基于知识的分工有关。这是因为，在充满不确定性的经济生活中，知识

---

① ［英］马歇尔：《经济学原理》，商务印书馆 1997 年版，第 258 页。

对于一个企业的生存和发展具有不可或缺的意义，而知识的相对稀缺性及其分布的不对称性导致了没有物质资本的人也会逐步掌握事实上的资本控制权，而企业组织的创新就是为这种权力的转移或让渡来提供机会、准备条件的。显然，这与现代企业理论有关企业是物质资本与人力资本的合约的观点颇有异曲同工之妙。通过比较不同的企业，马歇尔还具体分析了每一特色组织形式的优点和缺点以及它们和企业绩效的关系。

马歇尔关于"微分法"和"积分法"的论述，可谓是对其企业理论的一种精妙概括。马歇尔把机能的再分之增加称为"微分法"，比如分工、专门机能、知识等形式；工业有机体的各部分之间的关系的密切性和稳固性的增加则为"积分法"，即交通、通信、金融业等的形成和发展。马歇尔认为，"有机体——不论是社会的有机体还是自然的有机体——的发展，一方面使它的各部分之间的机能的再分部分增加，另一方面使各部分之间的关系更为密切，这个原理是没有很多例外的，每一部分的自给自足越来越少，而为了它的福利却越来越多地依靠其他部分，因此，一个高度发达的有机体的任何部分出了毛病，就会影响其他部分[①]。"马歇尔这一暗含系统论和制度均衡思想的论述，再加上其著名的"自然不能飞跃"的演进信条，给人以莫大的启示。但是，马歇尔并没有找到一种合适的工具来规范这些思想。他的组织概念未免笼统，他在经济领域中对生物学自然选择观点的应用显得生硬，他对知识分布与企业组织进化关系的关注没能提高到应有的高度，他的关于企业内部多种主体之间关系的研究在终究还是把企业简化为一个生产单位的理论体系中也面临被湮没的危险。总而言之，除了敏锐的观察和比较有启发性的观点以外，一切都还显得不够成熟。

马歇尔对企业理论有比较深刻的理解，20 世纪二三十年代关于企

---

① ［英］马歇尔：《经济学原理》，商务印书馆 1997 年版，第 257 页。

业的文献基本上都是基于马歇尔见解之上对其的修正、补充或完善。兹
不赘述。

从总体上来看，古典经济学是从如何增加国民财富的角度来认识企
业的，强调的是企业把土地、劳动、资本等生产要素投入转化为一定的
产出的功能。这主要有两个方面的原因，一是因为工场手工业时代的主
要生产技术方法就是手工劳动的分工；二是因为古典经济学自身的研究
重点不是生产过程本身，而是分工和分配。因此企业本身不可能成为研
究的对象。马克思曾指出，"真正的现代经济学，只有当理论研究从流
通过程转向生产过程的时候才开始①。"同样，企业理论也只有当研究
转向生产过程时才能得到揭示。古典经济学没有实现这一转变。所以，
尽管也包含不少有价值的理论观点，但这些分散的论述并不能构成严格
意义上的企业理论②。

1.2.2 新古典经济学的企业理论

经济学说史上，新古典经济学第一次以厂商理论的形式系统阐述了
企业理论。

厂商理论分析企业问题的基本出发点包括：（1）以业主—企业家模
型作为分析起点。在业主—企业家模型里，企业的所有权和管理权、所
有者和经营管理者都是合二为一的。企业家作出所有的决策，企业员工
忠实、准确地执行企业家的指令并按照其劳动获得报酬。（2）"交易成
本"为零，合约完全。新古典企业理论假设：在市场上，无论是相对价
格的发现、生产要素的购入、产品销售对象的寻找，还是契约的签订、
执行和监督检查等，都是无需费时费力的；在企业内部，企业家决策的

---

① 马克思：《资本论》第三卷（上），人民出版社 1975 年版，第 376 页。
② 白津夫：《企业理论发展阶段研究》，《学习与探索》1995 年第 1 期。

传达和员工对其的领会和执行，都是完全准确的，不存在机会主义行为。同时，新古典企业理论还假设企业运营当中的各种合同都是完备的，即使出现了违约行为，作为第三方的法院也能根据确定的原则进行无成本的处理。这事实上就是假设交易成本为零和合约完全。（3）信息完全，市场情况确定。新古典企业理论假设信息是完全的，市场情况是确定的。企业家对于市场的运行情况和企业过去现在未来的状况都有充分的了解，尤其是充分掌握了市场价格和企业需求曲线、成本曲线的有关信息。（4）企业的惟一目标是追求利润的最大化（最大化的经济理性），并且是应用边际原理来实现这一目标。（5）企业存在于一种静态环境当中。新古典企业理论假设厂商在每一个时期都在追求利润的最大化，且各个时期的决策不会相互影响，可见是一个静态模型①。

　　在以上假定前提的基础上，新古典经济学将企业定义为以盈利为目的的一个独立的经济单位。企业如何组织并不重要，重要的是每个企业都是一个生产经营单位，其目标都是尽可能地获得最大利润。基于此，新古典企业理论的主要内容包括：（1）关于生产函数的理论。新古典经济学用一个生产函数来表示企业，在技术水平既定条件下，企业可表示为生产函数 $Q = F(X_1, X_2 \cdots\cdots X_n)$。其中，$Q$ 表示产量，X_1，$X_2 \cdots\cdots X_n$ 表示特定的生产要素组合。在完全竞争条件下，价格与边际成本相等的产量即是利润最大化产量，企业根据市场价格的波动相应调整自身的要素组合状况，企业生产将一直拓展到这一点为止。新古典经济学还分别研究了一种生产要素可变、两种要素可变及所有要素都可变条件下的产量变动情况。另外，新古典经济学也研究了企业的规模经济问题，得出了每个企业只有处在适度规模才最经济的结论。新古典经济学尤其注重研究了成本函数的变动规律。成本函数被定义为产量与成本之间的函数关系，成本函数理论主要研究成本的变动规律。新古典企业

---

　　① 白津夫：《企业理论发展阶段研究》，《学习与探索》1995 年第 1 期。

理论着重分析了企业生产的总成本、平均成本和边际成本等范畴之间变动的相关关系，尤其重视边际成本在企业决策、资源优化配置当中的决定性作用。（2）有关不同市场竞争状况条件下的企业均衡的理论。新古典企业理论事实上是通过一系列的假定把企业的最大化决策问题简化为了一个数学极值的计算问题。不过在不同的市场竞争状况下，企业利润最大化的均衡状态是各不相同的。新古典企业理论严格证明了完全竞争是最有效率的。新古典企业理论还具体研究了垄断竞争、寡头垄断和完全垄断的情况。

由此可见，由于"方法对思想的背叛"①，由于当时自由市场经济的神圣光芒掩盖了经济学家们对企业组织和制度特征的微弱思想火花，由于经济实践中简单的企业组织微小的交易成本还不足以触动人们的那根强韧的经济神经，结果是古典企业理论当中那些关于企业组织特征的天才的思想，没能够在随后的新古典经济理论中得到传承。在新古典框架中，企业自身固有的组织特征被严重忽视了，而被简化成一个市场之上的类似于经济人的生产单位，或者说只是一个"生产函数"（production function）。这个生产函数描述的是在可行的技术条件下任何一组投入所能生产的最高产出的一种关系；或更准确地说，企业是在由既定生产函数给出的技术约束，由既定的投入品、产出品价格给出的经济约束，以及由既定的需求函数给定的市场约束条件下的一个追求利润最大化的经济单位。结果，企业仍旧是一个尚未打开的"黑箱"，新古典企业理论也只是"没有企业"的企业理论。

应当说，虽然同之前的理论相比，新古典经济学在数理模型方法上取得了巨大的进步，即使其一向为人所诟病的理想然而不切实际的最优均衡模型，也可以通过"设立参照系研究方法的需要"的解释而得到

---

① 杨瑞龙：《企业的利益相关者理论及其应用》，经济科学出版社 2000 年版，第 21 页。

相当的认同，甚至萨缪尔森得意地把新古典范式称为"牛顿的复乐园"①。但总的看来，新古典经济学还主要的只是为亚当·斯密市场理论所进行的解释或证明：在内部结构上，企业事实上被当成了一个"黑箱"；在市场运行中，企业也不过是一个单维度的经济人；在企业与外部环境之间的关系方面，也丢弃了古典经济学研究企业问题的系统和演化的方法论传统。总之，在新古典经济学中，企业的生产函数特征得到了充分的演绎，企业的组织和制度属性却被完全忽略了。

1.2.3　新制度经济学的企业理论

新制度经济学之前的旧制度经济学也存在若干有关企业的理论论述。凡勃伦和康芒斯以及后来的加尔布雷思等人是旧制度经济学派的主要代表。凡勃伦侧重于在进化论的框架下理解制度，并将制度定义为某种思想习惯。在《企业论》一书中，他较早关注了企业存在的产权基础问题（"无形财产"），并认为企业在法律上的原则是契约精神，它的基本内容包括缔约自由、信守契约。与凡勃伦不同，康芒斯侧重于将制度变迁的原因归结于组织内部的利益关系。康芒斯把人的一切经济活动划分为"生产"和"交易"两个方面。其中，"生产"是人对自然的改造；"交易"是人与人之间的互动。这种"互动"又分为三种基本的类型：买卖的交易、管理的交易和限额的交易②。康芒斯关于"管理的交易"和"买卖的交易"之间的区分与科斯所说的企业与市场的本质区别带有一定的相似性，体现出了惊人的洞察力。但可惜的是他最终却没有发现交易本身也是存在成本的。而事实上在零交易成本的世界中，交易活动与生产活动的划分，包括交易活动本身的划分都是没有意义的。

---

① 萨缪尔森：《经济分析基础》，商务印书馆 1992 年版，第 6 页。
② 卢现祥：《西方新制度经济学》，中国发展出版社 1996 年版，第 5 页。

总的来看，旧制度经济学对交易关系和企业契约的关注，虽然还不能深刻揭示企业的内在本质，但给后来新制度经济学的有关研究提供了良好的理论铺垫。

科斯揭示出企业生产都是带有制度结构的生产过程，标志着新制度经济学企业理论的诞生。现代企业理论主要就是新制度经济学的企业理论。新制度经济学的企业理论，除了其创始者科斯的理论观点之外，还包括资产专用性理论、间接定价理论、团队理论、委托代理理论和利益相关者理论等。

1. 科斯的企业理论

科斯的企业理论集中体现在他 1937 年发表的《企业的性质》一文中。在其中，科斯以市场和企业的比较为主线，以交易成本的大小为标准，以"权威"一词为核心概念，最终得出"企业的功能在于节省市场价格机制运作成本"的结论。其要点是：（1）企业具有契约性质。无论是市场价格机制运作下的契约形式，还是企业作为一种契约形式，都是资源配置的手段，目的都是为了节约交易成本；（2）企业契约不同于市场契约的关键，在于企业契约中包含了劳务的费用；（3）企业契约较之于市场契约更能节约交易成本的原因是它包含了某种"权威"关系，这种权威关系使得企业各种带有人格化色彩的生产要素无须市场定价而统一由企业家指挥；（4）企业规模"将倾向于扩展直到在企业内部组织一笔交易的成本等于通过在公开市场上完成同样一笔交易的成本或在另一个企业组织同样交易的成本为止"①。显然，科斯的企业理论，其主旨在于说明在契约的基础上，由于"权威"的存在，导致了交易成本的节约，因此企业是市场的替代物。

科斯理论的最大贡献就在于为我们开拓了一个从契约和交易成本角度理解企业的崭新视角，揭示了企业生产是带有制度框架的生产过程，

---

① ［美］科斯：《企业、市场与法律》（中文版），上海三联书店 1990 年版，第 10 页。

从而真正打开了企业的"黑箱"，并为我们留下了充分的探索空间。但科斯理论的粗糙也是显而易见的。比如：（1）科斯所说的"权威"，往往是"对生产要素的指挥"，似乎还主要的和企业的直接生产经营有关；而事实上，企业契约的所谓"权威"，主要与剩余索取权（residual claimancy）和控制权（rights of control）的配置有关。（2）"权威"是一个很容易产生歧义的概念，往往与政府部门的官僚体制相关，以至于甚至有人借此来反对市场本身。（3）科斯的企业契约，主要的还是一种静态的考察。事实上企业的"权威"作为一种资源而言也是在不停流转和不断地进行着重新配置的。（4）交易成本概念显得模糊，缺乏可操作性。

在科斯之后，理论发展侧重于对企业内部组织结构和交易关系的研究，以确定交易成本产生的根源，并提出相应的制度对策，由此诞生了多个相关理论。

2．资产专用性理论

资产专用性理论由威廉姆森等作出开创性研究，又在格罗斯曼和哈特等人那里取得了进一步的发展。

资产专用性理论也认为企业是用以节约交易成本的契约组织，不过它对交易成本的来源、企业的边界等问题提出了自己独到的见解和对策。资产专用性理论建立在一组特定的范畴之上，它们主要包括：机会主义、资产专用性、交易维度、准租、非流动性、"购买"和"制造"的问题（buy or make?）、合约不完全性、纵向一体化等。概言之，资产专用性理论的主要观点是：主观上由于人类本性当中的机会主义行为倾向，客观上由于资产的专用性质，在企业运转过程中存在着为获取"专用性准租"而采取机会主义行为的潜在可能性；如果合约是完全的，那么这种潜在可能就不会成为现实；事实上企业合约是不完全的，这时机会主义行为就会给企业的运转带来大量的交易成本；为了节约交易成本，并克服企业合约的不完全性特征所带来的消极影响，一体化（包括合约的长期化）或者采取另外一种一体化形式将是一种合理且有效的选择。所谓一体化，在这里被认为是与企业所有权即剩余索取权和控制权的配置方式有关的企业内交易关系的特定规制结构。

在科斯那里及科斯以后的很长时间里，交易成本都是一个无所不包，同时内涵不明的概念，几乎任何一个问题都可以借用交易成本来加以说明，但其含混性也让许多理论失去了现实的可操作性。资产专用性理论着重从机会主义行为利用资产专用性获取"准租"的角度对交易费用进行了有针对性的研究分析，不能不说是一个进步。但资产专用性理论更重要的贡献却在于其对企业合约不完全性、企业所有权配置的关注和其所提出的一体化概念方面。在这方面取得重大进展的主要是格罗斯曼和哈特的研究。他们先将企业的所有权定义为"剩余控制权"，即企业契约是不完备的，谁能对契约中不完备的部分拥有决策权，谁就同时占有了对应的剩余索取权。在此基础上，他们认为纵向一体化虽然可以节约市场上机会主义带来的交易费用，但由于被一体化的一方失去了对原来企业的剩余控制权，也就同时损失了相应的激励，会有效率损失，这是一体化带来的合并费用。纵向一体化到底是否发生，就取决于一体化节约的市场交易费用和带来的合并费用之间的比较，当前者大于后者时，纵向一体化就会发生。同时，谁一体化谁的问题也是取决于哪种方案可以节约更多的市场交易费用或者带来更少的合并费用，并且得出结论是，投资最重要的一方应一体化其他方[①]。

总的来看，虽然资产专用性和"准租"并不是交易成本产生的惟一根源，将企业所有权定义为剩余控制权并不恰当，但由之而引出的关于经济人的机会主义行为假定、企业契约的不完全性观念和对企业所有权不同配置方式作为交易关系的不同规制结构的研究，却带有一般性的意义。

---

① Grossman and Hart, 1986, The Costs and Benefits of Ounership: A Theory of Vertical and Lateral Integration, *Journal of Politic Economy*, Vol, 94.

3．间接定价理论

张五常并不完全赞同科斯关于"企业代替市场"的观点，因而对于企业的性质作了进一步的研究，并作出了自己的解释。张五常认为，企业与市场的不同，只是程度上的；企业并非为取代市场而设立，而仅仅是用要素市场取代产品市场，或者说是"一种合约取代另一种合约"。这样两种市场或两种合约的主要区别在于：（1）交易对象不同。市场的交易对象是产品或商品，而企业交易的对象则是生产要素。（2）交易方式不同。企业交易是对生产要素的"间接定价"，而市场交易则是一种对商品的"直接定价"。（3）合约数量不同。市场交易需要一系列的合约，而企业交易则主要是一个合约。（4）交易成本不同。企业的交易成本往往小于市场的交易成本。

张五常认为："企业的出现是私有要素的所有者按合约把要素的使用权转让给代理者以获取收入，作为获取收入的代价，要素所有者必须遵守某些外来的指挥，而不能再以市场的价格来作为他行动的向导。"①这一论述是对所谓"间接定价"的内在机理的具体阐释。事实上，在企业契约当中，从要素所有者的角度来看，其之所以要离开市场进入企业，实质是在放弃一定的要素使用权（进而在企业内部表现为对一定控制权的放弃）和获得一定的剩余索取权之间做出了一个选择；而从企业的角度来看，企业合约对市场合约的取代，也是在让渡一定的剩余索取权和获得一定的控制权之间做出了一定的选择。这是因为，只有获得了控制权才能够形成"看得见的手"的"权威"进而节约交易成本，同时也只有放弃一定的剩余索取权才能够获得一定的控制权②。

----

① 范黎波等：《企业理论与公司治理》，对外经贸大学出版社2001年版，第29页。

② 把企业作为一个"主体"称谓之并与要素所有者相对应只是为了论述的方便，这并不意味着"企业"本身能够脱离各要素所有者的参与而独立存在。当然，脱离开企业整体的所谓要素所有者以及利益相关者也是不可思议的。本质上，企业就是一个复杂适应系统。参见本书最后一章关于复杂适应系统的有关内容。

黄有光和杨小凯建立了一个关于企业的一般均衡的契约模式，将张五常的企业理论用一个数学模型精细化了①。这一模型存在三个前提假定，一是假定每个人都既是生产者又是消费者，因此企业并不预先存在；二是假定存在着专业化经济；三是存在交易费用的冲突。在此基础之上，他们采取模型对用来组织分工的三种不同方式分别进行了考察，最后得出的结论是：（1）分工对于企业的出现并不是充分的条件。（2）最难以监督（监督成本较高）和直接定价的生产要素的所有者拥有企业所有权的组织方式是企业的最优选择。由于所占有的企业所有权就是最难以监督并直接定价的生产要素的间接价格，因此这种理论被称为"间接定价理论"。其实质就是以监督成本这种交易成本为标准对不同企业内交易关系规制结构（比如不同的一体化方式等）进行的比较。

"间接定价"理论也有其自身的缺陷，体现在：（1）对于企业契约的不完全性和企业所有权配置规律的研究仍不够深入，尤其是将监督费用的比较作为决定企业所有权配置的主要依据的观点值得商榷。（2）关于企业和市场的区别主要是要素市场和产品市场的不同的观点，如果不考虑其后对"合约"的强调，很容易导致概念的混淆。（3）认为企业契约同市场契约只不过是程度上的差别，这意味着企业能消除机会主义的论点不是决定性的，那么按照逻辑的推理，下一步应对要素交易的合约本身进行考察，由此将导向阿尔钦和德姆塞茨对企业的内部结构由激励—监督问题决定的论述。但张五常并没有继续深入，而是简单地断言，当定价成本为零时将不会发生偷懒行为（shirking behaviour），轻易地忽略了这一问题②。

4. 团队生产理论

虽然团队生产理论认同企业的契约性质，但对科斯关于企业是"非

---

① 范黎波等：《企业理论与公司治理》，对外经贸大学出版社 2001 年版，第 29 页。
② 张维迎：《企业理论与中国企业改革》，北京大学出版社 1999 年版，第 35 页。

市场实体"的观点也有不同意见。阿尔钦和德姆塞茨认为区别企业和市场的不是契约本身，而在于企业是一个多人共同工作的团队组织，即企业的本质是团队生产的组织。他们认为，由于生产的系统性和生产要素之间的相互依赖性，企业产出是团队各个成员分工协作的结果，任何单独成员的个人贡献不可能被精确地测量出来（或在技术上可能但成本太高），由于团队成员的经济人理性，结果偷懒的产生就不可避免。要解决这种偷懒问题，除了要向团队成员灌输那种强调合作、忠诚的团队精神，最关键的就是要必须引入一个专职的监督者。但问题在于监督者作用的发挥也需要进行激励，阿尔钦和德姆塞茨的解决方法是赋予监督者以一定的剩余权利。但如果监督者不是企业的所有者，由此也会带来巨大的成本。结果，监督者必须同时也是企业所有者，古典型的企业是最优效率的。

阿尔钦和德姆塞茨借助于企业组织的团队特征对科斯的批评比较有说服力，并将企业理论与企业剩余权利联系了起来，同时还注意到了非正式制度（团队精神）对于减少团队成员因"搭便车"式的机会主义行为或者"道德风险"（noral hazard）所带来的交易成本的作用。这一方面深化了科斯以来对企业本质的认识，说明企业不过是一个基于竞争关系上的合作框架；另一方面还启示我们要注意企业非正式制度方面的建设。但是，团队生产理论还带有一定的新古典色彩，企业的生产属性和交易属性还混杂在一起，结果企业的契约性质反被忽视了；团队生产理论对企业剩余权利的分析还是一种相对静态的考察；生产的团队性质所带来的计量和监督成本并非交易成本的全部根源；团队生产理论对团队精神的重视看来只是附带提及而缺少宏观的拓展和考察。

5. 委托代理理论

委托代理理论的代表人物主要有詹森、麦克林、法马和霍姆斯特姆等。委托代理理论坚持企业的契约性质，但对其有独特的理解。概言之，委托代理理论认为企业组织的主要特征在于其内部存在的委托代理关系。当一个（些）主体（委托人）为了更好地从事某项工作而授权另外一个（些）主体（代理人）代表它（们）行使某种职权的时候，这两者之间就形成了委托代理关系。一般情况下，委托人总是希望代理人服从、服务于自己的利益（激励兼容），但由于主观上的经济人动机、客观上的信息不对称和契约的不完全性，代理人对自我利益的追求常常会越界，结果对委托人的利益造成侵蚀。这就需要对代理人进行监督，或者代理人需要对委托人作出保证，从而产生了一系列的代理成本。

一种重要的委托代理关系发生于现代企业中的股东和管理人员之间。法马、哈特以及沙夫斯坦、詹森和麦克林等人的进一步研究表明：经理市场的存在可使所有者和经理的目标函数趋于收敛；[1] 产品市场的竞争对于经理的机会主义行为也存在约束作用；[2] 证券市场上的压力也会在很大程度上迫使经理的目标函数趋近于资本所有者的目标函数；[3] 均衡的企业所有权结构决定于股权代理成本和债权代理成本之间的均衡关系。

总的来看，委托代理理论将企业契约关系归结为委托代理关系，将企业交易成本归结为代理成本，注意到了企业内所有权的配置，并提出了相应的制度对策。虽然代理成本也并非是交易成本的惟一根源，并且委托代理关系也带有浓厚的物质资本逻辑的色彩，不过，其有关外部市场对企业内部权利配置影响的有关观点，让我们联想到在现代市场经济当中，外在的市场结构对于企业内部制度设定也具有重要的影响作用，

① E. Fama, 1980, Agency Problems and the Theory of the firm, Journal of Poli Hart, 1983, The Market Mechanism as an Incentive Scheme, *Bell Journal of Economics*, 10, Fall. tical Economy, 1980 (88).

② Hart, 1983, The Market Mechanism as an Incentive Scheme, *Bell Journal of Economics*, 10, Fall.

③ Scharfstein, David, 1988, The Disciplinary Role of Takeovers, *Review of Economic Studies*, 55, 185 – 199.

对于本书所侧重分析说明的制度环境与制度安排之间的关联性关系颇有启发，值得进一步研究。

6. 利益相关者理论

利益相关者理论一反"股东至上"的物质资本逻辑，认为"凡是能给企业带来损益或其利益受企业行为直接影响的行为人均有可能参与或影响企业所有权的分配"①，主张利益与企业相关的主体是多元的，不仅包括物质资本所有者和人力资本所有者这两个基本的企业利益相关者，还包括企业员工、社区、供应商、销售商等带有"派生"和"潜在"性质的利益相关者。这些主体的利益与企业绩效休戚相关，都在一定程度上承担风险，理应给予他们所有权，才可以使责、权、利相一致，实现企业绩效的最优。我们认为，企业的利益相关者理论比较全面地反映了企业的所有权配置格局，是对企业契约性质的深刻揭示，在一定程度上可以涵盖其他理论的有关观点，带有一般性的意义。当然，这一理论的最大缺陷是失之于笼统，对于交易成本的根源、对于企业利益相关者据以分配企业所有权的标准或者依据的认识还有待于进一步深入。关于企业的利益相关者理论，下文还有专门讨论，此不详述。

新制度经济学的企业理论主要包括如上六部分的内容。除此之外，从国内来看，也有不少学者的观点视角独特、发前人所未发，颇有可观之处，这主要包括张维迎、周其仁、杨瑞龙、周业安、易宪容、谢德仁、郭金林等。但总的来说，国内的有关研究还在很大程度上带有对西方理论的引进、学习和模仿的印痕，此不赘述。

概言之，以科斯为发端的新制度经济学的企业理论，揭开了新古典经济学笼罩在企业上面的"无知之幕"，回归了斯密和马歇尔等人关注企业组织特征和内部关系的传统，开创了以企业交易关系规制结构为研

① 杨瑞龙、周业安：《一个关于企业所有权安排的规范性分析框架及其理论含义》，《经济研究》1997 年第 7 期。

究对象的企业经济学。但是，在人们把企业从市场中"拯救"出来的同时，却又无意中设下了把企业制度同其制度环境孤立开来的陷阱。而且，局限于交易成本比较逻辑的新制度经济学的企业理论也在一定程度上忽视了企业的生产属性以及企业制度的激励功能，甚至我们可以这样说，新制度经济学企业理论的缺点和其优点同样显著。但最致命的是，由于其所处社会制度演进路径和经济发展水平的原因，这个缺陷又难以靠新制度经济学自身的发展来获得弥补。也正因其自身固有的缺陷，虽然它给了我们丰富的启示，却无法对中国现代企业制度建设所正面临的问题提供"对症"的解决方案。

1.2.4　马克思的企业理论

当谈及企业理论的时候，多是指如前所述古典经济学、新古典经济学、新制度经济学等的西方企业理论。事实上，早在科斯发表他的那篇关于企业性质的著名论文之前近一个世纪，马克思就已经对资本主义企业的产权结构和组织特征进行了系统的分析，并建立了他自己的企业理论。一定意义上，马克思经济学说中最重要的部分就存在于他的企业理论当中。其给我们启发最大而尤为值得称道的，是马克思企业理论当中所蕴含的整体主义的方法论传统。

众所周知，马克思的经济学说是以资本主义生产方式为研究对象，围绕雇佣劳动与资本的关系而展开的。马克思在分析雇佣劳动和资本的关系问题时，对个别资本的行为进行了深入细致的考察。在考察个别资本行为的过程中，马克思就企业的起源、性质、规模和限度、内部组织特征等企业理论的基本问题，提出了自己的观点，从而形成了比较系统的企业理论。

马克思的企业理论主要体现在《资本论》当中，其主要内容包括：（1）关于企业的起源。马克思不仅考察了古典企业的起源，而且也分析说明了现代股份制企业的产生原因及其发展规律。关于企业起源，马克思有两个基本的观点。首先，马克思认为，只有协作才会产生古典企业，这是因为协作生产可以导致比个体小生产更高的"生产力"或更节约生产成本。进而，在竞争和信用这样两个最强有力经济杠杆的支撑下，社会分工的进一步发展和生产规模的进一步扩大，导致单个资本必然向联合资本转化，结果就形成了股份制企业。这给我们的启发是，企业不仅如科斯所言是基于交易成本比较的替代市场的产物，也是基于生产力和生产成本比较的替代手工作坊的产物[①]；其次，马克思认为，不论是从逻辑还是历史的角度看，资本主义企业包括古典企业和股份制企业的产生都是和资本（实质是特定生产关系）的产生联系在一起的。在古典企业那里，只有当协作产生的生产力为资本占有，表现为资本的生产力和资本增殖时，资本家才出面组织协作，组织企业；而企业的股份制形式，当然也更有利于资本对社会生产力的无偿占有，有利于更多更好地实现资本家的价值增殖即获取剩余价值的目的。（2）关于企业的性质。马克思认为，企业组织形式与资本主义生产关系的内在统一是不言自明的，资本主义企业是通过雇佣劳动从事生产经营活动获取利润的等级结构[②]。其主要内涵包括：资本主义企业是资本雇佣劳动的经济组织；资本主义企业是进行协作生产的经济组织；资本主义企业表现为一种等级结构；资本主义企业是通过计划配置资源并生产产品的经济组织。（3）关于企业的组织特征。由于资本主义社会特定的生产方式和特殊的生产要素分配方式，在资本主义企业里，资本家拥有生产资料，工人除了自身的劳动力一无所有，劳动者和生产资料的结合采取了资本家雇佣工人的方式。结果，工人和资本家之间是一种绝对不平衡的谈判格局，工人仅仅是替资本家生产剩余价值的工具。（4）关于企业的规

---

① 程启智：《企业的起源和性质：对马克思和科斯等人的评价与综合》，《经济学家》1999 年第 4 期。

② 刘小怡：《马克思的企业理论》，《华中师范大学学报》（人文社科版）2002 年第 1 期。

模和边界。马克思认为，企业规模的大小和扩张，其动力来源于资本增殖，其原因决定于企业生产的技术手段，其方式表现为资本的积聚与集中。由于个别资本带有分散性，资本积聚有很大的局限；由于资本主义生产方式下企业内部生产的有组织性和整个社会生产的无政府状态之间的矛盾，资本集中也不可能达到其理论上的最高界限。

马克思企业理论的一个核心观点，是认为"资本雇佣劳动的企业所有权安排本质上根源于资本主义生产关系"[①]，这是整个马克思企业理论体系的精髓所在。在企业理论史上，可以说是马克思最早提出了企业组织理论分析的初步框架。在马克思看来，企业组织是技术属性和社会属性的统一，社会属性是企业的本质规定性，它制约并规定着企业的技术属性。也就是说，企业是特定财产权利结构下的专业化生产的协作形式，企业的财产权利结构决定着企业专业化生产协作的性质、目的和发展形式。更进一步，马克思揭示出企业组织内部的财产权利结构又是由一定社会的现实生产关系所外在决定的。对于这一点马克思是这样论述的：企业作为一种契约形式，其财产权利结构形成于生产要素市场，通过要素市场所形成的企业财产权利结构的实质是资本雇佣劳动。企业契约是在要素市场的 $G—W{<}{{A}\atop{Pm}}$ 购买行为中形成的，$G—W{<}{{A}\atop{Pm}}$ 以资本家获得一定的剩余价值为目的。从内容看，$G—W$ 分为 $G—A$ 和 $G—Pm$ 两个部分。$G—W{<}{{A}\atop{Pm}}$ 不仅表现为购买的两类生产要素的质的不同，而且表现为量的关系，这种量的关系一开始就是由一定数量的工人所要耗费的超额劳动即剩余劳动的量决定的。这种买和卖的前提是，在资本主义生产关系下，资本所有者和劳动者是不平等的，劳动者除了劳动力之外一无所有，就连生活资料也作为可变资本掌握在资本家手中；买者是资本家，卖者是雇佣工人；工人仅仅是资本家用于榨取剩余价值的工具。

---

① 金开好等：《马克思企业理论的精髓》，《高校理论战线》2000 年第 7 期。

这种买和卖的结果是，在企业契约形成过程中，雇佣工人的自由只是出卖自己劳动力的自由；在企业内部权利配置格局中，工人和资本家处于绝对不平衡的地位上。因此，企业契约不是自由平等博弈的结果，而是特定社会生产关系的微观体现。资本主义企业自身的再生产过程，也在不断地再生产出这种资本主义的生产关系。

马克思之所以能够得出"资本雇佣劳动的企业所有权安排本质上根源于资本主义生产关系"的深刻结论，是与其企业理论的研究目的和研究方法分不开的。如前述，西方现代企业理论作为新古典经济学的发展，其研究目的在于宣扬自由市场经济的有效性和永恒性，其研究方法是抽象的、静态的、孤立的和个体主义的。但马克思企业理论的研究目的是为了揭示出资本主义生产关系和经济制度的历史局限性，其研究方法是辩证的、历史的、系统的，是历史和逻辑的统一。由此马克思揭示出，包括企业制度在内的经济现实不是抽象的，而是具体的；不是永恒的，而是历史的；不是封闭的，而是开放的；不是单维的，而是多种规定性的统一。在企业制度的多种规定性当中，一个最基本的规定性，就是由特定生产关系所决定的企业财产权利交易的组织形式。这一基本判断，也体现在马克思关于"社会人"的有关论述当中。毫无疑问，马克思的研究方法带有明显的整体主义色彩，比之西方企业理论狭隘的个体主义方法论，更能全面、深刻地揭示企业的性质。

马克思企业理论的又一个重要特征，是与制度经济理论的紧密结合。① 马克思正是运用制度分析的方法，对资本主义经济制度下的"企业特殊"进行了研究，并在其中对"企业一般"的本质特征也进行了深刻的揭示，并着重说明，随着技术的进步和生产力的发展，那种与资本主义生产关系相一致的企业制度，最终也会因前者的消亡和新制度的创新而遭到扬弃。

---

① 参见本章第三节的有关内容。

应当说，受所处时代经济实践的局限，马克思的企业理论还带有一定的古典色彩，其理论研究主要还是一种批判的姿态，也不可能提炼出交易成本的概念并加以应用①。但我们不能不说，马克思的许多天才的思想，不仅已经超出其后新制度经济学之所能想象，而且还在一定程度上预示了未来企业理论发展的走向。而其中最重要的一点，就是马克思进行企业理论研究所采取的整体主义的方法论。我们认为这种方法和新制度经济学的结合，将为后发国家的企业制度建设和整体制度环境的优化提供富有启发性的线索。

关于马克思的企业理论，还有如下几点需要注意：（1）马克思把理论的焦点定位于资本主义制度产生的历史原因及其发展的历史趋势，没有把更多的注意力放在根本制度不变前提下制度演进的规律方面，因此其理论体系中缺乏一个对企业组织形式和制度环境的动态均衡关系作中、短期分析的完备的子系统。（2）虽然马克思较好地运用整体主义的方法论对特定生产关系下企业制度的特征及其历史局限性作了精辟的论述，却在一定程度上由于其对个体主义方法论及其应用的忽视而导致了对企业交易契约性质认识的某种偏颇，企业的内部关系，被归纳为资本与劳动的对抗性关系或者格局。② 事实上，即使在资本主义社会当中，就资本与劳动的关系而言，在不同国家也存在三种各具特点的企业组织模式：19世纪英国的"所有者资本主义"企业；19世纪末20世纪初德国和美国的"管理资本主义"企业；二战以后日本的"集体资本主义"企业。这些企业在内部组织上都具有不同的特点，在一定的历史时期也切合了经济发展和制度创新和需要，并成为一国竞争力的制度基础。美国哈佛大学的经济学家拉左尼克（W. Lazonick）指出，马克思经济学由于忽略了不同类型企业在资本与劳动的关系上的差别，没有深入地分析

---

① 有观点认为马克思提出的"流通费用"概念与交易成本概念非常接近。
② 孟捷：《论马克思企业经济学的创造性转化》，《教学与研究》2002年第3期。

企业怎样成功地利用管理阶层与工人之间的等级制分工，对生产性资源的开发和利用加以计划和协调。结果，马克思企业理论在解释如下问题时就有所欠缺：为什么特定的企业组织在特定的时间和地点拥有更为优越的价值增值能力？

总的来看，比之以西方企业理论，马克思企业理论采取了一种新的方法论，而且，马克思也不像新制度经济学那样在关注企业交易属性的同时而忽视了对企业生产属性的考察。但需要注意的是，马克思企业理论对个体主义方法论重视不够；其理论框架中缺乏一个根本制度不变前提下考察中、短期企业制度创新与制度环境变迁之间关联关系的子系统；马克思在强调企业内部劳资之间对抗关系时也暗喻了企业的同质性；马克思更不可能对当代后发国家企业制度建设与制度环境优化之间的关系进行完备的考察。

1.2.5 国内外关于公司治理的有关研究

公司制是现代企业的典型形式。我们认为，所谓公司治理结构不过是企业契约的结构性外化和时代性显现，当我们真正懂得了企业契约的逻辑，并认识了制度环境与企业制度的关联性的时候，我们也就自然而然把握了有关公司治理结构的原则性框架。不过了解一下有关公司治理结构方面的理论和观点还是有所裨益的。

从国外来看，特里克尔（R. I. Tricker）提出公司治理问题的实质是一种说明责任；哈特强调只有在存在代理问题并且交易成本很大的情况下公司治理问题才会产生；青木昌彦和钱颖一从比较的、历史的角度分析了转轨经济中的公司治理结构改革；科克伦和沃特克认为构成公司治理问题的核心在于谁从公司决策者高级管理阶层的行动中受益与谁应该受益之间的不一致；约翰·凯·奥伯利和西尔博斯通认为受托人模式是可以替代股东代理人模式的另一种公司治理结构；玛格丽特·M·布莱尔坚持利益相关者共同治理理论。

从国内来看，1994 年以后，先后有张维迎、杨瑞龙、何玉长、卢昌崇、何自力、李维安和郭金林等人对公司治理问题进行了研究。其中，张维迎强调公司治理结构的本质是一种通过剩余索取权和控制权的配置来解决经理激励和选择问题的机制；杨瑞龙在布莱尔的基础上进一步对利益相关者理论进行了研究；何玉长强调产权结构在公司治理中的作用；卢昌崇认为公司治理结构是对政府管制的替代；何自力主要分析了法人所有制与公司治理结构的关系；李维安主张在借鉴发达国家公司治理模式的基础上，建设适合中国特点的"经济型"（与"行政型"相对应）治理新模式；郭金林主张企业契约的本质是企业产权契约，认为公司治理结构创新应该实行金融主导的共同治理原则[①]。

对企业理论发展史的批判性回顾表明，古典经济学的企业理论还只是个别而分散的论述；新古典经济学的厂商理论本质上是为了说明市场机制配置资源的有效性，也并不是严格意义上的企业理论；新制度经济学的企业理论虽然打破了企业的"黑箱"，却又在无意间误入了把企业制度同制度环境隔绝开来的陷阱，而且对企业的生产属性以及企业制度的激励功能关注不够；马克思经济学的企业理论虽然可以在方法论上弥补新制度企业理论的不足，却并没有对社会一般状态下和异质性制度环境条件下企业制度与制度环境之间的关联性关系作出专门的分析说明。最终我们发现，由于其各自特定的缺陷，既有的企业理论对于现代后发国家企业制度创新的崭新经济实践的指导意义比较有限。我们必须"直面现实"，根据常青的经济实践和生活之树，对灰色的理论本身进行创新；然后，再用之以观照并尝试解决经济实践所提出的问题。

---

① 郭金林：《企业产权契约与公司治理结构》，经济管理出版社 2002 年版，第 9～13 页。

1.3　主要制度分析框架的比较与整合

　　"工欲善其事，必先利其器。"但研究范式的确定与此所指之"器"并非完全相同，因为从本质上，讲范式代表了一定的世界观和思维方式，当所谓研究范式给定的时候，其实已经在一定程度上决定了其研究工作所最终可能会得出的结论。当前，随着西方经济理论的引进和应用，中国经济学发展越来越表现出一种"范式的转换"，即从所谓"苏联范式"向"欧美范式"的转换，而西方主流经济学的新古典范式也面临许多挑战从而也正经历着一个范式突破或转换的过程。① 毋庸讳言，欧美范式在当前经济学发展中占据着主流地位，或许也在一定程度上代表了未来经济发展的方向，但苏联范式所无能为力的问题，欧美范式也未必可以解决。这是因为，一定的所谓理论范式总和一定时空点的社会实践相联系，不加选择或无意识地盲从于特定的范式无异于"刻舟求剑"。错不在所谓"范式"本身，错在于对某种范式的盲目追随。而一旦陷入了盲目，将不仅导致理论本身的错谬，更可能对经济实践造成误导。因此，根据解决问题的需要，综合比较理论史上曾经出现过的各种有关理论框架并甄别其优、缺点，是具体展开研究工作之前首先要做的工作。

　　本课题研究的分析框架主要是制度经济学的。制度经济学的形成与发展已有百年的历史。一般来说可将其分为三个阶段：第一阶段为形成时期，以凡勃伦、康芒斯等为主要代表；第二阶段为过渡时期，以艾尔

---

　　① 这种范式转换的最新体现，是复杂性范式在经济学领域日益取得的共识。参见本书第八章有关"复杂性思想革新了经济学的研究范式"的部分。

斯、贝尔、米恩斯、加尔布雷思等为主要代表；第三阶段为发展时期，以科斯、诺思、威廉姆森、阿尔奇安和德姆塞茨为主要代表①。事实上，前两个阶段的制度经济理论属于旧制度经济学，第三个阶段的制度经济理论属于新制度经济学，另外马克思也有其独特的制度经济理论。这里，我们首先对制度经济学说史上的几个主要理论框架做一简要比较分析，然后在此基础上提出自己的研究范式和方法。

1.3.1 旧制度经济学的分析框架

旧制度经济学或制度主义（Institutionalism）产生于19世纪末20世纪初的美国，到20世纪30年代得到广泛传播②。早期旧制度经济学以凡勃伦、康芒斯等人为主要代表。旧制度经济学历经衰微，又以所谓"后制度经济学派"（Neoinstitutionalism）的形式得到振兴，其主要代表是加尔布雷思等人。

旧制度经济学的主要特点有：（1）在研究领域方面，旧制度经济学的研究领域基本局限于企业等的微观层面。只是后来的"后制度经济学派"才开始关注一些宏观的制度变迁，比如资本主义市场经济制度下权利结构的演变等等，并认为这些制度变迁的原因就在于工业技术的迅猛发展。（2）在基本理论范畴方面，旧制度经济学提出了许多有价值的思想，比如凡勃伦的"无形财产"、"有限阶级"、"既得利益者"和"制度导向"等等。就对制度的理解而言，凡勃伦主要将制度视为一种"习惯"、"习俗"，康芒斯则将制度视为"集体行动的一致"，是"集体行动对个体行为的一种控制"，等等。但基本上没有什么严格的理论范畴。（3）在研究方法方面，旧制度经济学较多地从历史、心理、文

---

① 龚唯平：《新制度经济学究竟"新"在哪里》，《学术研究》2003年第11期。
② 韦伟等：《现代企业理论和产业组织理论》，人民出版社2003年版，第77页。

化以及法律等方面，运用整体主义、行为主义以及哲学、社会学等的方法对制度的产生和演进进行了解释。旧制度经济学还认为，由于制度演进过程中的内在矛盾和冲突，政府需要对经济进行干预，强调政府在调节和管理经济中的作用。（4）在旧制度经济学当中，只有康芒斯曾致力于试图创建一个理论体系。

旧制度经济学在制度研究当中对历史演进过程和历史文化心理等因素的关注，所采用分析方法的整体主义色彩，以及其中不少的理论观点和概念，都给了我们丰富的启示。不过总的来说，旧制度经济学几乎不成体系，也很难说有什么前后一致的研究范式或分析框架。

1.3.2　新制度经济学的分析框架

新制度经济学最早起源于 1937 年科斯教授的文章《企业的性质》。新制度经济学的真正兴起是在 70 年代以后，以科斯、诺思、奥尔森、布坎南、哈耶克、威廉姆森、德姆塞茨和张五常等为主要代表人物，衍生了交易成本经济学、产权经济学、法律经济学、公共选择理论、寻租理论、集体行动理论、自发秩序理论以及新经济史学等许多分支或流派，所有这些理论共同构成了一个与以往不同的崭新理论体系。

1. 研究对象方面

虽然科斯本人似乎不承认新制度经济学同旧制度经济学有什么关系，甚至他还在一定程度上认为两者在理论上是对立的。但事实上，在重视制度分析这个基本点上两者是一脉相承的。而且，新制度经济学对制度范畴以及制度对于经济发展作用的理解方面也在很大程度上与旧制度经济学存在继承关系。不过，新制度经济学不仅分析研究微观的制度安排，也在宏观的制度环境及其变迁方面多有建树。

2. 研究方法方面

虽然新制度经济学以新古典经济学的批判者面目出现，不仅修正了许多新古典理论的假定前提，而且在此基础上围绕新古典理论所忽略的制度变量提出了一系列新的理论命题，但无论其理论的立足点、出发点和归宿点都是新古典经济学。事实上，新制度经济学是凭借新古典的分析架构和分析方法，从新古典理论的缺陷出发进行的制度因素研究，这补充了新古典理论体系的不足。有人把新制度经济学看作新古典经济学的一个分支并不是没有根据的。正因如此，新制度经济学仍主要坚持一种个体主义的方法论。除此之外，在研究方法上新制度经济学也继承了新古典经济学的均衡、效率、理性精神和边际主义等基本概念。显然，比之旧制度经济学，这种在方法论上的回归、创新和一致性更能使制度经济理论的研究具有体系性和逻辑实证性，也更容易进入主流经济学的视野。

3. 理论体系方面

总的来说，以交易成本及其比较为基础，以"制度"为核心范畴，围绕制度的起源、内涵、外延、制度创新与制度变迁的规律、制度与经济人的关系、制度的经济功用等基本内容，新制度经济学形成了一个具有一定内在逻辑的庞杂理论体系。概括起来，其理论要点主要包括：(1) 强调制度在经济发展中的重要作用，并认为由于技术进步本身即属于经济发展的范畴，因此技术的进步也是制度作用的结果；(2) 制度是人与人之间交易关系的规制结构，激励和节约交易成本是其主要功能；(3) 制度包括正式制度、非正式制度和制度的实施机制三个组成部分；(4) 运用供给予需求的均衡、成本与收益的对比等方法对制度的创新与变迁进行了详细的微观角度的考察；(5) 其理论研究一般在制度环境（主要是市场经济制度环境）既定的前提下展开；(6) 在其理论发展的顶峰，诺思曾经通过其对经济史的分析试图提出一个解释人类总体制度变迁过程的一般理论框架，其主要内容包括产权理论、国家理论和意识形态理论等；(7) 注意了利益集团在制度变迁当中的作用。

1.3.3　马克思制度经济学的分析框架①

马克思也有自己独特的制度经济理论，在一定意义上可以说马克思也是制度经济学的理论先驱。比如康芒斯说过："直到 19 世纪中叶的非正统派的经济学家——例如马克思、普鲁东、凯雷、巴斯夏、麦克劳德——模糊地觉察到所有权和物质不是同样的东西，制度经济学才有了一些萌芽②。"诺思也曾指出，在详细描述长期变迁的各种理论中，马克思的分析框架是最有说服力的，"这恰恰是因为它包括了新古典分析框架所遗漏的所有因素：制度、产权、国家和意识形态……这是一个根本性的贡献③。"可以说，制度经济学的诞生，在很大程度上借鉴和继承了马克思重视和分析制度的理论与传统，并在其发展过程和理论体系中深受马克思观点的影响。

马克思的制度经济理论体现在他的《资本论》、《德意志意识形态》等一系列著作中，它构成一个逻辑严密的复杂体系。

1. 研究对象方面

马克思制度经济理论对于（历史）社会宏观的生产关系和微观的制度安排均有深刻的研究，也可以说这是马克思制度经济理论的两个主要研究对象。其中，社会宏观的生产关系，在一定意义上基本等同于制度环境的概念；而微观的制度安排，则重点以企业制度作为典型代表。在整个马克思理论体系中，表面看起来马克思重点研究的是劳动、商品、资本及其运动等有形的事物，但本质上都是对于（资本主义）社会宏

---

① 田永峰：《论新制度经济学对马克思制度经济学的丰富和补充》，《中共福建省委党校学报》2000 年第 2 期。

② 转引自龚唯平：《新制度经济学究竟"新"在哪里》，《学术研究》2003 年第 11 期。

③ ［美］诺思：《经济史中的结构和变迁》（中译本），上海人民出版社 1994 年版，第 68页。

观制度环境和微观制度安排以及两者之间关系的深刻揭示。马克思对制度的历史变迁也有深刻的分析考察，不过他认为推动制度演进的基本动力是生产力的不断发展。

2. 研究方法方面

马克思制度经济学的主要研究方法可以概括为制度整体主义的方法论。如前述，在马克思的企业理论当中，马克思正是对资本主义企业内部制度安排的具体考察和深入研究，揭示出其特殊劳资关系的深刻根源在于资本主义特殊的生产关系（资本主义国家特定制度环境的核心组成部分）。也正是由于资本主义生产关系的历史局限性，决定了其企业制度也不可能具有永恒和普适的意义。制度环境对于制度安排具有选择功能，制度安排体现制度环境的性质。制度环境与制度安排之间这种决定与被决定、体现与被体现的逻辑关系，正是马克思凭借制度整体主义的方法论所揭示出的深刻结论。

3. 理论体系方面

马克思制度经济学的理论要点包括：生产力是社会发展的根本动力，生产力的发展是不会终止的；制度变迁本质上是由生产力的发展推动的；社会的整体制度环境与产业组织内部制度安排的一致性；生产力和生产关系的矛盾往往要通过阶级之间的暴力冲突来解决；生产关系（制度）反作用于生产力的发展。另外，马克思制度经济理论还包括了人性特征理论、产权理论、国家理论和意识形态理论等内容。

总的来说，上述关于制度分析的三个主要的理论框架，就其中任何一个来看，都无法完全满足我们分析问题的需要。这是因为：（1）就旧制度经济学来讲，其具体观点的提出缺乏严密的论证，其理论体系本身缺乏一个统一且完善的思路，其研究方法虽然体现出整体主义方法论的若干特点，但总的来看还显得不够系统和成熟。（2）就新制度经济学来讲，其方法论仍主要是个体主义的，并多停留于微观层面的考察，对于制度系统缺乏一种整体主义的宏观观照；其对制度创新和变迁的研究是在特定制度环境（市场经济制度）不变的假定前提下展开的，因而只能得出（企业）制度同质性的结论；即使是诺思的新经济史论，虽然也从历史和整体制度框架的角度对制度的激励功能和经济绩效进行了宏观跨度的考察，但对于制度环境与制度安排之间的关联性关系这样一个维度也缺乏专门的考察，特别是其对于微观制度安排（如企业制度）的激励功能缺乏专门的研究。（3）就马克思的制度经济理论来讲，其虽然采取了制度整体主义的方法论，也暗含了制度的结构均衡的思想，但过分凸显非此即彼的思维方式，过分强调整个社会制度的革命性变迁，过分注重暴力冲突式的问题解决手段，对中、短期总体制度环境保持基本稳定前提下的微观制度安排创新与宏观制度环境变迁之间的关联性关系缺乏有针对性的研究，因此对于制度的理解也暗含着一种"同质性"的假设。特别地，虽然我们不能断言马克思制度经济理论的方法论就缺乏个体主义的维度，但马克思对微观制度性质和创新的理解和分析缺乏那种基于经济人交易契约的专门考量是不容置疑的。马克思也并没有最终提炼出交易成本的概念，而事实上交易成本及其比较是制度研究的基本要素之一。马克思对制度环境与企业制度之间关联性关系的考察也较多强调了前者对于后者的选择过程而忽视了反向的选择过程。并且，我们虽不赞成新制度经济学所暗示的制度对于技术的决定性作用，我们也不太赞成马克思有关技术对于制度的决定性作用。我们认为，脱离开具体的条件和情境，就无法对任何决定性的关系作出肯定性的判断。我们对于技术与制度之间的关系持一种系统论的观点。

当各种理论大厦都暴露出其自身破绽的时候，我们并没有因此而茫然失向。我们将要看到，这不仅是因为我们所秉持建设性的愿望，而且还因为多种理论框架之间内在的互补性已经给我们暗示了新的方法论线索。

1.3.4 以个体主义为基础的整体主义的制度分析方法①

一定意义上，一切理论本质上是或首先是一种方法论，分析框架以及理论结论的差异在很大程度上根源于方法论的不同。我们已经看到，在前述有关制度分析的主要理论框架中，马克思制度经济学和旧制度经济学主要采取了整体主义的方法论，而以科斯和诺思为主要代表的新制度经济学则主要遵循了个体主义的方法论。

按照马尔科姆·卢瑟福的解释②，方法论的整体主义可以归纳为内容递进的三个方面：社会整体大于其部分之和；社会整体显著地影响和制约其部分的行为和功能；个人的行为应该从自成一体并适用于作为整体的社会系统的宏观或社会的法律、目的或力量演绎而来，从个人在整体当中的地位演绎而来。而方法论的个体主义又可归纳为另外的内容递进的三个方面：只有个人才有目标和利益；社会系统及其变迁产生于个人的行为；所有大规模的社会现象最终都应该根据只考虑个人，考虑他们的气质、信念、资源及其相互关系的理论加以解释。

与此对应，所谓制度的整体主义，是主要包括以下几个命题的制度分析方法：（1）部分的简单加总不等于整体，因此社会制度等整体范畴不能简单地还原为个体心理等个体范畴；（2）社会整体的性质及其相互关系决定了个体存在的本质，个人行为的内涵深受社会制度环境的影响；（3）形成社会力量的各种整体范畴不但决定着个体利益的内容，还决定了个体行为的结果；（4）因此，应当从客观整体的角度来把握制度的范畴，并由这些整体范畴的性质认识其中个体的内容。而制度个

---

① 关于这一问题研究的最新进展，参见本书第八章有关"复杂性思想：全新的视角"的部分。

② [英]卢瑟福：《经济学中的制度：老制度主义与新制度主义》，中国社会科学出版社1999年版，第33～38页。

体主义则主要包括如下几个命题：（1）只有个体才有目标和利益，才是社会历史中实在的范畴。因此，任何社会科学除了"个人"外不可能找到其他科学的解释基础。（2）社会整体是个体行动的结果，所以社会整体是可变的，对社会整体的认识必须归结到"个体行为"的基础上才能达到理论的一致性和可驳性。（3）个体行为的动力是由个体主观效用最大化构成的，个体行为的性质是由认知结构决定的。因此，对制度等整体范畴的认识必须从个体出发①。

关于制度整体主义与制度个体主义的争论一直是制度经济学的理论焦点之一。一般认为，制度整体主义和制度个体主义这两种方法论在本质上是相互对立的，但是，每个制度经济学家在进行理论分析时，又不得不认真对待之并在其中作出选择。这是因为，在制度分析中，必须首先解决人与社会在理论分析中的主从地位关系，否则就无法确立理论分析的切入点，而理论分析的入手点又直接决定了理论体系构建的方法以及制度分析所涉及的深度和广度。

一言以蔽之，本课题研究的方法论既不是单纯整体主义的，也不是纯粹个体主义的，而是两者的有机结合，可称之为"以个体主义为基础的整体主义的制度分析方法"。

1．两大理论体系的方法论选择各有其特定的原因

两大理论体系所表征出来的方法论特征各有其特定根源。马克思的制度分析所以表现出了整体主义的方法论特征，是与其历史唯物主义和辩证唯物主义的世界观、通过对企业制度的分析以揭示出其背后社会生产关系性质的研究目的，以及马克思所处时代社会总体制度状况的不和谐性等因素分不开的；而新制度经济学所以表征出个体主义的方法论特征，则与其新古典经济学等的理论渊源、论证市场机制有效性的研究目的，以及西方国家总体制度变迁的自然性质等因素密不可分。由此可

---

① 林岗等：《马克思主义与制度分析》，经济科学出版社 2001 年版，第 36 页。

见，方法论并不一定是研究的先验前提，而往往是研究的自然结论；在不同的理论体系，出于不同的研究目的，为了分析说明特定的社会现象，可能需要采取相应不同的方法论。

2. 整体主义方法论和个体主义方法论各有其固有的优缺点，具有内在的互补性

整体主义的制度分析方法，便于观察和研究总体制度系统当中不同制度模块之间的关联性关系，尤其是能够清楚地反映出制度环境对于制度安排属性和个体人的理性所具有的决定性作用；个体主义的制度分析方法，则便于说明制度范畴的微观基础和深刻根源，特别是能够深刻说明经济主体间博弈制衡达成制度的内在机理。这是两种方法论各自的主要优点。但是，它们也有自己各自的不足之处：整体主义的方法论难以解释制度的微观基础，以及制度之间关联性的内在机理；个体主义的方法论则在相当程度上忽略了制度本身内在的系统性以及制度对于微观个体选择理性的影响作用。由此可见，两者之间本来就存在内在的互补关系。事实上整体主义和个体主义的方法论本身也都意识到了各自的不足，因而也在逐渐地放宽自己的限定而越来越表现出与对方贯通的趋势。

3. 制度范畴本身就是人的个体性与整体性的统一

制度是约束人的行为的规则，是人类社会中的共同信息。只有经过社会化的过程，个人才能获得这些信息并将之内化为自己的行为规则。遵循这些规则，就能建立起人际交往的稳定框架，减少现实世界中的不确定性。制度就是这样使人们之间的合作关系得以形成，并把分散的个体组成整体来更有效地适应资源稀缺的世界。虽然从终极意义上讲制度是内生的，但制度一旦形成就反过来形成一种具有外在性的规制人类行为的力量。因此，制度范畴本身就体现了人的个体性与整体性的统一①。

---

① 李建德：《"经济制度"的再定义》，《江西社会科学》2000 年第 2 期。

4. "直面现实"发现，现实制度都是多重规定性的统一，必须结合个体主义与整体主义方法论才能全面反映客观的真实

虽然方法论的选择至关重要，但我们并不应该直接卷入这场非此即彼的纷争。这不仅是因为整体主义和个体主义的方法论都有其成立的依据和固有的缺陷，也不仅是因为对两者的追根溯源将很容易使我们陷入一个无限反推和二律背反的哲学陷阱。真正的问题在于，在进行研究时，是应该先入为主地确定某种方法论，然后再在此基础上进行抽象的逻辑演绎和理论推论，还是应该"直面现实"、客观而全面地反映经济世界的真实？

事实上，现实的制度安排都是多重规定性的统一，都不可避免地同时具备多种属性。只是出于某种特定的研究目的，或者因为研究者本人所处的特定时代和国家及其理论传统，才使制度较多地表征出一个或几个方面的属性而在另外的某些方面有所隐晦；相应地，方法论和理论分析也会表征出某种侧重性。因此，在方法论方面，我们不应该在整体主义和个体主义之间作出非此即彼的取舍，而应该对两者进行恰如其分的结合。

5. 以个体主义为基础的整体主义的方法论

伊里亚·普里高津在把西方的经典科学和中国的传统自然哲学作了比较以后认为，西方经典科学强调的是"实体"（如原子、分子、基本粒子、生物分子等），注意的是把对象分解为各种简单的要素来研究；中国传统的自然哲学强调的是"关系"，注意研究整体的协调和协作。他主张，现代科学革命要把强调实验、分析和定量公式描述的西方科学传统和强调一个"自发的、有组织的世界"的中国传统哲学结合起来，达到一种新的综合①。

将这种考虑应用于制度经济理论，发现在强调（企业）制度安排的

① 程恩富等：《经济学方法论》，上海财经大学出版社 2002 年版，第 593 页。

内生契约性质的西方制度经济学与强调制度安排的外在生产关系性质的马克思制度经济学之间，应该存在这样一种理论的中间层次：这一层次是对上述双方的双重扬弃，兼两用中；既注重个体主义的方法论，以牢固奠定制度分析的微观基础，又注重整体主义的方法论，以不失对整体制度系统创新与变迁规律的宏观观照。我们把这样一种处于中间层次的方法论称为：以个体主义为基础的整体主义的方法论。

基于这样的考虑，在有关经济人的理解方面，虽然理性选择仍是人的基本特征，但人不再是一个不可再分的原子符号，人同时也是一个马克思意义上的"社会人"，其目标函数不仅包括经济的因素，而且还包含社会的、道德的和伦理等的考量。进而，在对制度的理解方面，不同于基于个体主义的方法论和对经济人的单维度界定所遵循的制度分析路径，即经济人（同质）→ 博弈均衡（惟一）→ 制度安排绩效（最优），而是遵循制度环境（动态、多元）→ 经济人（异质）→ 博弈均衡（多重）→ 制度安排绩效（次优）的路径[①]。这说明：现实世界中的制度是异质性和多样性的；制度绩效也只能达到既定约束下的最优。显然，这是一种不同于一般均衡的多重均衡观。

6. 制度的结构均衡观

新制度经济学一般从"行为均衡"的角度来分析制度均衡问题[②]。在整体主义的制度分析方法下，制度均衡不再仅仅意味着"行为均衡"，更意味着"结构均衡"。如果说行为均衡是指在制度框架和行为者的谈判力量给定时，没有任何一个行为者会发现将资源用于再建立一套制度是有利可图的，那么结构均衡则是指制度框架的契合性而言。前者是一种微观考察，后者是一种宏观考察。前者是制度均衡的内在机理，后者是制度均衡的外在表现形式之一。

---

① 事实上这是一个双向的过程。
② 卢现祥：《西方新制度经济学》，中国发展出版社 2003 年版，第 145 页。

结合个体主义的方法论，就企业制度与制度环境之间的关联关系来看，两者的均衡关系本质上是一种双向选择的互动过程。（1）企业制度的内生契约性质本身即是在必要的制度基础上派生出来的，因此在不具备或尚不完全具备这些制度基础的地方，首先需要回答和解决的问题是：企业本身是否可能以及如何可能？是否被异化以及如何克服？（2）现实的企业制度都是在异质的制度环境或制度框架下形成和运行的，制度环境必然赋予企业制度以相应的属性，并决定其效率追求的具体形式和所能达到的经济绩效，那么这里需要分析并回答的问题是：什么样的制度环境？什么样的企业制度特殊？如何优化？

7. 历史和演进方法的引入

一旦采用整体主义的制度分析方法，历史及演进方法的引入就不可避免，这是因为制度环境的变迁带有鲜明的路径依赖性质。因此，历史逻辑起点就成为了异质性经济人的一个必然维度，也必然会在随后的博弈制衡中沉淀或表达出来。进而，企业制度也都是历史的，是从历史中走过来的，也同样在历史中不断演进[①]。

事实上，当代制度经济学发展中的两条主线之一，就是演化经济学动态进化分析框架下的凡勃伦与哈耶克的传统制度经济学，这与新古典经济学静态均衡分析框架下科斯的新制度经济学相对应。新制度经济学运用新古典范式从供给予需求角度入手的制度分析方法从总体上讲是抽象的和静态的，并不能够全面揭示制度演进的动态过程，结果在很大程度上削弱了它对制度变迁真实动因和演进方向的解释力。与此相反，演化经济学在沿袭旧制度经济学家凡勃伦的演化经济思想传统，沿袭哈耶克有关知识论和在"社会秩序"与"在人类合作中不断扩展的秩序"中的自发的文化演化的思想传统基础上，运用现代博弈论等方法对制度

---

① 邓宏图：《组织、组织演进及制度变迁的经济解释》，《南开经济研究》2003 年第 1 期。

变迁的动态分析，不仅使制度分析框架纳入了多重的变量，更可以对真实的制度变迁过程提供强有力的解释。历史和演进的分析方法，也是马克思制度经济学的一个基本特征，这使其尤其擅长对宏观历史跨度的制度演进过程的分析。因此，历史和演进的方法，是本书建立于个体主义基础上的整体主义制度分析方法的题中应有之义。

1.4　研究思路与结构安排

全书贯穿理论回顾、理论提出、理论展开、理论检验、理论运用与理论拓展的思路。首先，在深入检讨既有企业理论的基础上，提出赋予其"宏观制度之维"的设想和初步的理论框架。其次，对"宏观制度之维"的两个层面分别作具体的理论展开和深入讨论。再次，根据前文理论框架作宏观制度视野中的企业制度的比较制度分析，一方面对理论本身进行实证的检验，另一方面也试图得出某些一般性的结论。然后，具体分析我国制度环境演进与企业制度创新的互动过程和均衡状态，指出我国的现代企业制度建设既是一种"过程创新"，也是一种"目标创新"。最后，结合新兴的复杂性科学，从一般性的角度，对制度演化的规律以及我国制度演进的某些特殊复杂性因素做了探索性的研究。

全书共分八章。

第一章导论的任务是提出问题（1.1节），对企业理论的有关文献进行批判性的回顾（1.2节），同时对几种典型的制度分析框架进行比较分析，在此基础上提出本书的分析方法（1.3节），并说明本书的研究思路和结构安排（1.4节）。

第二章是全书的理论基础，概括说明赋予现代企业理论以"宏观制度之维"的必要性与现实性。首先，我们揭示出现代企业理论演变的逻辑是从考察企业的生产属性到其交易属性，指出对企业合约性质进而内部制度结构的分析是现代企业理论的主要内容（2.1节）。然后，结合东西方制度环境的不同，指出由于特定的制度变迁路径，西方企业理论并没有从制度中进一步发掘出制度环境的范畴，从而造成其理论的"单维性"缺陷。虽然这可以解释西方发达国家的经济实践，但这对于处于另外一条制度演进路径上的中国企业制度建设缺乏必要的分析工具和解释力。因此必须对其加以修正，赋予其"宏观制度之维"（2.2节）。这一章我们也对"宏观制度之维"的两个层面进行了初步的理论阐述，指出企业制度与制度环境之间事实上存在一种双向选择的动态均衡的逻辑（2.3节）。

　　第三章是从"宏观制度之维"的第一个层面对第二章的理论展开。其主要用意在于运用哈耶克"社会秩序二元观"的分析视角，通过对企业组织形式和企业治理结构演进历史的考察，揭示出企业制度一般的基本内涵是利益相关者的共同治理（3.1节），并说明企业制度本质上是一种"内部规则"（3.2节）。在此基础上进一步内在推导出企业赖以成立的必要制度前提：产权原则、合约原则和法治原则（3.3节）。

　　第四章是从"宏观制度之维"的第二个层面对第二章的理论展开。其主要用意在于运用新经济社会学的"嵌入"和"社会建构"视角，从理论上说明企业制度一般在异质性制度环境当中的特殊表现亦即企业制度模式何以可能的问题（4.1节）；并对企业制度模式的效率意蕴进行了较深入的分析，认为企业效率首先是一种制度效率，而在引入制度环境变量的条件下，现实的企业效率都必然是"适应性效率"（4.2节）。进而，对全球化与企业制度多样化的并存及其演进趋势进行了初步的探讨（4.3节）。

　　第五章是在前文理论论述的基础上，对现代企业制度所作的宏观制度视野中的比较制度分析。首先，我们结合前文所提出的理论框架指出企业的比较制度分析需要进一步拓展与深化的方向（5.1节）；然后，分别从正式制度环境与企业制度、非正式制度环境与企业制度、经济转轨与企业制度三个方面进行了具体的案例分析，印证了我们所提出的企业理论框架，同时也得出了一系列富有启发性的结论（5.2、5.3、5.4节）；在此基础上，我们总结出了在开放情境下后发国制度演进的一般规律，我们主要从微观、中观和宏观三个层次进行了说明（5.5节）。

第六章和第七章是我们对应于"宏观制度之维"的两个层面对中国现代企业制度建设进行的有针对性的考察和分析，发现中国的现代企业制度建设就是"中国特色企业制度"的建设，这既是一种"过程"的创新，也是一种"目标"的创新。其中，前者对应着依据企业制度逻辑对制度环境进行优化的"逆向制度修正"过程，我们在第六章对此进行具体分析；后者对应着从我国制度环境的异质性出发，制度环境与企业制度渐趋契合的"顺向制度演进"过程，我们在第七章对此进行具体分析。具体来说：在第六章，首先，我们揭示出现代企业制度所以未从中国历史自发创新的根源在于企业成立必要制度前提的不具备（6.1节）；然后，对改革开放以来我国（企业）制度变迁的过程进行分析，指出其深层实质是内部规则与外部规则之间的互动与演进过程（6.2节）；最后，指出我国当前制度环境的不足之处和发展趋势，并相应提出了自己的对策（6.3节）。在第七章，我们重点分析了经济制度和文化传统影响企业制度的内在机理，并指出：在我国的基本经济制度和"家"文化传统的制度环境下，特定意义上的"劳动者参与企业治理"（7.1节）和"企业治理的家族色彩"（7.2节）可能是中国特色企业制度的两个基本的规定性。

上述七章基本构成了一个完整的理论系统，但是这并不是一个封闭的框架。细心的读者将会发现，尽管整体而言上述七章内容是在讨论企业制度安排与制度环境之间的"均衡"问题，但事实上字里行间处处体现着动感的演进视角。的确，不仅我们的研究方法已经内涵着历史与演进的考察，而且就制度本身而言"不断由简单到复杂再到更为复杂的演化的动态维度"也是其本质属性之一,更不用说整体的制度演化就是一幅不断"生成"着、不断涌现出"新奇"的无比复杂的动态图景。基此,在第八章我们并没有简单地延续前面部分的"均衡"逻辑,而是结合最新的复杂性科学探索构建一个新的制度演化的理论框架,并尝试根据这一框架对我国的具有特殊复杂性的制度演化进程提出若干具有现实针对性的建议和对策。具体来说,在8.1节,我们着重探讨复杂性思想的提出、原理及其对经济学研究范式的革新;在8.2节,基于复杂性范式,我们试图对诺思关于"适应性效率"的已有研究进行拓展,从而提出一个关于制度演化的完整的分析框架;最后,在8.3节,根据复杂性科学提供的启示,我们在四个方面对我国的整体制度演化进程提出了富有针对性的建议与对策。总之,在全书当中,正如周易之"未济",这一章既意味着"结束",同时又是一个全新的"开始"。

综上,经过分析,我们的结论是,随着制度环境的不断优化,我国企业制度将真正回归其自然逻辑并将其持续拓展;随着制度环境的持续演化,我国企业制度也将表现出相应的异质性特征;这是一个整体"制度矩阵"的复杂性不断增强的"适应性"的调整过程。我们预期,中国特色企业制度创新的典型案例,将不仅给中国的和平崛起奠定坚实的微观基础,也必将给世界其他国家的经济发展提供一种新的制度演进路径的借鉴。

第二章　赋予现代企业理论以宏观制度之维

目前流行的"现代"企业理论本质上是"西方"企业理论，这一理论存在着忽视制度环境与企业制度关联性分析的严重缺陷。在异质性制度环境的前提下，现代企业理论要想发现并实现其对于中国而言的"现代性"使命，就必须在方法论上借鉴马克思经济学整体主义的制度分析方法，在理论体系上赋予自身以"宏观制度之维"，在实践上对中国企业所处的独特制度环境进行有针对性的研究。

2.1　现代企业理论演进的逻辑

一定意义上，掌握着主流强势话语权的现代企业理论主要就是新制度经济学的企业理论，因此可以说，现代企业理论即西方企业理论。穿越经济学派的丛林，发现企业理论演进本质上遵循着一条隐约可见的路径，其逻辑主要表现为理论研究的侧重点从企业生产属性到企业交易属性进而（内部）制度特征的转化①。

2.1.1 企业的生产属性

新古典经济学家观察到：市场之上，企业总是按照一定的生产函数，将两种以上的特定生产要素组织于统一的生产过程之中，生产然后销售产品。在这样一个生产过程当中，生产本身表现出系统的特点，生产要素之间表现出相互依赖的性质，而生产的组织者——企业家则以成本—收益的比较为基本逻辑，以利润最大化为最终的追求，以确定最优的生产要素组合和最佳的生产规模为自己的主要任务。新古典经济学对于企业理论的主要贡献即在于此。应当说，在整体的理论演进过程当中，新古典经济学并没有摆脱对亚当·斯密市场理论进行解释或证明的路径。因此，新古典经济学对企业性质的认知仍然是一个蒙着"无知之幕"的"黑箱"。严格说来，新古典经济学不过是亚当·斯密市场配置资源理论的进一步延伸，新古典经济学的理论体系当中，还没有现代意义上企业理论的容身之处。

这种情况其实早已经寓示于新古典经济学的一系列基本假定当中。作为新古典经济学的典范，阿罗—德布鲁一般均衡模型以如下假定作为分析的前提：第一，理性经济人假定。经济人总能够按照成本—收益比较的逻辑作出实现自身利益最大化的选择。第二，完全信息假定。不存在信息搜寻成本、信息获取障碍和信息处理能力等的约束，因而不存在交易对象搜寻、交易条件谈判和防止机会主义行为的交易成本。第三，完全竞争假定。存在极大量的交易者（厂商），每个交易者都是市场价格的接受者，交易者进出自由。阿罗—德布鲁模型在如上的假定前提下较好地完成了对"斯密定理"的形式化，即以模型的形式严格证明了

---

① 古典企业理论的有关内容从略。

市场配置资源的有效性。但是，模型逻辑的严密毕竟建立在上述三种假定前提之上，而假定前提本身就已经使对企业本身的考察成为不可能，因此阿罗—德布鲁模型进而新古典经济理论当中企业仅仅意味着一个可行的生产计划集，仅仅强调了企业的生产属性。

这种情况的出现，可以从当代企业组织本身的状态中得到说明。企业理论的发展对应着企业本身的发展，企业的发展随生产力水平的不同表现为不同的形态。从组织形式上讲，按照先后次序的不同，迄今为止历史上主要出现了三种不同的企业类型，即独资、合伙公司，其中独资与合伙特别是独资是古典企业的主要类型。与现代公司相比，独资与合伙制的突出特点是：在一个企业内部，创业者、经营管理者、监督者、股东、债权人、董事等利益相关者角色或者还没有出现或者就是集于一身，企业所有权分布呈现高度集中的状态——业主或企业家作出所有的决策，工人忠实并准确地执行企业家的指令。这种二元对立的结构下，虽然工人由于谈判实力的绝对劣势自身权利得不到保证因而经常表现出种种消极的倾向，但总体而言，如现代公司制企业内部复杂的交易关系还不明显，对由此引致的交易成本的付出还不足以触动企业自身的那根坚韧的经济神经，因而企业的组织特征、内部交易关系以及制度特征也就没有在理论上得到反映。

虽然，仅仅强调企业的生产属性是新古典经济学的重大缺陷，但企业首先意味着生产函数的选择本身并没有错。承认企业的生产属性，为我们继续认清企业的性质提供了一个坚实的基础和起点。

2.1.2 企业的交易属性

如果说新古典经济学主要强调了企业的生产属性，把企业看成是一种投入和产出的函数关系，那么现代企业理论则更多地把企业看作是一种人与人之间的交易关系。现代企业理论的一个基本命题，就是基于企业的交易属性而将其理解为一组合约关系的联结，理解为人们之间产权交易关系的一种规制方式，而不是物质资产的简单聚合。

虽然现代企业理论认为企业不是物质资产的简单聚合，但事实上如果离开了企业首先是一组生产函数这样一个基本的事实，现代企业理论本身也将无法得到说明。如上述，为了销售产品，必须生产产品；为了生产产品，必须按照一定的生产函数将特定的生产要素统一于同一个生产过程当中。但问题在于，任一生产要素都有其特定的产权主体，任一产权主体总是要求其所拥有的产权能在经济上得到最大限度的实现，那么，如何用一种"经济"（节约交易成本）的方法从其产权主体那里得到该生产要素（或该要素的特定权利特别是使用权）呢？

任何一个命题甚至问题都有其特定的前提。事实上，上述问题背后隐藏着一个至关重要的概念，那就是"交易成本"。交易成本概念的提出者是美国经济学家科斯。"科斯定理"说明：如果交易成本为零，那么产权的界定对于事后的经济绩效无关紧要；如果交易成本为正，那么产权如何界定对于事后的经济绩效至关重要。事实上，正如下文将继续说明的，"科斯定理"对于企业来说至少存在双重的意义。首先，在资源稀缺的假定前提下，生产要素在经济人之间进行排他性的分配是合乎经济逻辑的。由于交易成本的存在，企业创始的过程同时就是产权交易的过程。也就是说，企业必须在各要素产权主体间达成契约，才能够把相应的生产要素纳入到一定的生产函数当中。其次，企业签约人依据其要素产权对剩余分享最大化的追求和企业整体绩效的提升之间存在一个"激励兼容"问题。因此，在交易成本为正的情况下，在企业内部如何配置企业所有权至关重要。这是因为，人与人之间交往的制度安排是人与物（进而物与物）发生关系的中介。一旦人与人的交往方式是不经济的，人对资源的利用就会加倍的不经济；反之，人际交易的优化同时也意味着倍加的人物交换效率。

可见，现代经济学当中的企业理论，其实是将企业的运作看成是企业合约的达成和履行过程。正如新古典企业理论与新古典经济学的一系列假定前提密切相关一样，现代企业理论之创始，最初也是从对新古典经济学前提假定的批判开始的。经济人事实上只具备有限理性，信息并不是完全的，市场也不可能臻至完全竞争的境界。传统经济学假定前提的逐步放松或突破使经济学从两个方向上得到了发展，一是由此引发了对市场失灵和政府宏观调控的研究，另外就是对原来理解为"黑箱"的企业开始进行理论的解析从而产生了现代企业理论。

对企业交易属性进而合约性质的发现也可从现代企业组织形态的发展演变得到说明。同古典式企业相比，现代企业的组织形态已发生了巨大的变化，最为突出的就是企业内部原来"三位一体"的企业家所承担的出资、创业和经营管理等职能逐渐分化并分别由独立的主体来承担。比如，在出资方面，至少存在股权资本和债权资本两个来源，股东又有大股东和中小股东的区别；创业伊始，至少需要物质资本和人力资本的双重投入，人力资本也存在异质性人力资本和同质性人力资本等的区分；企业的经营管理，也日益分化为企业高层的战略经营和一般性的日常管理多个层次。与此相适应，现代企业的内部结构越来越复杂，从股东、债权人到董事会、监事会、经理层、一般性的劳动者等利益相关者角色越来越多，企业利益相关者之间"道德风险"和机会主义行为的倾向愈益显著，企业内部的交易成本越来越大，企业治理结构的重要性越来越突出，对这些问题的关注和解决就催发了现代企业理论的产生。

应当指出，尽管企业的交易和契约性质并不必然抹杀企业的生产属性，但纵观现代企业理论，更多的是对企业内部交易属性的强调，而企业的生产属性似乎显得不那么重要了。事实上，正如迪屈奇所指出的，企业生产并不同于一般性的生产，脱离开企业的生产属性，企业性质就不可能得到完整的说明。① 因此，可以认为企业的生产属性是企业运作的目的，企业的交易属性是企业运作的特征；交易属性是迂回的生产属性，生产属性当中时时存在交易属性。生产属性和交易属性的统一才能够使我们全面地认清企业的性质。

2.1.3 企业是以其合约性质和制度结构为本质特征的生产性组织

毫无疑问，企业应当是生产属性与交易属性的统一。但是，认识事物的全面性并不必然等于深刻性，生产属性和交易属性之间的区分并非是泾渭分明。事实上，团队性质是企业生产同一般生产过程的最显著区别。这就是说，人已经不再是直接与物发生物质与能量交流关系的"自然人"，而成为了必须首先通过人际交易关系才能作用于物的"契约人"②。显然，企业的交易属性派生于企业独特的生产方式，企业的交易属性又必然派生出企业的契约性质，企业契约是企业各产权主体间动态博弈均衡的代表。契约既是交易的结果，同时也是交易关系的规制结构，契约的目的，就是在承认参与企业活动的各产权主体具有平等权益要求的基础上，动态地调整它们之间的权利关系，形成有效的激励和约束机制，以提高企业绩效。显然，虽然企业是生产属性与交易属性的统一，但企业的合约性质与制度结构却是企业生产过程的本质特征。

契约与制度的关系比较复杂。一般认为，企业契约是各产权主体间交易的博弈的直接结果，企业制度则是企业契约的体现和外化。

需要指出的是，从最一般的意义上来看，企业契约性首先应该强调的是契约"精神"，亦即各产权主体间交易关系的平等性。但这并不意

---

① ［美］迈克尔·迪屈奇：《交易成本经济学——关于公司的新的经济意义》，王铁生等译，经济科学出版社 1999 年版。
② 参见本书第四章第一节的有关内容。

味着企业契约及其外化的制度安排对各产权主体的权利都做出"均等"的安排。相反，观察表明，现实的企业制度或企业治理结构总似乎带有某些"非均衡性"色彩，比如说从马克思以来就不断引起争论的企业的剩余分配问题等等。这并不奇怪，正是因为各产权主体交易地位的平等性，在代表博弈均衡格局的企业契约中，才最终沉淀出了作为谈判者的各产权主体自身所面临的各种主客观约束、所具备的各种主客观条件，进而所拥有的不同谈判实力。

企业利益相关者各自的谈判实力存在主、客观两种根源。从主观上讲，经济人普遍带有威廉姆森意义上的"机会主义"行为倾向。这一假定是建立在"有限理性"① 概念的基础上的，是指"自我利益的狡诈追寻行为。它包括说话、偷窃和欺骗行为等赤裸裸的形式。机会主义通常更多地采取微妙的、狡猾的欺骗形式。一般地，机会主义是与信息的不完全、信息披露的扭曲有关的，尤其与误导、曲解、使人模棱两可或混乱等故意行为相关的"，因此，"人们认同如下规则：组织经济活动，以便在有限理性基础上达到最经济，同时使所行交易少受机会主义之苦"②。在这样的基础上，威廉姆森认定机会主义是交易费用研究的核心概念。这具有一般性的意义。从客观上说，生产要素往往带有异质性特征，其谈判实力是不同的。资产专用性因素、要素的相对稀缺性因素、可替代性因素、非流动性因素、风险承担因素、贡献计量因素、可监督与约束性的因素、代理成本的因素、人力资本的特性及其质量因素，甚至企业内部经济行为人之间的组织程度等因素都对企业契约的形成存在重大的影响。现实当中这些主、客观要素往往以一种复杂的组合方式存在并影响着企业契约和制度的具体形态。

从主、客观两方面对企业的契约性质进而制度结构的考察是西方现

---

① 西蒙：意欲理性，但只是有限地做到，即 intendedly rational, but only limitedly so.

② 转引自程恩富等：《企业学说与企业变革》，上海财经大学出版社 2001 年版，第 33 页。

代企业理论的主要内容。无疑，这在细致考察交易成本的形成因素、采取更有效的制度安排以规制复杂的交易关系、最大限度地节约交易成本等方面是一个进步。但显然，科斯以来的所谓现代企业理论，主要是一种对新古典经济学忽视企业交易属性进而企业本身的思路的一种"反动"①，科斯以后的大多数学者也都继续侧重于增强交易成本概念可操作性方面的努力。这显然是十分必要的。但同时，过分强调对新古典理论的批判反过来也影响了企业理论自身的建构，于是一个关键的维度或变量在有意无意间被忽略了，并最终成为现代企业理论的一个严重缺陷，这就是对于制度环境与企业制度关联性的分析。

2.2　宏观制度之维的引入

现代企业理论给我们描绘了有关企业制度的"完美"图画，其给我们的主要启示是：作为企业契约的外化，现代企业制度和企业治理的核心命题，就是一个企业内部制度安排与企业绩效的关系问题。按照它的要求，只要我们根据企业的主、客观条件在各产权主体间合理配置了企业所有权，企业契约和制度就能有效促进企业绩效的提高。实践表明，中国塑造"现代企业制度"已有时日，但饱受诟病的国有企业仍是我们所面对的基本现实，管理混乱的民营企业也在现实中大量存在。现代企业理论在中国似乎失去了其"现代性"的光芒。原因何在？

---

① "反者道之动。"——老子：《道德经》，第四十章。

2.2.1 发展经济学的"前车之鉴"

发展经济学解决发展中国家发展问题的"失败"给我们提供了反面的借鉴。发展经济学作为经济学的独立分支学科开始于二战结束以后，也曾一度达到"全盛"。但在短短几十年后人们就发现，从整体上看，发展经济学与经济发展的现实是一种南辕北辙的关系，发展经济学不仅没有促进反而阻碍甚至损害了发展中国家的经济发展。比如，亚、非、拉许多发展中国家按照发展经济学所指出的道路和发展模式发展经济，结果大多数失败了；而许多国家或地区如"亚洲四小龙"成功的经济发展却又不是按照发展经济学所开出的药方来根治贫困病的。最终，90年代初发展经济学家巴拉舒伯拉曼雅姆（V. N. Balasubramanyam）和桑贾亚·拉尔（Sanjaya Lall）承认："发展经济学这个分支并没有成功地消灭落后，也就是说作为一个学科它失败了，而且，由于它对发展中国家利益的伤害大于好处，所以它的灭亡是受到欢迎的。[①]"对于发展经济学失败的原因，缪尔达尔的评价一语中的："这些'经济学'术语是从西方世界的生活方式、生活水平、态度、制度和文化中抽象出来的，它们用于分析西方世界可能有意义，并可得出正确的结论；但是在欠发达国家这样做显然不会得出正确的结论。在欠发达国家，人们不能进行这种抽象：实际的分析必须讨论态度和制度关系方面的问题，必须考虑非常低的生活水平和文化水平的发展后果。[②]"

发展经济学的失败并不是一种偶然，缪尔达尔的论断其实具有一般性的意义。事实上，即使没有西方学者的傲慢与偏见，发展中国家自身

---

① ［英］巴拉舒伯拉曼雅姆等：《发展经济学前沿问题》，中国税务出版社 2000 年版，第 2 页。

② ［瑞典］冈纳·缪尔达尔：《亚洲的戏剧》，首都经济贸易大学出版社 2001 年版，第 9 页。

也很容易迷惑于西方经济实践进而西方经济理论之上的眩目光环。中国一度追随前苏联的经济理论，现在又开始显露出对西方经济学的盲从。虽然对象性质截然不同，但其背后逻辑却惊人的一致。一言以蔽之，和发展经济学一样，现代企业理论在中国难觅其"现代性"的根源就在于：中国的制度演进路径和制度环境具有"异质性"，而"现代企业理论"只是西方经济学的一个理论分支，它只与西方发达国家的制度框架高度契合，它只有在西方社会中才具备存在的意义和发言的权力。

2.2.2 全球化与制度多样化的并存与演进

东西方的制度背景存在着持久而显著的差异。这主要表现在三个方面：（1）异质性。中国是一个具有悠久文明历史的国家，中国文化也有其自身的特质，这一点同马克斯·韦伯所讨论的"新教伦理与资本主义精神"的密切关联遥相呼应①。（2）滞后性。同西方国家已臻成熟、完备的市场制度系统相比，中国社会的制度体系又表现出了明显的滞后性质。就现有的历史来看，西方国家发展经历了几百年的历史，已形成一套相对完善的制度体系，因其成熟、稳定和长期保持的领先地位，这样一个制度体系已在西方社会和理论体系当中淡化为隐约的制度背景或隐含的假定前提。这意味着，西方社会的制度创新和演进是自然进行的，各种制度子系统或模块之间自始至终都保持了高度的契合或均衡性质，也可以说西方社会的制度体系是浑然一体的。表现在其理论体系当中，自然也就不需要对企业的制度环境做专门的分析研究。（3）制度变迁路径的特殊性。不同于西方那种自然成长型的制度创新与演进路径，中国的改革是"渐进式"的，也带有较强"强制性制度变迁"的

---

①　对此亨廷顿也有专门的论述。比如亨廷顿认为文明冲突主要集中在两点：一是伊斯兰世界与西方的冲突；二是中国与西方的对抗。参见福卡经济预测研究所：《中国发展迈入战略机遇期》，中国福利会出版社 2004 年版，第 3 页。

色彩。结果，制度创新主体（特别是"第一行动集团"）多由政府来担任，新制度增量和旧制度存量之间的结构性失衡长期存在且比较显著，等等。

如果充分考虑上述三种情况，如比较制度分析的有关研究所揭示的，在全球化条件下，中国现代的制度变迁将不仅是一种"过程"的创新，同时也必然是一种"目标"的创新。这是因为，一国制度整体具有内在的系统性。其制度整体各子系统或模块之间的关系是相互支持的、"战略互补性"的、高度契合的，或者说是高度均衡性的。因此，一方面，"跨国家制度的重要性上升"，在竞争的压力下，"国家制度将逐步适应全球变动的技术环境"，也就是说中国的整体制度环境将会得到优化，从而避免了陷入"锁定"和"低水平均衡陷阱"的风险。同西方自然演进的制度变迁路径相比，这是一种"逆向制度修正"的过程，是"过程"的创新；另一方面，"这种适应将具有路径依赖的性质"，我们将看到"地域性、国家和地方制度多样性的持续演化"。① 这意味着，越是全球化，本土化的价值越彰显；越是本土化的，也越能更快地走入全球化。制度多样的现实，不仅给每个国家提供了适合自己特定国情的制度平台，而且也更有利于捕捉经济发展的潜在机遇和规避不可测的未知风险。显然，各个国家的制度变迁远不会同质化，因此这也将是一种"目标"的创新。

2.2.3 现代企业理论的"单维性"缺陷与制度环境变量的引入

在全球化与制度多样化并存演进的条件下，发展经济学的"前车之鉴"具有一般性的意义。事实上，以"普适性"面目出现的西方企业

① ［日］青木昌彦：《比较制度分析》，上海远东出版社 2001 年版，第 392 页。

理论客观存在着"单维性"的内在缺陷,因而无法彻底解释多样化的经济实践。西方新古典经济学的分析仅仅是一种以资源的技术利用为导向的静态分析,这种分析的统一和简洁是以牺牲经济学本有的历史逻辑为代价的。之后的经济理论也不同程度地带有这一特征。我们看到,新古典经济学把组织(例如作为"厂商"的企业)定义为一整套函数关系,把经济资源配置当作经济活动的惟一目的,把组织等同于单维度的经济人并"构筑"生产函数关系以便建立有关企业如何生产和如何最优化的数学模型,结果不能够解释企业的起源和不同的存在形态。虽然,以科斯等人的工作为源头,新制度经济学发展出了一整套的组织理论、产权理论尤其是契约理论,奠定了现代企业理论的基本框架,但总的来看仍旧带有明显的技术选择特性,而并非一种考虑了历史逻辑起点和个人权利禀赋的合约选择或者制度选择理论。前文分析表明,在方法论方面,现代企业理论主要遵循了狭义个体主义的方法论;在研究起点方面,现代企业理论以同质性和原子式的经济人为基本的假定前提;在研究视角方面,现代企业理论侧重于对一般均衡和惟一、最优合约形式的研究,侧重于微观层面的考察;在政策主张方面,现代企业理论认定,只要遵循交易合约的逻辑,只要充分考虑了企业利益相关者各自的"谈判实力",由此产生的企业制度必然是效率最优的。这同时暗喻由此衍生出来的企业制度也必然是惟一和普适的。显然,这很难解释现实企业制度的多样性。

现代企业理论的这些特点是相互支持的,而所有这些特点的产生又都与西方社会的特定制度演进路径及制度环境息息相关。这是因为,西方的制度变迁路径是自然演进型的,企业制度创新的许多必要制度前提不需刻意强调因而淡化了隐含的假设前提;其历史传统和文化渊源大体相同,因而也不存在"异质性"制度环境之间的碰撞和整合问题。而事实上,所有的契约,包括组织和制度等都是历史的,是从历史中走过来的,是要继续在历史中演进的。诺思虽然认为"过去的选择决定未来的选择"，但在他的理论体系中这一趋向并没有在横向的国别制度比较中得到应有的发挥。显然，西方企业理论客观存在着单维性的内在缺陷，必须引入制度环境的变量才能真正解决这一问题。

追赶者易于蜕变为追随者，追随者易于失去自己的方向。长期以来，我国企业制度建设的实践，往往自觉不自觉地以西方企业制度和理论为模板。虽然我们以"现代企业制度"建设自诩，事实上我们并没有分清在所谓的"现代企业制度"当中，哪些是具有一般性意义的制度安排，哪些是适应西方国家特殊制度环境而产生的制度安排。我们也无法回答：要建立现代企业制度，需要对我国当前的制度环境做哪些方面的改进？在我国特定的制度环境下，最终可能形成什么样的企业制度？如何形成并保持良性的制度结构的协调和均衡？其结果，一是自身制度建设不断出现这样那样的问题；二是当这种"现代企业理论"本身出现了问题的时侯，我们又往往会因为突然出现的方向缺失感而倍觉迷惘。

事实上，虽然企业本身是一个微观能动的经济主体，但制度环境的演进或变迁形成企业制度不得不参与互动并相互依赖的路径。市场、企业和法律等多维制度"域"，形成一个互为补充、替代和渗透的制度系统。这个制度系统在短期具有相对稳定性，在长期则是不断演进着的。中国的经济和政治体制改革的目标，也就是要寻找一种适合中国国情的制度诸"域"间的均衡状态。在西方企业理论当中，宏观制度背景仅仅是一个隐含并相对稳定的假定前提；但对于后发国中国企业的经济实践而言，宏观制度环境却是作为一个十分重要的经济变量而存在的，并且中国的制度环境还具有自己鲜明特点。因此，中国正在进行的和真正需要的，恰恰是西方社会和理论已成现实的和不言而喻的；而西方正在进行的和着重强调的，对于中国而言虽具有强烈的迷惑力量事实上却是"供求错位"。这种情况下，现代企业理论要想获得其对于中国企业经济实践而言的"现代性"，就必须在其理论框架中纳入"宏观制度之维"，并对中国制度环境的总体进行具体和有针对性的考察。

2.3 宏观制度之维的两个层面

遵循效率最大化和交易成本最小化的经济逻辑，在同一制度系统内部，企业制度和制度环境之间应当是一种动态的均衡关系，这种均衡是通过两者之间"双向选择"的互动逻辑来实现的。也就是说，必须立足于必要的制度前提之上，企业才能够成立；现实的企业制度也必然会打上特定制度环境的烙印。因此，现代企业理论引入宏观制度之维，需要在两个方面展开具体的分析。首先，要通过对企业制度内涵逻辑的具体分析，揭示出其背后隐藏着的必要制度前提；其次，要具体考察企业制度一般在不同制度环境中必然会有的特殊表现亦即企业制度模式。其中，前者强调本质上由个体人博弈创新出的"内部规则"的终极价值和意义，后者则说明制度环境的异质性、企业制度对其的"嵌入性"及其结果。或者说，前者研究"企业本身何以可能"的问题，后者则侧重于研究"企业模式何以可能"的问题。可以看出，这其实就是本书以个体主义为基础的、整体主义制度分析方法的应用和具体展开，也与我国现实企业制度建设当中所存在的两大基本问题相互对应。这里我们先做一般的理论分析，具体的探讨，放在后面的两章分别进行。

2.3.1 澄清前提：企业制度一般对制度环境的"选择"

由于西方发达国家自然成长型的制度演进路径，科斯关于"企业为什么会在市场中存在"的发问是以企业的现实存在为前提的。而我们的问题是：既然要建设现代企业制度，那么企业是否天然存在或事先给定？如果不是，企业何以可能？企业成立的必要制度前提是什么？制度环境如何据此进行优化？显然，这是一个根据企业一般逻辑对制度环境进行选择的过程。这就不得不提及哈耶克"社会秩序二元观"的有关内容。

终极意义上，社会和文明是人类行为的产物，但不是人类设计的产物。这就是说，在人类进化过程中，那些基本的秩序或规则是经过一个类似于自然选择的"社会选择"过程而产生的。这样的一个社会选择过程中，"人类理性只是在进化的最后阶段，才开始扮演重要角色，即当一种新的适应方式的优越性充分显示出来以后，人类理性可以通过某种人为手段抑制或加速某种适应方式的成长。也就是说，是行为方式或适应方式的自发性成长，为人类理性提供了可资比较和选择的多样素材，理性本身却无法设计出这些多样性的素材。""在芸芸众生之中，哪些人会对文明进化作出巨大贡献是由许多人们无法把握的偶然因素促成的。而我们事先并不知道，谁注定会成为这样的'幸运儿'。只有将自由给于所有的人，才会使少数人有可能充分地利用自由所提供的机会，才不会将对未来发展具有决定性意义的新思想和新事物扼杀在摇篮中。①"正因如此，哈耶克说："文明是人行动的产物，或者……数百代人的行动的产物。但这并不意味着文明就是人们设计的产物，甚至也不意味着人们清楚文明发挥功能或继续存在的基础。②"这也正如中国的老子所说的："为无为则无不治"，"我无为而民自化，我好静而民自正。③"

以这样一种哲学理念为背景，我们就可以比较容易地把握哈耶克的"社会秩序二元观"思想及其中"内部规则"和"外部规则"的概念。在哈耶克看来，在给定知识分散化和经济人有限理性的前提下，首先，规则本身是一种共同知识，社会成员通过遵守它来弥补理性的不足，从

---

① ［英］哈耶克：《自由宪章》，杨玉生等译，中国社会科学出版社 1998 年版，第 11 页。
② 同上，第 5 页。
③ 老子：《道德经》，第三章、第五十七章。

而尽可能减少不确定性世界中决策的失误。制度可视为规则的具体化，因而规则是一个更为根本的概念。其次，秩序是社会成员相互作用的一种状态，这种状态依靠某种规则来形成和延续。第三，内部规则是分散的个体在追求自身利益最大化的相互作用过程中自发形成和彼此认同的制度，外部规则是与"个人"相对应的"组织"通过命令—服从关系来贯彻某种特定目的（往往是自身利益）而推行的制度。内部规则并非总是好的，外部规则也并非总是坏的。第四，分别与内部规则和外部规则相对应，社会秩序演化存在两条主线：一方面，当事人在遵守内部规则的前提下自主行动，通过当事人之间的互动以及当事人与规则之间的互动形成一种自发的"人类合作的扩展秩序"；另一方面，组织为了特定目的，通过政治行为实施外部规则，形成一种围绕外部规则的外生秩序。第五，个人和组织之间、内部规则与外部规则之间普遍存在的互动关系，是社会演进的源动力，自发秩序和人为秩序的相互交织和具体关系格局构成现实的社会秩序。第六，由此，社会秩序的切入点是自发秩序和人为秩序的二元观，由于组织同样要在一个更大的自发秩序范围内活动，因而内部规则和自发秩序较之外部规则和人为秩序更具有根本性的意义。第七，正常的社会秩序中，其内部规则必定占据基础性的地位并发挥主导性的作用。然而不同的国家或社会可能存在不同的初始条件，结果造成了不同的内部规则和外部规则的均衡格局。主要有三种可能的情况：（1）内部规则演进受制于外部规则的变迁；（2）内部规则演进主导外部规则的变迁；（3）内部规则、外部规则相互作用，内部规则发挥着牵引作用①。

具体就企业制度创新及其变迁过程来说，在科斯从交易成本比较的角度说明企业何以存在于市场之中的原因之前，事实上存在的是一个企业与市场相互契合的同一制度演进过程。事实上，在西方社会企业组织

————————

① 显然，（1）和（2）是理想的两个极端，现实的情况多如（3）所示。

演进与市场发育本来就是同一个自然的制度变迁过程。这意味着，企业首先是一种自发、自为性的组织，企业制度是企业内各利益相关者间的动态博弈均衡的代表或合约的外化，因而企业制度本质上是一种"内部规则"。这意味着，将企业制度的选择权交给企业本身是"企业"概念的应有之义，也是效率最大化的必然要求。这本身是对"企业何以可能"问题的回答。这也反过来潜在地说明，对于企业制度创新而言，首要的是一个如何塑造出真正意义上的自主性企业的问题，而不是一个任何其他主体在替代性思维的前提下进行的主观设计问题。显然，我们的首要任务，是从制度环境方面为企业的创立和可持续拓展提供必要的制度前提。相应地，"宏观制度之维"的第一个层面，就是要具体考察作为内部规则的企业制度的一般逻辑，然后由此反向推导出其对制度环境的基础性要求。本书的第三章对此进行详细的讨论。

2.3.2 追溯根源：制度环境对企业制度模式的"选择"

如前述，西方企业理论带有"单维性"特征且笼罩着"普适"的神圣光芒。但现实中，企业制度却表征出了显著的模式化色彩。事实上，采取何种企业制度模式是异质性制度环境"选择"的结果。对此，虽然企业制度的历史比较制度分析（HCIA）①所作的实证考察有所察觉，但企业理论本身尚不能提供系统而深刻的理论解释。

探讨异质性制度环境"选择"企业制度模式的内在机理，事实上是在引入制度环境变量的情况下来重新讨论企业内部的制度创新逻辑。其实，企业制度模式不过是经济实践中众多"模式"现象的冰山之一角，现代企业理论也不过是西方理论范式在企业领域的反映。因此广义的来

---

① 更详细的论述参见王东：《美国日本企业的历史比较制度分析》，《经济评论》2002年第2期；孙早：《现代公司治理结构：经济效率与制度适应的统一》，《湖南社会科学》2000年第6期。

看，引入宏观制度之维对现代企业理论的修正，事实上是在依据实践模式的多样化而进行的对西方理论范式"单维性"内核的突破。

整体观照经济理论和经济发展的前后路径发现，异军突起的"模式"现象及其研究，其实主要是发展中国家多样化的经济发展实践对以"单维性"和"普适性"面目出现的西方经济理论范式的"反动"。西方世界的兴起，其过程具有如下两大特点：（1）西方世界从传统社会向现代社会演进的过程，是一个自发自然的渐进过程。（2）西方世界的各个国家，往往具有相同或类似的文化渊源和背景。因此，虽然技术的进步和工业化的推进在西方世界也不是一个完全均衡的过程，但总体来讲西方各国大都经历了一个相似的制度变迁路径。这主要是因为在整个的发展过程中并不存在异质性文化和制度之间的碰撞或者障碍。由此也就解释了为什么西方经济理论的单维性和普适性的色彩。而在发展中国家进行的大规模的现代化尝试，是在很不同于西方的异质性制度环境等条件下进行的一种学习和赶超过程，并且这些发展中国家之间也存在诸多差异。那么很显然，传统的西方理论范式不能适应发展中国家发展的要求。这就是说，要想对发展中国家的经济发展提供指导性的帮助，西方经济理论就要正视发展中国家经济发展实践的冲击，并相应对自身进行某种修正。

实践模式的多样化要求理论范式的多维化。目前，虽然有关具体经济模式的研究比比皆是，但由此导向对西方传统理论范式本身反思的并不多见，能够对西方经济理论进行修正或者创新的更是凤毛麟角，更谈不上对其理论内核的拓展了。比如说，虽然发展经济学较早地采用了模式分析，却并未完成经济理论范式转变的使命，结果在解决发展中国家发展问题上不尽人意。在企业理论研究方面，虽然目前有关具体公司治理模式的比较分析成果比较明显，但是由于相关研究大多没有上升到企业理论的高度进行深入检讨，其结果自然是无法取得突破性的进展，更不可能对现实企业制度建设的经济实践发挥理论本身应有的指导作用。

最直观地来看，回应发展中国家经济发展实践的冲击，西方经济学包括西方企业理论需要对自身的方法论和分析范式进行如下的修正：（1）改变自身的单维性色彩，转向对多元化的经济发展类型的研究；（2）突破自身的狭义经济逻辑，引入异质性历史和制度等变量；（3）经济发展类型的多样化、制度诸"域"和制度的不同类型之间的互动、均衡与融合，要求对经济现实进行多维度、大视野的综合比较分析。为此，历史分析法、系统分析法以及结构分析法等研究方法将可能是必要的。

把握了世界的单纯性，并不直接就等于把握了世界的复杂性。新经济社会学关于"嵌入"和"社会建构"的有关思想，为我们分析制度环境对企业制度模式的"选择"机理提供了有用的分析工具和方法。我们将在第四章运用制度分析的方法对此进行详细的讨论。

第三章 澄清企业制度的内部规则性质及其必要制度前提

何谓企业？企业何以可能？企业制度演进如何获得可持续性？当我们口口声声要建立现代企业制度的时候，其实我们对此并没有真正的了解。诺思主张，经济制度变化和发展的核心是要首先创造一种政治环境，使得新的有效率的制度得以提出，并获得执行①。这一部分的任务，就在于真正澄清企业这一概念，明了企业制度内涵的逻辑，并在此基础上反向推导出企业成立及可持续演进的必要制度前提，在理论上为企业的存在和发展奠定坚实的制度环境基础。

在制度演进的视角，企业应当是一个自为的主体。这不仅说明了企业制度的"内部规则"性质，更寓示了政府在企业制度建设方面所应该承担的重要使命。

---

① 转引自徐坡领：《俄罗斯经济转型轨迹研究》，经济科学出版社 2002 年版，第 1 页。

3.1　企业组织演进与企业制度的一般逻辑

企业理论发展不过是对企业实践的主观反映，而企业组织的演进又因不同的发展阶段表征出不同的特征。不能够脱离开企业实践发展的具体阶段来对企业理论进行价值上的评判，同时，企业理论的发展，在对企业性质理解方面应当体现出历史与逻辑的统一。

3.1.1　企业组织演进与企业治理结构的历史拓展

一般来说，随生产力和市场经济的发展，企业的组织形式经历了一个从个人业主制企业到合伙制企业再到现代公司制企业的过程。企业组织形式之间并非全然相互替代的关系，而是大量并存于现代经济社会当中。

钱德勒对企业成长和制度变迁史的考察，从组织制度上把企业分为古典企业（业主制企业和合伙企业）和现代企业（主要是指公司制企业），认为企业成长过程中由古典企业向现代企业的这种制度变迁不仅对企业本身意义重大，而且对社会经济体制的转变也具有决定性的作用。钱德勒经过考察发现，企业制度变迁是随企业经营规模的扩张而出现的，另一方面它又是维持和促进规模扩张的必要条件。企业经营规模扩张包括两个方面：一是大规模分配和大规模生产的发展，大规模分配是指大批量经销商品的现代商业企业的出现，是运输和通讯技术变革所带来的结果；大规模生产的出现晚于大规模分配，是因为前者除了需要运输和通讯技术变革之外，还需要进一步的技术上的突破。二是把两者结合于一个单一公司之内的一体化，这种结合导致大量市场交易活动的内部化，结合主要是通过纵向和横向两种方式实现的。在钱德勒看来，真正的企业成长是现代工商企业出现之后的事情，而现代工商企业的出现是与两项重大的企业制度变迁相联系的：一是所有权与管理权的分离；二是企业内部层级制管理机构的形成和发展。企业规模的扩张及与之伴随的技术和管理过程复杂化，导致了所有权与管理权的分离，分离的具体形式依企业扩张的筹资方式的不同而不同。在那些依靠内部资金发展起来的纵向一体化企业中，企业主本人或其家族在企业的高层管理中居于支配地位；在那些依靠外部资金发展起来的企业中，则是支薪经理在高层管理中居于支配地位。钱德勒把以上过程称为经理式资本主义的兴起和家族式资本主义的衰落。由于企业成长意味着一部分原先的市场交易内化于企业之中，这就需要企业内部的行政协调机制的相应发达，因此，企业成长的重要方面就是企业内部组织机构的变革。传统企业中没有中间管理层，随着企业规模的扩大，内部管理工作增加并日益复杂化，相应地内部组织分工向两个方向发展：一是水平方向的不同职能部门的产生；二是垂直方向管理层级的产生。钱德勒认为这种层级组织机构的产生是现代企业区别于传统企业的一个显著特征。

钱德勒的理论是对企业组织形式演进史的一种较客观描述。不过，由于其所处历史的局限性，企业治理中大量存在的"员工参与"现象，以及现代社会对于企业"社会责任"的强调与要求等，都是钱德勒有所忽视或语焉不详的，但对于理解企业的性质都具有至关重要的价值。

另外，也有一些学者观察到了现代企业的某些发展趋势，并提出了所谓"后现代企业"[①]的概念。所谓后现代企业即现代公司制企业的进一步演化，如网络型企业、虚拟企业以及联盟企业等。有学者认为后现代企业就是一个由核心企业实行战略领导、众多独立企业（卫星企业）参与组成的战略性经营集团。与此相联，后现代企业理论强调：（1）

---

① 安同良等：《后现代企业理论的兴起》，《经济理论与经济管理》2002 年第 3 期。

企业是自我演化的经济组织；（2）企业的本质功能是生产功能；（3）企业的生产功能引致了契约的安排；（4）企业增长与发展是居于知识集聚的进化过程；（5）企业行为与战略的"动态能力"是企业竞争优势的源泉。由于所谓"后现代企业"远未成型为一种明确的企业组织形式或制度安排，对此我们不作专门的探讨。

对企业组织形式演进轨迹的纵向考察表明，企业治理结构事实上经历了一个单边治理 → 双边治理 → 三边治理 → 利益相关者共同治理的演进过程：（1）所谓单边治理，主要是就古典企业所遵循的物质资本逻辑而言，个人业主制企业是其中的典型代表，合伙制企业是物质资本逻辑一种形式上的拓展。企业单边治理的最显著特征，是资本家对于雇佣工人的绝对权威。（2）所谓双边治理，是就企业作为物质资本与人力资本的合约性质而言，但这里的人力资本仍仅限于异质性人力资本。钱德勒所说的企业所有权和（经营）管理权的分离，就是人力资本职能开始从古典企业资本家当中分离出来的一种表现。双边治理的显著特征，是企业股东和经理人员之间"委托代理"的博弈关系。（3）所谓三边治理，主要是就企业"员工参与"即企业内同质性人力资本所有者参与企业治理以及剩余分享而言。"员工参与"的逻辑起点，是企业员工对其自身人力资本的产权；"员工参与"的现实状况，取决于企业合约中其人力资本存量和"劳动努力"[①]供给状况所决定的谈判实力；在不同的制度环境中，"员工参与"还可能具有不同的内涵和实现程度。三边治理的显著特征，是企业员工、经理人员、股东之间的博弈制衡关系。（4）所谓共同治理，是就企业利益相关者共同参与企业的治理和剩余分享而言。企业不同制度形式之间并非全然的纵向替代关系，也大量并存于现代经济社会当中。与实践相对应，在企业治理结构的争论中，形成了以物质资本逻辑为核心的委托代理理论和以利益相关者博

[①] 参见南京政治学院 2003 届研究生陈忠炼的硕士毕业论文：《劳动努力与企业治理》。

弈均衡逻辑为核心的共同治理理论两种主要观点。目前，利益相关者对于企业的共同治理已成为世界各国企业治理结构创新的共同趋势，在这里我们对此做稍微具体一点的考察。

3.1.2 企业制度一般：利益相关者的共同治理

从发展的观点出发，任何事物都是一种动态的和开放的系统，企业也不例外。因此，企业的内涵是随企业组织形式的历史演进而不断拓展着的。于是我们就获得了两个理解企业内涵的基本原则：（1）永远都不可能断言我们的理解已经穷尽了企业的内涵；（2）既有的理解和概括应当根据最新的经济实践不断充实和拓展。在这个前提下，可以认为利益相关者的共同治理即代表了企业制度的一般逻辑。

何谓利益相关者？有统计表明，自 1963 年至今人们对利益相关者概念提出了近 30 种不同的定义[1]。按照涵盖范围的不同，又可以划分为三类：其中第一类定义最为宽泛，把所有能影响到企业活动或者被企业活动所影响的权益主体都看作是企业的利益相关者；第三类定义限定最多，认为只有在企业中投入了专用性资产的权益主体才是企业的利益相关者，比如企业的股东、经理人员和劳动者等等；第二类定义介乎第一类和第三类之间，认为凡是与企业有直接关系的权益主体都是企业利益相关者，不过这其中并不包括政府、社会组织及社会团体和社会成员。在此基础之上，人们又提出了"潜在利益相关者"和"真实利益相关者"的概念，认为凡符合第一类定义的权益主体都是潜在的利益相关者，但只有潜在的利益相关者向企业投入了专用性资产的时候才可能转化为真实的利益相关者，并认为只有真实的利益相关者才会进入经济学研究的视野。我们赞同将企业利益相关者区分为"真实"和"潜在"

---

① 杨瑞龙：《企业的利益相关者理论及其应用》，经济科学出版社 2000 年版。

两类的观点，后文论述将继续证明，正是在这一划分的基础上，现实企业制度才普遍表现出特殊"相机治理"的异质性特征。不过我们认为，企业利益相关者也可以作"直接利益相关者"与"派生利益相关者"的区分，前者主要是指向企业投入了专用性资产的要素所有者，而后者则是指没有投入专用性资产但与企业利益损益有关的经济行为人或组织。直接利益相关者往往是真实利益相关者，派生性利益相关者则只有在一定条件下才会转化为真实利益相关者。

现代企业理论把企业视为一组契约的联结，是个人之间交易产权的一种方式，其隐含的前提是签约人必须对自己投入企业的要素拥有明确的财产所有权，这种产权交易的结果形成了企业所有权。但是，一旦企业（尤其是现代公司制企业）最终成立并获得了永续的法律生命，企业所有权就与最初的财产所有权有了本质上的区别。这里需要对两对不同的概念进行具体的区分：物权和产权；财产所有权和企业所有权。其中，后一对概念的区别是从前一对概念之间的区别当中派生出来的。我们也可以说企业所有权主要的是一种法人产权，而财产所有权在很大程度上是一种物权。

对产权与物权不同含义的区分是现代产权理论的一大贡献。其主要内容包括：（1）产权就是使一个人和其他人受益或受损的权利①，它只有在不同的所有者之间发生利益关系时才有存在的意义；而物权仅仅是指法律赋予某人拥有某物的排他性权利，它可以在纯粹法律意义上存在。也就是说，物权只不过是法律赋予某物的归属标志，而产权则是物进入实际经济活动后所引发的人与人之间相互利益关系的权利界定，这一界定可以是明确指出的如法律规定的权利，也可以是隐含的如通过道德、习俗等加以承诺或者默认。（2）物权侧重于对所有者拥有物的状

---

① ［美］德姆塞茨：《关于产权的理论》，参见［美］科斯等著：《财产权利与制度变迁》，上海三联书店 1991 年版。

态描述，而产权则关注经济活动中人的行为。（3）产权比物权有着更广的外延，如以某种方式使用他人财产的权利、摆脱遭受侵害的权利、因发生欺诈而得到赔偿的权利等都是产权的形式。简而言之，在现代社会中，产权不仅是支配物的权利，更是支配有价值的利益的权利①。就是说，产权已从单纯的物权转化为一束关于人的利益和行为的经济权利，"是人与人之间的关系……"②。

产权和物权的区分表明：（1）就企业的创立而言，没有物权的人是无权签约的；参与博弈的当事人作为产权主体（严格意义上是"物权主体"）必须是独立的和平等的。这就是说，个人对财产拥有所有权以及独立承担行使产权的责任是现代企业存在的前提；企业内参与博弈的各产权主体（真实利益相关者）也都至少在原则上应该拥有平等的企业所有权。（2）不同于主要表明人与财产之间关系的"物权"，作为表明人与人之间关系的产权，其自身的行使是有限制的，这种限制性与现代企业契约的权威性具有内在一致性。它主要表明，单个产权主体自身的理性选择要受到其他产权主体的约束。这也是对企业契约内部各利益相关者（契约人）在合作框架下的竞争关系的反映。（3）既然产权是对人与人之间利益关系的界定，那么企业契约签约人并不必然由传统的物的所有者充当，具有人力资本的劳动者也应当是产权主体。这与人力资本客观上存在的作为未来满足或者未来收入源泉的"投资品"属性是相一致的。也正因此，周其仁把企业看作人力资本与非人力资本之间

---

① ［美］万德威尔德：《十九世纪的新财产：现代财产概念的发展》，《经济社会体制比较》1995 年第 1 期。

② 就企业来说，产权包括两个方面的内容：财产所有权或物权、企业所有权。也可以推而广之认为产权主要调节两种关系：人与物之间的占有和支配关系、人与人之间的责权利关系。在不同的语境中，产权内涵会有不同的特指。后文论述不作专门区分。Pejovich, S., 1990, *The Economics of Property Rights: Toward a theory of Comparative Systems*, Dordrecht, The Netherlands: Kluwer Acdemic Publishers, P27～28.

的合约①。更广泛的意义上，科斯把影响他人损益的行为也视为生产要素和权利，② 从而隐含地指出，凡是能给企业带来损益或其行为受企业行为直接影响的行为人均有可能参与或影响企业所有权的分配，也就是说成为企业的利益相关者。这就在企业契约中给消费者、供应商等其他派生性利益相关者也留下了相应的空间。当然，它们只有在一定条件下才会转化为真实的利益相关者。

综上可知：（1）就企业的创立而言，企业真实利益相关者优先参与签约，签约之时，派生性利益相关者一般都处于潜在状态；（2）派生性利益相关者因其与企业利益的相关性也有可能影响企业契约并进而参与企业治理，这一现象在企业的运行过程中尤为显著；（3）参与度为零不等于没有参与权（或参与可能），利益相关者对企业治理的参与程度和企业所有权的具体配置状况，取决于不同的企业运营状态及有关的内、外在条件。因此，综合考虑可以认为，企业就是利益相关者就相互间责、权、利关系的一组契约，企业制度的内在逻辑是利益相关者对企业的共同治理。这意味着，设计企业利益相关者共同治理机制必须遵循同权原则、均占原则、市场原则和边际调整原则③。

虽然，共同治理已经成为当前各国公司治理结构改革的普遍趋势，但是，共同治理作为企业制度一般只是为我们考察现实企业制度提供的一个基本的参照系，而并不意味着现实的企业其所有的利益相关者都要无差异地参与企业的治理。后文将要继续说明，在不同的情境下，企业的真实利益相关者格局会有不同，因此现实的企业都是遵循特殊"相机治理"原则的。这就解释了为什么历史和现实当中存在的企业都具有各

---

① 周其仁：《市场里的企业：一个人力资本与非人力资本的特别合约》，《经济研究》1996 年第 6 期。

② ［美］科斯：《社会成本问题》，《论生产的制度结构》（中译本），上海三联书店 1994年版，第 191 页。

③ 张立君：《企业利益相关者共同治理机制设计》，《中南财经政法大学学报》2002 年第3 期。

不相同的组织形式和制度安排①。

3.1.3 理论对比与实证检验

应当承认，既有的许多对企业性质的解释从数理形式上看都是相当缜密的，但我们认为，它们在逻辑上存在的某些缺陷往往使其形式上的追求变得黯然失色。这主要表现为：（1）对某种具体企业制度形式或者企业的个别特性进行严格的证明，不具备一般性的意义。主张"资本雇佣劳动"或"劳动雇佣资本"的企业观，以及认为"企业是人力资本与非人力资本之间的合约"的观点有此嫌疑。（2）作为决定谈判实力的核心概念，生产要素的异质性特征②内涵广泛，关注一点不及其余，并据此得出结论，事实上是把程度上的差别误认为是本质的不同，无法令人信服。比如"资产专用性理论"。（3）过分强调对既有理论的批判或者突破而忽视对现实的关注，反而使自己的解释忽略掉了某些明显不应忽略的因素，比如科斯交易成本理论对企业和市场之间替代关系的过分强调以及对企业生产属性的忽视。（4）带有价值的偏好，以规范表述代替实证的分析。"股东至上"的逻辑带有这种特点。（5）过分强调交易成本的节约，忽视了要素证明其异质性进而谈判实力的正向拓展，结果忽视了企业制度的激励功能。团队生产理论是一个典型的表现。（6）过分强调对现实某些趋势的关注，认为代表了企业未来发展的方向，一方面没有超出上述第二点的局限，另一方面也缺少理论上的一贯性，令人存疑。所谓的"后现代企业理论"表现明显。

认为企业制度的一般逻辑是利益相关者的共同治理，这一概括可以有效地解释企业发展史上出现过的各种组织形式与制度安排。这里我们

---

① 参见本书第四章第一节的有关内容。

② 参见本章第二节的有关内容。

作一简要的讨论：（1）"单边治理"型企业。单边治理企业的基本特征是，企业中资本家居于主导甚至统治性的地位上，与此对应，工人不仅不可能参与企业治理与剩余分享，而且作为其劳动力价值的工资也经常受到克扣，甚至还会遭受到其他多种不公平的待遇。一般认为，单边治理企业主要遵循的是物质资本的逻辑。这种企业在历史上曾长期存在，与此有关的一些意识形态或理念直到现在还很有市场，比如"股东至上"的逻辑等。我们认为，单边治理背后的逻辑本质上仍是利益相关者的共同治理。其原因在于，当时历史条件下，冒险精神是企业对人力资本的主要要求，物质资本具有明显的相对稀缺性，而且拥有物质资本的人往往也拥有较高的人力资本存量，工人的劳动力是同质性人力资本，因此具有显著的可替代性，结果，物质资本所有者与异质性人力资本所有者合二为一，与工人相对应形成一种非常不对称的博弈格局，其结果也只能是"单边治理"。显然，参与度为零≠没有参与权。（2）"双边治理"型企业。双边治理型企业的产生，就是钱德勒所说的企业所有权和（经营）管理权的分离，其实质是人力资本职能开始从古典企业资本家当中分离出来的一种表现，当然这里的人力资本还仅限于异质性人力资本。尽管随着人力资本重要性和相对稀缺性的逐渐增强，企业中人力资本所有者的谈判实力越来越强，企业作为人力资本与物质资本合约的理念逐渐成为主流，但是，一方面对企业"委托代理"关系的强调还在一定程度上带有物质资本逻辑的色彩，另一方面企业中同质性人力资本所有者即普通员工的地位还没有很好地改善，因此这时的"共同治理"还是不够完善的。不过，在当时的历史条件下也只能够做到这一点。（3）"三边治理"型企业。所谓三边治理，是指企业普通员工也开始参与到企业治理当中来。之所以如此，是因为随着知识经济时代的来临，劳动的总体发展越来越社会化、复杂化，劳动者对"劳动努力"的供给对于其自身的劳动绩效开始发挥着越来越显著的"双刃剑"作用，劳动者的谈判实力增强，劳动者必然也会参与到企业治理当中。

（4）利益相关者共同治理的企业。随着社会的发展，企业越来越融入到利益休戚与共的整体经济当中从而开始意识到，企业并非封闭性的经济组织，原来那种非此即彼、你死我活的竞争理念必须得到纠正；必须谋求所有与自身利益有关的经济主体之间的亦此亦彼、常和博弈的共赢，才能够实现企业长远利益的最大化。因此，企业的"社会责任"意识逐渐觉醒，开始兼顾企业其他利益相关者的剩余分享诉求，从而使企业治理越来越表征出所有利益相关者共同治理的发展趋势。当然，企业所有利益相关者的地位和性质也并非是完全等同的，如果说企业内部那些对企业投入了专用性资产的产权主体是企业的直接利益相关者的话，那么企业外部的利益相关者比如顾客、竞争对手、政府等其他经济主体则具有某种派生的性质。

显然，将"企业制度一般"界定为利益相关者对企业的共同治理，体现了企业组织演进与企业内涵拓展的历史与逻辑相一致的原则。

3.2 作为"内部规则"的企业制度的基本内涵

上述可知，企业制度的一般逻辑是利益相关者的共同治理。更进一步，企业制度的深层实质在于其合约性质，而从合约性质出发可以推导出企业治理的无限可能性。也正是通过这样一个内在机制，企业才有可能依据现实的内、外在约束而演化或选择出最具有（适应性）效率的制度安排。正如哈耶克所说的："在芸芸众生之中，哪些人会对文明进化作出巨大贡献是由许多人们无法把握的偶然因素促成的。而我们事先并不知道，谁注定会成为这样的'幸运儿'。只有将自由给予所有的人，才会使少数人有可能充分地利用自由所提供的机会，才不会将对未来发展具有决定性意义的新思想和新事物扼杀在摇篮中。^①"显然，这一点也同样适用于企业的制度安排。就是说，只有将参与权给予所有的利益相关者，才可能通过合约机制不断选择出最能促进企业效率和和最大程度降低企业交易成本的利益相关者格局，从而最终提高企业绩效。显然，企业制度本身是一个内生的演进过程和动态的展现过程，企业制度本质上正是一种哈耶克意义上的"内部规则"。

3.2.1 企业制度——契约的外化

社会组织发展的基本手段是制度。制度是作为交易关系的规制结构而存在的。制度主要发挥两种作用：确立人们之间广泛的社会联系或关系；解决矛盾和冲突。制度发挥作用的主要机制包括约束机制和激励机制。比较凡勃伦的"思想习惯与生活方式"、康芒斯的"集体行动控制个体行动"、施密德的"人们之间有秩序的关系集"、迪韦尔热的"模式"和博尔曼的"结构化的安排"等理解，诺思关于制度是一种"游戏规则"的说法更为准确合理^②。这就是说，制度是人与人之间长期博弈的结果，是一个社会或组织的游戏规则，是规制人际交易关系的人为设定的约束，在资源稀缺的环境中有利于节约交易费用并供给激励从而提高资源配置效率。因此，人与人之间交往的制度安排是人与物发生关系的中介，一旦人与人的交往方式是不"经济"的，人对资源的利用就会加倍的不经济。制度包括正式制度、非正式制度和制度的实施机制等内容。

企业最核心的制度安排是企业的治理结构。企业治理主要就是通过合理的所有权配置方式，在本质上带有竞争性的利益相关者之间促进信

① 转引自［英］哈耶克：《自由宪章》，杨玉生等译，中国社会科学出版社1998年版，第11页。

② 鲁鹏：《制度与发展关系论纲》，《中国社会科学》2002年第3期。

任与合作关系的达成，以在企业中实现共同的利益诉求。企业所有权配置不仅由正式的文本合同来确定，而且要利用一系列的非正式关系来实现，这些正式和非正式的合同体现于具体的制度框架中，由具体的制度来规范当事人的行为，而当事人也在其中展开博弈并相互协调。

可见，如果说企业制度是企业所有权的具体配置方式，企业合约是确定利益相关者如何分享所有权的内在机理，那么，企业合约可视为企业制度的深层实质，企业制度不过是企业合约的外化。正因如此，企业制度本质上属于一种"内部规则"。

3.2.2　企业契约的特征——不完全性

现代社会的经济活动，从根本上说都是借助于契约进行协调和激励的。企业契约具有不完全性。不完全性契约及其应对是现代企业理论的基本出发点和重点研究对象。

不完全契约是与完全合约①相对应的一个概念。一般认为，不完全契约是没有完全描述一切可能发生的事件，并对权利、责任和应对方案做出明确说明和解释的契约。契约的不完全性暗示了契约本身的模糊性和开放性。契约不完全性的原因在于世界和未来事件的复杂性、不确定性与经济人的有限理性和机会主义行为特征的矛盾。一般认为有三个因

---

① 完全契约是一种理想的契约。一般认为，完全契约严格确定了当事人的权利和义务，规定了满意绩效的组成部分和衡量标准，并对交易过程中可能产生的每一个意外事件和应对方案都作了严格的界定。完全契约建立在以下假设条件之上。第一，缔约各方都是具备完全理性的经济人。这一条件有如下含义：稳定的偏好、预算约束、效用最大化。第二，缔约和履约的环境是完全竞争的市场。这一条件的含义是：不存在外部效应；完全信息；自由交易，自愿缔约，不存在垄断；交易成本为零。显然，完全契约的这些前提条件在现实中是不可能存在的，因此完全契约本身也只是理想境界中的一种虚构，只具备一个理论研究参照系的意义。参见范黎波等：《企业理论与公司治理》，对外经济贸易大学出版社2001年版，第25～27页。

素制约了完备契约的制定：（1）有限理性（bounded rationality）①。人的理性是有限的，对外在环境的不确定性是无法完全预期的，不可能把所有可能发生的未来事件都写入契约条款中，更不可能制定好处理未来事件的所有具体条款。（2）信息不对称（及不完全）（asymmetric information）。当事人不能同等地获取有关契约的信息，主要包括两种形式，即隐蔽信息和隐蔽行动。隐蔽信息是一方当事人具备了有关技术、需求条件和成本质量等的信息，另一方当事人却不能掌握；隐蔽行为就是对契约履行的绩效（或结果）有影响的行为，这种行为一般没有办法发现和最终核实。（3）存在交易成本。交易成本的内容主要包括经济绩效的计量成本、预测与应对不确定性因素的成本、签约及履约的相关成本等。②

现实中的契约一般都是不完全性契约，但对应不同的交易方式，不同的契约类型，其完全性程度也是各不相同的。按照康芒斯的观点，人与人之间的交易关系可分为三种：买卖的交易、管理的交易和限额的交易。其中，如果说买卖的交易类似于市场上的平等交换关系的话，那么管理的交易则在一定程度上揭示了企业内错综复杂的交易关系。显然，买卖的交易其契约相对简单、时间较短、容易达成和监督，而企业内部的交易关系所形成的契约则复杂繁琐、期限较长，并且难以监督、变动不居。企业契约的不完全性远远高于市场契约。

企业契约不完全性的显著表现是企业所有权的状态依存性（state - contingent ownership）③。

---

① 我们所选择的对象不是一个有限集合，我们不知道结果的概率分布，而只能将这些情况的估计程序引入分析，去寻找那些不确定性的策略。参见 Simon，H. A. 1955. A. Behavioral Model of rational Choice. Quarterly Journal of Economic，P69，P99～118。
② 参见范黎波等：《企业理论与公司治理》，对外经济贸易大学出版社 2001 年版，第 25～27 页；[美] 科斯：《契约经济学》，经济科学出版社 1999 年版，第 14 页。
③ 范黎波等：《企业理论与公司治理》，对外经济贸易大学出版社 2001 年版，第 51 页。

3.2.3 企业契约的内容——"状态依存"的企业所有权

企业所有权不同于财产的所有权。严格意义上，企业所有权这个概念并不规范，它只是基于古典企业理论的一种似是而非的方便说法。这是因为，就企业的性质而言，企业是多个要素所有者之间经过交易的博弈亦即谈判而形成的一组契约的联结，企业属于其签约人全体；就企业制度的一般逻辑即利益相关者的共同治理而言，即使我们承认企业应当具备某种所有的性质，企业所有权也应当为所有利益相关者分享，而不应当被任何一方单独据有。这也正是前述区分物权和产权的意义之所在。

尽管如此，正如自 20 世纪 80 年代以来人们所越来越认识到的，企业所有权只是一种"状态依存"所有权。状态依存性表明：企业所有权的配置方式是变动不居的，企业制度将会随内、外在条件的不同而表现出特定的"相机治理"性。显然，那种"股东是企业所有者"的传统观点、"未来社会人力资本拥有企业"的"后现代"观点，以及"企业属于工人"的美好理想都只是一种静态的考虑而不具有一般性的意义。

我们可以引用一个经典的证明[①]对此作出直观的解释。令 y 为企业的总收入，w 为应该支付工人的合同工资，r 为对债权人的合同支付（本金加利息）。假定 y 在 0 到 Y 之间分布（其中 Y 是最大可能的收入），工人的索取权优先于债权人。那么，状态依存所有权是说，如果企业处于"$y \geqslant w + r$"的状态，股东是所有者；如果企业处于"$w \leqslant y < r + w$"的状态，债权人是所有者；如果企业处于"$y < w$"的状态，工人是所有者。进一步，由于监督经理是需要成本的，股东只要求一个"满

---

① 范黎波等：《企业理论与公司治理》，对外经济贸易大学出版社 2001 年版，第 51 页。

意利润"（存在代理成本下的最大利润），只要企业利润大于这个满意利润，股东就没有兴趣干预经理，经理就可能随意地支付超额利润（如在职消费）。假定 π 是这样一个满意利润。那么我们还可以说，如果企业处于"$y \geqslant w + r + \pi$"的状态，经理是实际的所有者。上述"状态依存所有权"还只是从事后（ex post）来看的，从事前（ex ante）的角度看，所有权的安排更为复杂，因为事后状态出现的概率决定于事前的行动，即使在某个特定状态出现以前，该状态下的所有者也可能要求一定的控制权。① 这也就是说，企业所有权不同状态之间的界线本身是模糊的。

可以看出，尽管在一定经营状态下企业的某些利益相关者可能处于"潜在"状态，但在另外一种特定条件下它就可能从"潜在"而变为"真实"，而这样一种变动不居的状态正是企业所有权分享格局的常态。

3.2.4　企业所有权配置的实质及其内在机理

企业契约的直接目的，是在企业所有权即剩余索取权和控制权的配置方式上达成一致性同意；而企业契约的功能，就在于通过相应的制度安排来尽可能节约交易成本并供给激励。那么，何谓剩余索取权以及控制权？其配置又遵循着什么样的标准或者原则？

首先一点很明确的是，生产要素选择进入企业，它一定可以获取超过市场价格的收益或有潜在可能，这部分收益就是企业生产所创造出来的"剩余"，同时这部分剩余，也只能来自于企业的生产函数。企业的生产性问题，也就是如何选择更佳的生产函数以创造出更多的企业剩余的问题。这一点我们可以从熊彼特的"创新"理论、马克思的"剩余

---

① 比如说，一项高风险的投资活动可以使股东收益，但往往增加企业破产的概率从而以牺牲债权人的利益为代价。因此即使在企业进入实际破产状态之前，债权人也可能要求对大的投资决策有一定的发言权。

价值"理论等中找到充分的证据。

但是，企业的生产性是以企业的交易性为特征的，或者说企业生产是带有制度结构的生产过程。也就是说，企业利益相关者之间普遍存在剩余分享的竞争，因此首先必须在其间就相互的责权利关系达成"一致性同意"，提供一个基本的合作框架，企业的生产功能才能够得到实现。在正交易成本的假定前提下，企业所有权如何界定对于事后的经济绩效至关重要。

企业制度也就是企业利益相关者之间的企业控制权和剩余索取权的不同配置方式。一般认为，虽然企业利益相关者之间交易或博弈的直接目的在于自身剩余分享的最大化，但剩余分享的不同方式却往往取决于控制权的配置格局。这也就是一般所理解的剩余索取权和控制权的对称分布原则。事实上，控制权的不同配置方式也决定着企业所能获致的经济绩效亦即所能创造剩余的多少。在这个意义上，可以说企业所有权首先就是企业的控制权。

目前，理论界对于究竟什么是企业控制权尚存争议。[①] 即便如此，关于企业控制权还是形成了若干基本的共识：（1）企业控制权是"状态依存"的；（2）企业控制权的具体配置方式取决于企业利益相关者之间的谈判实力，因此是"资本雇佣劳动"还是"劳动雇佣资本"并不重要，也不具有终极性的意义；（3）企业控制权的配置方式决定着企业的经济绩效。

---

① 概括起来主要有如下几种观点：（1）"剩余控制权"；（2）"终极控制权"；（3）"名义控制权"与"实际控制权"；（4）"合理的控制权"与"法定的控制权"；（5）"核心控制权"与"一般控制权"。也有观点认为，企业控制权是归属性权力：当其归属于股东时，是指明晰控制权；当其归属于经营者时，是指剩余控制权；当其归属于生产者时，是指参与控制权。明晰控制权是企业最终控制权或企业法定控制权；剩余控制权是企业实际控制权；参与控制权是参与企业经营管理决策和参与企业日常经营管理等权力。参见刘磊：《企业中的核心控制权与一般控制权》，《中国工业经济》2004 年第 2 期；年志远：《企业所有权内涵和主体演进》，《当代经济研究》2004 年第 10 期。

再谈判机制是一定条件下内生出企业所有权的特定配置方式的核心机理。我们已经看到，企业所有权的配置方式是内生的，是谈判的结果，代表了企业内各利益相关者之间的博弈均衡。这虽然在一般的意义上说明了企业所有权配置方式的原因，但却并不足以解释历史和现实中曾经出现过的多种异质性企业组织形式。这是因为，这种解释虽然提供了关于企业契约何以形成的一般答案，却忽略了企业所有权的状态依存性因素。也就是说，这仅是一种静态的理解，现实企业内的谈判不可能是一劳永逸的，而必须根据实践的发展不断展开再谈判，以应对和反映企业各人格化要素之间谈判实力对比格局的新的变化。这就是说，企业是一种利益相关者之间的长期的再谈判机制，各种人格化要素的谈判实力决定谈判的结果（即企业契约或者企业所有权配置的具体方式），并外化为企业制度。

3.2.5 小结：关于企业制度的总体认识

科斯建立于交易成本概念上的企业理论已饱受多方面的诟病[1]。在我们的理论框架中，企业生产仍旧是以其制度结构为特征的生产过程，交易成本概念仍将占据重要的地位，但我们并不打算局限于此。给定机会主义行为倾向和信息不对称的前提假定，我们尝试提供一个较完整的分析框架[2]。

1. 建立于不同的分工基础之上，市场和企业之间也是一种相互补充的关系

毫无疑问，市场和企业都是建立于分工的基础之上，笼统的分工概

---

[1] 主要表现为，静态的而非动态的、交易的而非生产性的、抽象的而非历史性的、封闭的而非开放的，等等。

[2] 这里我们先假设历史维度的不存在。

念并不能够将市场与企业区分开来。具体的考察发现，市场和企业各自所依赖的分工基础并不相同：前者的基础是"一般分工"，后者的基础则是"个别分工"。一般分工和个别分工存在本质的区别。一般分工是指的社会内部的分工，个别分工是指的工场内部的分工；一般分工基础上的交易（市场交易）是为了获得相对比较优势，个别分工基础上的交易（企业内部交易）则是为了分享其合作所可能会带来的"剩余"；① 市场交易并没有价值的增值，因而类似于一种"零和博弈"，企业内部交易产生了合作的剩余，因而类似于一种"常和博弈"②。基于这种理解，企业与市场之间的关系不能简单地理解为相互替代，显然两者之间的关系还具有互补的性质③。

2. 基于剩余的创造和分享，企业合约内的利益相关者之间构成一种合作博弈的关系

如上述，企业建立于个别分工基础之上，这决定了"合作剩余"产生的必然性。反过来，要想创造并获得这种剩余，各利益相关者之间的合作比较容易达成"一致性同意"，另外，企业内部合作的产生和不断积累，还具有塑造和培育企业核心能力的功能，因此企业剩余也是不断增长着的④。但是，虽然企业诞生于"合作"，合作却只是意味着一种不可突破的底线，在合作的框架之下，竞争是企业内部关系的基调。这当然是因为，任一生产要素都有其人格化的代表，任一利益相关者都要求其所拥有的产权在经济上得到最大限度的实现，也即企图分享尽可能大份额的剩余。于是，基于剩余创造的合作和基于剩余分享的竞争之间相反相成的关系，就构成了企业内部最基本的矛盾。而企业制度本身，

---

① 这令我们想起了为马歇尔所强调和为后来学者所忽视的企业的报酬递增性质。
② 企业所能创造剩余的量，在新古典范式下是一个常量，但在异质性企业假定前提下将是一个变量。参见本书第四章第一节的有关内容。
③ 黄桂田等：《企业与市场：相关关系及其性质》，《经济研究》2002年第1期。
④ 参见本书第四章第二节的有关内容。

也正是"提供人类在其中相互影响的框架，使协作和竞争的关系得以确定，从而构成了……一种经济秩序。①"

3. 基于剩余分享而产生的企业内部交易的竞争关系，将在正、负两个方向上得到拓展，进而，"异质性"构成为企业利益相关者的"核心谈判力"

在博弈论的框架下，为了剩余分享的"最大化"，企业各利益相关者将主要在正、负两个方向上通过谈判来展开竞争。在正的方向上，因为各方对合作剩余最大化较易达成"一致性同意"，各利益相关者试图通过对其创造剩余贡献或能力的证明来确认自己的谈判实力，从而分享到较大份额的剩余，这就解释了为什么更具有相对稀缺性和重要性的生产要素的产权主体总可以分享较大份额剩余的现实。在负的方向上，因由机会主义行为动机和信息不对称等的前提假定，各利益相关者又总是试图利用企业生产的"团队性质"，来采取"偷懒"等损人利己的行为，如果监控成本过高，其也会在博弈的过程中确认自己的谈判实力进而分享到较大份额的剩余，这就解释了为什么虽然某些生产要素并不具有很高的相对稀缺性和重要性却仍旧会参与企业治理的现实。不论是正的还是负的方向上的竞争，从另外的角度理解，也可以说是这些要素所有者们都在千方百计地进行着关于其要素"异质性"②的证明，而那些同质性的生产要素（及与其对应的利益相关者），则只好获得与其市场价格差别不大的报酬。如果要用一个函数关系式来表示这种关系，我们

---

① ［美］诺思：《经济史上的结构与变迁》，商务印书馆1999年版，第195页。
② 这令我们联想起了企业间接定价理论主张的"对最难监督和直接定价者进行激励"以及资产专用性理论所强调的"投资最重要的一方应该一体化其他方"的观点。创造剩余的杰出贡献，增加交易成本的显著预期，这就是异质性的两个基本的内涵。也正因此，在计量成本与监督成本高昂的情况下，应该分别对这两种情况采取"贡献激励"与"监控激励"。参见本书第一章企业理论回顾以及第七章第一节的有关内容。

有：剩余分享 = 市场价格（1 + 异质性/同质性）[1]。

4. 企业制度是利益相关者的共同治理与相机治理[2]的统一

正如前述，遵循博弈均衡和合意的合约原则，企业制度的一般逻辑是利益相关者的共同治理。但是，共同治理只是一个参照系，仅仅在"应然"的意义上意味着利益相关者都有抽象的企业治理参与权。这种理论上的"应然"能否以及能在多大程度上变成实践中的"实然"，取决于利益相关者自身谈判实力的大小，也就是其自身的异质性。因此，现实中的企业制度，在不同谈判实力的对比下，企业所有权在利益相关者之间的配置方式是各不相同的，从而表现出了"相机治理"的特点。在这个意义上，可以认为企业制度是利益相关者的共同治理与相机治理的统一。

综上可知：（1）企业是生产属性与交易属性的统一，企业的交易属性派生出了企业的契约性质进而制度安排，制度框架是企业生产区别于一般生产过程的本质特征；（2）企业绩效（剩余创造最大化和交易成本最小化）是企业制度的最终追求，企业治理是企业制度的主要功能，企业所有权的配置是企业制度的核心内容；（3）企业制度本质上是一种内部规则，利益相关者之间据其各自实力和"异质性"而进行动态再谈判的机制是企业制度设定的内在机理。因此，在抽象的一般逻辑角度，企业制度意味着利益相关者的共同治理；从引入相关约束之后的现实来看，企业制度则是利益相关者的相机治理。

---

[1] 这里的剩余分享，既包括对尽可能大剩余索取权的追求，也包括了对尽可能大的控制权的追求。

[2] 相机治理有三种不同的来源或内涵。它们分别是：企业的技术水平与资源禀赋；企业的运营状态；制度环境。本书侧重于强调引入制度环境变量条件下的"共同治理"。参见本书第四章第一节的有关内容。

3.3 企业制度成立及其可持续演进的
必要制度前提

经由对企业制度内涵逻辑的具体考察，我们发现，企业制度本质上是一种内部规则；企业本身是一个自为的主体；选择何种企业制度形式应该是企业利益相关者自由选择的结果。但是，企业制度的演进时刻面临着外部规则干扰的危险。特别是在中国独特的制度演进路径和制度环境中，企业并非天然存在或事先给定，事实上我国的现代企业制度建设本质上也是一个企业"重塑"的过程。因此，与科斯对企业为什么会存在于市场当中这一问题的关注不同，我们所需要关注并倾力解决的问题，是澄清企业制度成立及其可持续演进的必要制度前提。

分析表明，产权原则、合约原则和法治原则，是企业制度成立及其可持续演进的必要制度前提。

3.3.1 产权原则

经济因素一般被置于社会基础性的和决定性的地位上，也是判断人们是否拥有独立人格和经济理性亦即是否存在经济人的关键标志。在这个前提下，内部规则和外部规则关系的格局，进而特定社会经济秩序当中自发秩序和人为秩序的不同权重，主要取决于人们对于物质资源的占有和配置状况，也就是说主要取决于一个社会的产权制度状况。

如前述，企业契约隐含的前提是签约人必须对自己投入企业的要素（人力资本、非人力资本等）拥有明确的财产所有权，这种产权交易的结果形成了企业所有权。我们所说的产权原则主要指的是企业契约和企业制度存在的隐含前提条件，即企业各生产要素必须存在其人格化的代表，或者说要素拥有者要对其所拥有的生产要素具备完全意义上的所有权，即财产所有权。因此，我们这里的产权原则侧重于遵循罗马法所给定的物权含义来理解产权①。在这里，财产所有权和企业所有权是不同的概念。财产所有权是指经济主体对投入企业的生产性要素或资源（在企业成为资本）的初始所有权，指的是对给定财产的占有权、使用权、收益权和转让权等一束权利的总和；而企业所有权则是指企业剩余索取权和控制权。虽然企业所有权直接决定着企业绩效，但财产所有权却是企业所有权的基本前提和重要决定性因素。

产权原则是整个企业制度赖以成立并发挥作用的必要前提：（1）财产所有权侧重于对财产归属的静态和一般观念上的认知，企业所有权主要强调对财产的动态经营过程和价值的动态实现。如果没有前者所表示的人与物之间的占有与被占有关系，就不可能有后者所表示的人与人之间的权利交易和配置关系。（2）财产所有权要求其在经济上得到的最大限度的实现即剩余分享的最大化，这为企业内各利益相关者间交易的博弈提供了基本的动力来源，既是竞争的根源也是合作的基础。从终极意义上说，经济发展的基本动力来源于理性经济人的效用最大化追求。但是，如果经济人不对某种要素拥有完全意义上的财产所有权，那么经济人概念及其最大化追求就只能存在于"想象中的异邦"而无法寻找到其坚实的现实基础。（3）财产所有权也是企业所有权配置方式的决定性因素。如上述，企业是利益相关者间凭借自身的异质性特征通过长期再谈判机制进行博弈的动态均衡过程。如果说要素的产权特性提供了企业内博弈的动力，那么要素的异质性特征则决定了其人格化代表的谈判实力，决定了不同利益相关者之间的博弈格局，并最终决定了企业所

---

① 必须要明确区分财产所有权与企业所有权两个不同的概念。虽然后者与企业效率直接相关，但前者却是后者的逻辑前提。参见杨瑞龙：《一个关于企业所有权安排的规范性分析框架及其理论含义》，《经济研究》1997 年第 1 期。

有权的配置方式。不同产权制度的企业之间存在巨大的绩效差距。资料显示：在不同所有制类型的企业之间，私营个体企业效率最高，三资企业其次，股份制和集体企业再次，国有企业效率最低①。因此，产权原则是塑造微观经济主体的基本原则，是企业制度运行的逻辑前提，不可或缺。

尽管产权原则是企业制度的基本前提，但经济理论并不是一开始就对此有自觉而清晰的认识的。

在新古典经济学的理论框架中，产权作为一种制度从来没有受到过重视。其典型的生产函数式为：$Q = f(x_1, x_2, \cdots x_n)$。这其中，在技术系数一定的情况下，经济发展主要取决于生产要素的投入。至于这些生产要素归谁所有，其所有者是否、如何让渡其生产要素的使用权及其对企业生产和经营绩效有何影响，统统被排除于研究的视野之外。

凡勃伦较早明确指出产权（所有权）原则是企业赖以成立的基本原则之一。但他正确的结论是建立在西方社会对产权重要性不证自明的认知基础之上的，因此缺乏对其内在机理的深入考察。凡勃伦认为，没有绝对明确的所有权，就不会有企业，企业是基于"所有权制度"的结果。他强调，所有权对于企业来讲，几乎是不用讨论的，是18世纪以来天赋自由思想的必然结果，是理所当然的。所有权对于企业来说之所以特别重要，是因为企业要在买和卖中赚钱，企业总不能自己买自己的东西，因而，"所有权必须是自然的、正常的绝对所有权，对于所享有事物的使用和处理，必须具有自由的、不受限制的决定权"②。凡勃伦认为，企业有了明确而绝对的所有权，才有了缔约的自由，才有了借贷的安全，企业的竞争秩序才会因此而确定。

---

① 当然，国有企业存在效率追求与公共服务的双重目标，是其与非国有企业的不同之处。参见刘小玄：《中国工业企业的所有制结构对效率差异的影响》，《经济研究》2000年第2期。

② 李义平：《关于企业问题的理论及现实启迪》，《中国工业经济》2001年第10期。

科斯于 1960 年 10 月发表的论文《社会成本问题》，标志着西方经济理论中产权分析方法的真正诞生。科斯通过对经济世界中摩擦力即交易成本的发现，在"科斯定理"中揭示出了产权对于经济发展的关键性意义。科斯指出，传统的经济分析方法不足的重要原因之一是"来自关于生产要素的错误概念。人们通常认为，商人得到和使用的是实物（一亩土地或一吨化肥），而不是行使一定（实在）行为的权力。我们会说某人拥有土地，并把它当作生产要素，但土地所有者实际上所拥有的是实施一定行为的权力"，"在市场中交易的东西并不是像经济学家所经常所认为的那样，是物质实体，而是采取某些行动的权力，这些权利是由个人所拥有的、并由法律制度所确定的。①"由科斯所开创的这种产权分析方法的核心，就在于把生产要素理解为权利，把产权作为一种生产要素，研究并揭示产权配置对资源配置效率的影响。显然，"科斯定理的主旨，就是不管权利属于谁，只要清楚地界定为私有，市场的运作能力就会应运而起，权利的买卖者互定合约，使资源的使用达到最高的生产总产值"②。除此之外，在《西方世界的兴起》、《经济史上的结构和变迁》等著作当中，新制度经济学的重要分支新经济史学的代表人物诺思就产权的作用也进行了比较深刻的揭示，与科斯的交易成本视角不同，他侧重强调了产权制度的一般激励功能。

在新制度经济学之前，马克思在其政治经济学的理论框架中已经对产权理论进行了深入的研究。马克思的研究涉及到产权的内涵、产权的分离和组合、产权的性质和作用、产权制度的变化和发展等内容。特别地，马克思对所有制（广义上的物权状况）在生产关系当中的地位和作用进行了深入的研究，从资本主义所有制与生产力发展关系的特殊规律中，揭示出了所有制关系与公平、正义和经济绩效之间的相关性的一

---

① ［美］科斯：《社会成本问题》，《法律与经济学杂志》第 3 卷，1960 年 10 月。
② 张五常：《再论中国》，香港信报出版社有限公司 1987 年版，第 185～186 页。

般规律。马克思的这一理论贡献尤其突出地体现在他对于当时古典企业当中劳资关系和剩余创造及分享问题的精彩分析当中。如果说,马克思对于所有制与生产关系的研究是对产权原则的宏观阐述,那么,马克思对于古典企业内部矛盾的深刻揭示则是产权原则的微观展示。

虽然总体上讲西方经济学并没有刻意地强调产权原则①,但其在解释西方发达国家经济发展问题上却有相当的说服力。这是因为,一般来讲,由于历史的原因,这些国家从 18 世纪开始就逐步形成了适应市场经济发展的产权制度。对它们来说,在经济发展方面产权制度基本上不构成什么明显的障碍,因而逐渐演化为经济理论不证自明的假定前提。然而,如果把西方经济理论用于解释和指导广大发展中国家的经济发展,就显得力不从心了。这是因为,相对于客观的经济资源来说,发展中国家普遍存在的问题是缺乏明晰、合理和严格的产权制度。经济发展的实践证明,那些资源禀赋条件较为优越的国家(如前苏联等)并没有取得最好的可持续的经济绩效;那些一味注重引进外资而忽视自身改革的国家(如 70 年代的印度和南美的一些国家),同样未能摆脱困境;而取得令人瞩目发展成就的,恰恰是那些资源禀赋薄弱但注重建立明晰产权制度并为产权提供完备法律保护的国家或地区。人们发现,"西方的繁荣与发达最重要的原因是西方国家确立了普遍的所有权制度"②,"与其说发展依赖资本积累,不如说经济发展创造了资本",因此,"良好界定的产权带来竞争的繁荣"③,"私产保护是大国兴起之路"④。

总之,有效率的经济组织是经济增长的关键,而有效率的经济组织也需要在制度上作出安排和确立所有权以便形成一种激励,将个人的经

---

① [美]阿曼·阿尔奇安:《产权经济学》,载《现代制度经济学》(上),北京大学出版社 2003 年版,第 69 页。

② 转引自高申鹏:《制度供给的关键性作用》,《学术研究》2003 年第 4 期。

③ 琴芬:《产权分析方法的理论意义》,《四川师范学院学报》2003 年第 1 期。

④ 参见:《私产保护是大国兴起之路》,《南方周末》2004 年 3 月 18 号 A5 版。

济努力变成私人收益率接近社会收益率的活动①。产权作为一种社会契约，在资源配置上的主要功能就在于外部效应的内部化②。由此可见，产权原则不仅是企业制度形成的逻辑起点，而且还是企业所有权安排的重要决定性因素；忽视了企业制度的产权原则前提，就等于忽视了企业制度建设本身。

3.3.2　合约原则

契约的世俗源头可追溯到古希腊；契约的宗教源头可从《圣经》中找到③；而现代契约精神，如梅因④所说，则主要是从建立在万民法基础上的罗马法体系中沿袭而来："契约是由双方意愿一致而产生相互间法律关系的一种约定"⑤，是西方近代以来随着人的解放和个人主义的发展而演进出的一种现代观念及其方法。

何谓合约（或契约）？从法律角度理解，契约是指两人或多人之间为在相互间设定合法义务而达成的具有法律强制力的协议；⑥ 从经济学的角度理解，契约不仅包括具有法律效力的契约，也包括一些默认契约。事实上现代经济学中的契约概念，是将所有的交易（无论是长期的还是短期的、显性的还是隐性的）都看作为一种契约关系，并将此作为经济分析的基本要素。根据不同的标准，契约还可作不同的分类：从时间角度，可分为原始人与现代人的交易活动及其契约安排；从交往规则角度，可分为人情式与非人情式的交易活动及其契约安排；从完全程度

---

①　［美］德姆塞茨：《关于产权的理论》，《现代制度经济学》（上），北京大学出版社2003年版。

②　［美］诺思：《西方世界的兴起》，华夏出版社1999年版，第5页。

③　何怀宏：《契约伦理与社会正义》，中国人民大学出版社1993年版，第17页。

④　［英］梅因：《古代法》，商务印书馆1984年版。

⑤　［罗马］查士丁尼：《法学总论》，商务印书馆1989年版，第159页。

⑥　David M. Walker, *The Oxford Companion to Law*, Oxford University Press, 1980.

的角度，可分为完全契约和不完全契约；从经济史角度，也可划分为古典契约、新古典契约和现代契约①等等。

我们这里所说的合约原则并非是哪一种具体的契约，也不刻意作法律、哲学或经济学意义上的区分，而主要是指的社会当中人与人之间交往或者交易所遵循的基本的规则，它更侧重于强调具体契约的达成、履行过程中所依据、遵循和表征出来的普遍主义的理念或者标准。

合约原则既是一个古老的价值追求，它的内涵有人的主体性、平等性、自由意志、自主选择、合意、合作、正义、自然秩序等多种理念，也可视为是博弈论引入经济理论分析中所带来的一个成就。由于博弈论的引入，那种过去认为只能依靠市场实现的瓦尔拉斯均衡现在可以通过组织内部结构调整等来解决市场问题。经由历史的长期发展，现在合约（原则）已经成为现代经济分析的基本要素之一②。在博弈论的框架下，契约代表一种合作博弈的内生均衡过程。"契约为一种合意"，③合意亦即"一致性同意"，是指签约双方当事人意见一致的状态。契约的签订必须依据双方的意志一致同意而成立，缔约双方必须同时受到契约的约束。

概言之，合约原则是指的经济主体间横向的权利平等关系，是一种普遍主义的信用，其主要包括两个基本的要素：一是行为主体都排他性地拥有专有利益及其对应的社会权利，这是合约原则的基本前提；二是合约原则体现了平等主体间的"合意"，这是合约原则的核心理念。

合约原则可视为企业制度的深层本质，是企业制度作为一种内部规则而言的最直接体现。从交易过程来看，企业契约是在自愿交易、自由选择的基础上达成的。从交易结果看，无论是哪一个利益相关者，它们

---

① ［美］科斯等：《契约经济学》，经济科学出版社 2000 年版，第 3 页。

② 同上，序言。

③ 《法国民法典》即《拿破仑法典》，第 1101 条。

接受了特定的企业契约，就意味着它们认为这个契约所规定的要素行为和利益，优于其他可能得到的契约；或者说，它所能接受的，必然是其资本在约束条件下的最优使用方式。这就是说，以产权的明确界定和充分保护为前提，将企业契约视为利益相关者自由选择的结果，并且存在自由退出企业契约的机制，则只要企业"存在"，它必然是"一致同意的"，即每个利益相关者都满意于合约给它们带来的收益，特定的企业契约或所有权安排处于纳什均衡状态，或实现了给定约束条件下交易各方的最优选择①。

梅因曾经说过，契约关系使我们个人在不断地"向一种新的社会秩序状态移动，在这种新的社会秩序中，所有这些关系都是因'个人'的自由合意而产生的"②。按照梅因的理解，合约（原则）可视为一种普遍主义的信用，而与那种作为特殊主义信用的身份原则相对应。进而，与契约型企业相对应的是单位化企业③。

对单位化企业和"身份"原则的考察可以让我们更好地理解合约原则。和契约型企业不同，单位化企业是通过与身份、地位相关联的差序化的权威来治理企业的；或可以说，单位化企业的运行遵循"身份"原则。那么"身份"是什么？经济学并没有类似的范畴以及解释。T. H. Marshall 的定义是：身份是一种地位，在那上面附着一系列的权利和责任、特权和义务，法定的特许或禁止，这是为社会所认可并为国家所规定和推行的④。梅因的相关研究表明：从古代到近代，身份是基本的社会治理形式，社会发展是从"身份治理"向"契约治理"过渡的过程。当然，社会学注重由身份决定的社会地位，而经济学则更关注由身份决定的资源配置效率。那么，从企业制度的角度来看，两者谁会带

---

① 显然，企业内部的所谓"权威"，其本质是基于合约基础上的"一致性同意"。
② ［英］梅因：《古代法》，商务印书馆1984年版，第96~97页。
③ 李新春：《单位化企业的经济性质》，《经济研究》2001年第7期。
④ 同上。

来更高的经济绩效？我们赞同关于身份治理可能会节约特定交易成本的观点，但在总体上我们认为，身份治理不仅在宏观的经济发展方面会导致低效率的资源配置，在微观方面也只能获得相对较差的企业绩效。这一点已被大量的经济实践所证明。究其原因是因为：（1）从宏观角度看，由于身份这种特殊主义的信用或交往规则，企业契约不可能对所有人和所有的经济机遇开放，结果使企业的规模和发展受到了影响。有研究证明，世界范围内的华人企业一般规模都比较小，其原因就与我国缺乏普遍主义的契约精神有关①。（2）从微观角度看，不同于契约型企业内部那种建立于产权合约基础上的"权威"，身份原则不仅缺乏正式的激励制度，也缺乏正式的约束机制。这种特殊制度结构的后果是，特定交易成本的节约相比效率的流失而言微不足道，特别是这种身份原则的效力也在不断地衰减。

现代社会和市场经济对合约原则的依赖已达到"神圣化"的地步，它已成为一种法治精神、道德精神和社会精神。可以说，我国企业改革的过程，同时也就是一种契约精神再造的过程。但是，在"由身份到契约"的社会转型期，在由计划体制向市场体制的转轨时期，我国经济资源配置仍呈现准契约配置的特征。主要表现在以下几个方面：一是契约配置与非契约配置并存；二是契约选择上受到限制；三是契约主体模糊、契约条款本身不健全或缺乏有效的履行机制②。分析表明，契约短缺是制约我国从计划经济向市场经济转轨中资源有效配置的重要障碍，大量企业的治理结构还带有单位和身份化的特征。虽然在一般意义上，单位化企业并不如我们想象的那样仅仅与计划经济体制相联，事实上它是一个与家族化、科层化管理等同等层次的概念。但是，从长远来看，对于企业契约和企业制度来说，身份原则更多的是在消极的方向上发挥

---

① ［日］福山：《信任——社会道德与繁荣的创造》，远方出版社 1998 年版，第 113 页。
② 郭金林：《契约配置与制度配置：功能比较》，《学术研究》2002 年第 4 期。

着作用。这正是需要我们着力解决的一个问题。

3.3.3　法治原则

企业制度可谓是整个社会制度均衡状态或秩序的一个缩影。如果说产权原则是企业制度的逻辑起点，合约原则是企业制度的深层实质，那么法治原则则是确保作为内部规则的企业制度不会因由外生力量的干扰而扭曲自身逻辑的根本保障。前者注重的是内容，后者注重的是形式；前者要求并衍生后者，后者表现并保障前者。法治原则的这一作用主要是通过政府对产权的界定和保护来实现的。

显然，产权原则是合约原则的基本前提，合约原则是产权原则的合理延伸。但是，产权本质上是一种排他性的权力，是一种公共物品，在经济人利己主义的假定前提下，产权是重要的，同时也是最容易受到侵蚀、侵害甚至掠夺的。这意味着，产权的保护与其界定同样重要，而无论是产权的界定还是产权的保护，都是政府（第三方）无可推卸的责任。

对经济史的考察表明，尽管产权本身是市场经济发展的内生制度需求，但如果没有国家的介入，产权就无法得到有效的界定、保护和实施，这是因为政府在"暴力潜能"资源方面具有天然的优势[①]。这就是说，政府不仅要作为第三方在超脱于产权之外的基础上界定产权，而且还要利用自身的"暴力潜能"对产权进行有效的保护，否则代表人与物关系的财产所有权就无法上升为规制人与人关系的企业所有权并实现其效率诉求。产权的有效保护至少需要满足以下三个条件：（1）要保护产权免受盗窃、暴力和其他掠夺行为之害。（2）要保护产权不受政府随意性行为之害，包括不可预见的特殊规章和税收以及彻底的腐

---

① 不过，历史上有效率的产权和无效率的产权都与国家有关。

败，这些都会扰乱商业活动。（3）存在比较公正的和可以预见的司法体系。

不仅"财产所有权"需要政府的明确界定和有力保护，"企业所有权"也同样离不开政府。如前述，企业所有权配置方式作为企业产权主体间通过再谈判机制达成合约的结果，是明确界定各利益相关者间责权利关系的制度安排，发挥着激励和约束的双重功能。但是，在经济人机会主义的假定前提下，企业利益相关者固有着行为越界的行为倾向。如果没有第三方来提供确切可信的制度执行预期，在企业内部，生产性的努力会下降，而交易性或分配性（狭义）的努力则会上升，结果企业绩效下降，同时内部交易成本上升。极端情况下，甚至纯粹掠夺的情况也会发生，企业的竞争性质将最终突破企业的合作框架，那时企业本身就将无法继续存在。显然，尽管如何配置企业所有权的制度安排的内容在本质上是企业博弈过程内生出来的，但其保护和执行却是一种公共产品，由政府来供给是效率最高和交易成本最低的。

政府对产权的界定、保护和实施事实上发挥着事前配置资源和事后配置资源的作用，政府的这一作用主要是通过法律的手段来实现的。政府本身看似一种"凌驾于个人和企业之上"的力量，其实本质上仍旧是企业产权主体交易或者博弈而内生出的一种制度需求或秩序。以哈耶克的"社会秩序二元观"来进行透视，如果说有关企业所有权的配置的制度安排是一种"内部规则"，政府对产权的界定、保护和实施是一种"外部规则"，那么显然企业制度的演进本质上就是一个内部规则与外部规则之间的动态均衡过程。不过，由"外部规则"构成的"人为秩序"，同样也必须在一个更为广泛的由"内部规则"来调整的"自发秩序"中活动。这包括两重相辅相成的含义：其一是说法律性质的问题，其二是说"守法的统治"问题。就法律的性质而言，虽然法律是一个社会至关重要的制度架构或者平台，但法律本身并不是我们刻意而为的主观设计，相反，而只应该是对以产权原则为起点，以合约原则为基本逻辑自发衍生出来的内部规则亦即既存社会秩序的发现和确定，否则法律本身即失去了其存在的"合法性"。在这个意义上可以说法律本身即是一种"合约"。就"守法的统治"而言，虽然法律看来是出自于立法者之手并由国家来掌控的，但既然其内容本质上是"人之行动而不是人之设计的结果"，是社会建构起来的，那么作为其表现和实现形式的法律其立法和执法过程也理所当然只应当具有形式和程序性的意义。这潜在地说明，一方面，"法律先于立法"（哈耶克），亦即法律是立法者"发现"而不是立法者"发明"的；另一方面，统治的实施必须根据普遍的法规而不是专断的命令，亦即政府也须在法律的框架下行动。显然，这正是法治原则的两个基本内涵。

见微知著。宏观来看，市民社会和政治国家的关系是讨论"法治"的逻辑起点。市民社会和政治国家是人类创造并生存其中的两个最基本的组织。当原始共同体伴随着私人利益的形成而逐渐解体，公共权力带着维护所谓社会普遍利益的神圣光环而出现之时，政治国家与市民社会的二元结构或秩序就已经成为不能抹去的客观事实。其中，市民社会反映社会成员的自律组织体系，带有合约性与自治性；政治国家反映的是公共权力的联接体系，带有外生性与强制性。市民社会是一种"内部规则"和"自发秩序"；政治国家是一种"外部规则"和"人为秩序"。由于市民社会以满足个体利益诉求为旨归，而个体人狭隘的经济理性有可能影响或破坏别人或社会整体的利益，市民社会必然存在一些仅仅通过合约原则无法自我调适的弱点，因此需要政治国家来调整；由于政治国家的载体政府同样无法避免狭隘的经济理性，因此政治国家也必须是"社会建构"和"服务社会"的，是"民有、民治、民享"的。最终我们发现，政治国家产生于市民社会；市民社会与政治国家相互制约，相得益彰①。

在市民社会和政治国家分离的情况下，市民社会需要一种中介参与（统御）政治国家；政治国家也需要通过一种中介参与（调节）市民社会。于是，法治理念及其有关制度就应运而生了。市民社会参与政治国家的中介是立法权，政治国家参与市民社会的中介即是执行权。立法权确保了社会自发秩序的至高地位，也就是确保了法律的"良法"性质；执行权则保证已上升为国家意志的法律得到社会的普遍遵守。当"已成立的法律获得普遍的服从，而大家服从的法律本身又是制定良好的法律"②的时候，我们说"法治原则"已经基本得到体现。

既然国家和法律首先是为了其成员的利益而存在，国家和法律都应该是为人服务的设置而不应该凌驾于人之上，那么，法律应该以人为本，权利精神应该成为法律的思想渊源，权利保护应该是法律的核心内容，以"权利制约权力"应该成为法律改造的基本理念。可见，坚持法治原则，不仅应当将基于产权原则的"权利"纳入法治化的轨道，尤其应当将国家或者政府的"权力"也纳入法治化的轨道；不仅要建设"法治社会"，更要建设"法治国家"。这是因为政府天赋的"暴力潜能"优势更容易使其行为越轨。因此，应当有一套有效的法律来保证政府的依法行政，准确设置政府职能，有力约束政府行为③。

旧制度经济学家凡勃伦在研究企业何以成立时所提出的两条原则是：所有权原则、法律原则与契约精神④。我们根据企业的合约性质和企业制度的一般逻辑所独立反向推导出的企业成立必先具备的必要制度

---

① 姚艳：《二元社会结构与法治》，《黔东南民族师范高等专科学校学报》2003 年第 2 期。

② ［古希腊］亚里士多德：《政治学》，吴寿彭译，商务印书馆 1965 年版。

③ 汪锦军：《市场经济背景下政府主导的制度创新》，《汕头大学学报》2002 年第 4 期。

④ 李义平：《关于企业问题的理论及现实启迪》，《中国工业经济》2001 年第 10 期。

前提的三大原则与此非常相似。事实上，合约原则是现代社会的精神实质，产权原则是支撑合约原则的经济基础，法治原则是确保契约实施和契约拓展的关键保障①。三者之间并非相互独立而是相互渗透和相互支持的。

总之，企业制度本质上是一种内部规则，是在产权原则、合约原则和法治原则基础上各利益相关者自由选择的结果。这一结论对于我国企业制度建设具有针砭时弊的意义。中国市场发育（进而企业制度建设）具有"政府（治）主导"的性质，中国制度变迁带有浓厚的强制性特点，政府在制度创新过程中发挥了主导性的作用。但是，正如诺思意义上的"政府悖论"所指出的，政府在利用其得天独厚的优势地位推进制度变迁和经济发展的同时，由于其自身的理性很容易被利益所蒙蔽而成为"被俘获的政府"，由于其自身所具有的强大"暴力潜能"，由于其行为的"循环累积因果"效应，政府有可能从经济发展的积极推动力量而扭曲为顽固的阻碍因素。这就是说，一方面，政府是推进改革的主体；另一方面，政府自身也是改革的重要对象。政府的角色定位将一再面临前后矛盾的尴尬局面，政府的职能转换也经常是破绽百出、顾此失彼。这种矛盾表现在企业制度建设方面，就是从理论到实践始终没有建立起明晰、健康的企业成长制度。其主要表现是，没有让企业成为自为的主体，而是反过来成为政府行为的客体；没有让企业利益相关者成为主导制度创新的主体，而是让政府官员成为了主导制度创新的主体；没有遵循企业各方合约的原则，而是反过来因循着自上而下的强制原则。结果，企业制度创新的起点是空茫的，结果是异化或虚置的。二十余年的经济改革，贯穿着从宏观到微观的路径取向，至今尚未建立起明晰、健康的企业成长制度②。

①　孙涉：《论我国当代契约精神的发育》，《学海》2003 年第 4 期。
②　丁栋虹：《企业三个基本问题的研究》，《广西经济管理干部学院学报》2001 年第 3 期。

　　在一定意义上，我国的现代企业制度建设是一个企业"再造"的过程。企业要回归其自身的逻辑，从总体的思路转换上讲，我们需要从政府思维转向企业家思维，从计划经济的思维转向市场经济的思维，从自上而下的思维转向自下而上的思维。这其中最重要的，是要依据产权原则、合约原则和法治原则的要求对我国的制度环境进行优化。

第四章 追溯企业制度模式的制度环境根源及其效率意蕴

宏观制度之维引入现代企业理论的第二个层面，就是要对现实存在的不同企业制度模式亦即企业的"异质性"作出理论上的解释。分析表明，企业制度模式是企业制度一般在异质性制度环境当中的特殊表现；制度环境所以能够"选择"出特定的企业制度模式起因于后者对于前者的"嵌入"和"社会建构"性质。在此基础上，我们还要对企业制度模式的效率内涵进行较具体的讨论。

4.1 制度环境的建构：企业制度模式的深刻根源

西方经济理论通常认为经济系统变化存在惟一也是最优的均衡点，只要具备几个基本的关键要素，一个经济系统都会迅速地趋向于那个惟一的均衡。西方企业理论遵循同样的逻辑，认为：只要制度环境符合前文所述的产权原则、合约原则和法治原则，企业制度创新就会迅速地收敛于"现代企业制度"的一般形态。

显然这是一种过于简化的设想，它无法对现实中异质性的然而有效率的多样化企业制度模式作出合理的解释。事实上，企业制度具有开放性；企业制度不仅遵循内在交易合约的逻辑，也是外在制度环境选择的结果。给定异质性的制度环境，嵌入其中的企业制度也必然会形成相应的异质性特征。但是，虽然这是经济学的历史比较制度分析所得出的一个基本结论，但对其的深刻理论阐述却是由新经济社会学（亦即"经济生活的新社会学"，The New Sociology of Economic Life）来完成的[①]。我们尝试运用制度分析方法解读之。

4.1.1　宏观关系：企业制度安排对于制度环境的"嵌入性"[②]

回答企业模式何以可能的问题，首先需要从整体主义的方法论出发，从宏观 → 微观的角度，说明企业制度对于社会制度环境的"嵌入性"。

"嵌入性"（embeddedness），最初是由匈裔美籍人类学家卡尔·波兰尼（Karl Polanyi）在其著作《伟大的转折》中提出来的。早在 20 世纪三四十年代，一些人类学家便开始在研究中借用主流经济学的概念。波兰尼极力反对这种做法，认为这对于理解历史是不完全的。他认为，作为一个制度化过程的经济中有两个概念值得注意，这就是"过程"和"制度化"。经济研究的真正主题，实质是经济过程在不同时空中得以制度化的方式。要考察经济是如何得以制度化的，就必须从经济体系中获取统一性与稳定性出发；这种统一性与稳定性是通过一些经济融合方式得以实现的，这主要包括：互惠型、重新分配型、交换型。在工业

[①]　张其仔：《新经济社会学》，中国社会科学出版社 2001 年版。
[②]　对其原理与核心机制，在本书第八章中有关"制度演化过程中的深层次复杂性因素"的部分有更深入的讨论。

革命前，社会中的经济生活为互惠和重新分配的方式所笼罩，市场的交换机制还没有统治经济生活，但是在现代社会中，经济仅仅由交换型的价格来指导。显然，波兰尼认为，经济从来就不是一个单独的独立领域，在前工业社会中，经济是嵌入于社会、宗教以及政治制度之中的。不过，波兰尼认为在现代工业社会中，经济是非嵌入性的，市场经济已经从社会中分离独立出来，并且市场有着日益控制人类命运和自然环境的力量。

新经济社会学家格兰诺维特（Granovetter）于 1985 年在《美国社会学杂志》上发表了《经济行动与社会结构：关于嵌入性问题》（*Economic Action and Social Structure：The Problem of Embeddedness*）一文，借用并发挥了波兰尼的"嵌入性"概念。格兰诺维特赞赏波兰尼的有关经济嵌入于社会的观点，但却不满意他将现代经济看成是独立于社会的和非嵌入的观点。他认为，任何社会和任何时代中的经济行为都是嵌入于社会结构中的，区别只是嵌入的水平和程度有所不同。在其 1990 年的有关文献中，格兰诺维特进一步认为"没有太多地改变嵌入性水平"（no much change the level of embeddedness）。显然，格兰诺维特的用意在于将经济行动嵌入于社会结构的观念一般化，以便从这个一般化的普适的"嵌入性"概念中获得一种研究经济行动的新的视角，即从社会结构和社会关系网络的角度研究经济生活的"合法性"。进而，在其以后出版的有关文献中，格兰诺维特进一步说明，经济制度不可能以某种必然的形式自动地产生，而只能通过"社会建构"的形式形成。这就是说，在人类社会的基本结构中，由人类创造的社会文化作为一种粘合剂（共同知识），沟通着个人、组织与社会，由此形成了一个相互作用、相互影响的社会系统。企业作为社会系统中的一个经济组织，其经济行为受社会条件所限定，它嵌入于持续存在的社会关系网络中。通过社会关系网络对资源的动员，经济制度（包括企业制度）得以建构起来，而这种建构本身受到以前的背景——社会、政治、市场、技术等的历史发展的限制。因此，企业的经济行为定位于社会结构之中，企业作为一种经济组织建构于社会关系网络之中。"社会建构"是新经济社会学中仅次于"嵌入性"的又一重要概念。

总的来说，新经济社会学将经济看成是嵌入于社会的，并且是受具体的社会结构约束的，因此，对经济制度的研究要从社会结构或社会关系网络出发，着重研究社会关系网络对经济制度的决定性影响。可以看出，新经济社会学实质上提供了一种不同于传统经济学研究经济现象时所持封闭性观点的崭新视角。不过，由于新经济社会学过分强调了与"经济学帝国主义"对抗的"社会学帝国主义"立场，忽视了学科之间平等对话的可能性，也存在不足之处。

就经济学自身来说，虽然新制度经济学在经济分析中成功地引入了"制度"的要素，但由于新制度经济学关于企业的分析是建筑在新古典经济学微观分析的基础之上的，仍带有浓厚的主流经济学色彩，大大简化了与企业有关的变量，因而无法反映出现实企业制度的多重规定性。新经济社会学关于"嵌入性"和"社会建构"的视角，切中了西方经济理论范式的要害，暴露出了经济研究缺乏宏观制度之维的问题。更重要的是，它也为我们弥补经济学的这一重大缺陷在方法论上提供了重要的启发。一定意义上，企业组织不过是企业制度的载体或物化，社会关系网络也可理解为社会整体的宏观制度框架，因而，借助于制度分析方法，对于企业与社会之间的"嵌入性"和"社会建构"性质，我们也可以这样表述：现实中，微观企业制度是"嵌入"于宏观制度环境当中并受其"建构"的；由于不同国家或地区的制度环境带有异质性，与此对应，不同国家或地区的企业制度模式也必然具有异质性亦即形成了多样化的企业制度模式。

观察现实的世界，企业制度对于制度环境的"嵌入性"应该说反映了一个基本的事实。但是，制度环境是如何"建构"企业制度的呢？要回答这个问题，我们还需要从个体主义的方法论出发，从微观→宏观的角度，从引入制度环境变量之后的"异质性"经济人开始谈起。

4.1.2 微观基础："异质性"经济人假定

所有社会科学理论都隐含或明确地建立在对人类行为的假定基础上。经济学当然也不例外，否则其理论就难以找到其合法性的依据或得以成立的坚实微观基础。这是因为，虽然从宏观角度来看企业制度嵌入于制度环境当中，但企业制度却首先体现了一种交易合约的逻辑。因此我们的视角需要转向到微观的"人"本身上来。

一般来说，经济学对人之本性的研究主要有两个视角。首先是认知心理学的视角，它探讨人的认知能力（cognitive competence）有否极限，它探讨的是人的理性水平的问题；其次是行为动机（motivational assumption）的视角，它探讨人是否追求自利，追求什么样的自利的问题。经济学的人性假定也经历了一个从一般"经济人"到"契约人"的发展过程，前者对应着新古典经济学，后者则与新制度经济学相对应。

新古典经济学的基本人性假定就是众所周知的"经济人"。经济人被规定为经济生活中一般人的抽象，其本性是自利的，其行为合乎"理性"，即总是在一定约束（如收入）下寻求讨价还价，以追求效用最大化方式行事，力图以最小的经济代价去追逐和获得自身的经济利益①。首先，在有关认知能力的方面，新古典经济学认为经济人具备"完全理性"（perfect rationality），这意味着人本身无所不知以及无所不能知。结果市场完全竞争条件下经济人的世界只是一个选择的世界，一个最优化技术的世界，经济学也因此被称为关于如何"选择"的学问。其次，在有关行为动机方面，新古典经济学认为经济人的自利只是一种朴素意义上的自利（simple self–interest）。这就是说，经济人"忠实地遵守既

---

① 杨春学：《经济学新词典》，吉林人民出版社 2001 年版，第 169 页。

定的游戏规则，他们所得的不会超过他们的支付能力，他们没有侵吞与贪污，也不会有抢劫银行一说"①。于是，无论是简单的交易行为，还是复杂的长期契约关系，由于完美理性的原因，任何可能的机会主义风险都能够被无成本地规避，于是，交易双方都可以实现契约之初规定的所有收益，经济人朴素的自利追求在保证双方利益最大化的前提下无损地得到实现。

因过于抽象和与现实的不符，经济学研究的人性假定逐渐从"经济人"过渡到了"契约人"。虽然"契约人"人性假定的出现可追溯至 20 世纪的 30 年代，但直到 60 年代其地位才最终得到奠定。所谓"契约人"，按照威廉姆森的观点，是指在有限理性的前提下，为减小机会主义的风险，保障与实施契约的履行，而最小化交易成本的行为人②。首先，在认知能力方面，"契约人"只具备"有限理性"。"有限理性"并不意味着"非理性"，而是如西蒙所说"愿望合理，但只能有限地做到"（intendedly rational, but only limitedly so）③。"由于每个人的知识、洞察力、技能和时间都是有限的，组织便成了人类实现目的的有效手段"④。"契约人"假定的作出，使现实当中的种种不完全契约关系有可能得到广泛的解释，因此应当说有限理性的引入增强了我们对经济现实的解释力。其次，在行为动机方面，"契约人"都具有"机会主义"的行为倾向。只要周围的环境和条件允许，这种倾向就会转化为具体的行动。正是因为机会主义行为倾向的普遍存在，使得契约双方处于利益受损的风险之中，也使得第三方（仲裁人、法庭等）面对相当复杂的事后（ex post）契约实施与干预问题，于是有关组织和治理的问题才被引

---

① 转引自沈懿：《契约人：一个关于主流制度经济学的纯理论模块》，《西南民族学院学报》（哲社版）1999 年第 1 期。
② 威廉姆森直接把"契约人"作为其交易成本理论的假定前提。参见［美］科斯：《契约经济学》，经济科学出版社 1999 年版，第 25 页。
③ 转引自［美］科斯等：《契约经济学》，经济科学出版社 1999 年版，第 25 页。
④ 转引自程恩富：《企业学说与企业变革》，上海财大出版社 2001 年版，第 33 页。

出。另外，"契约人"假定实际上也包含了一种不同于那种纯粹竞争关系的合作理念，这与企业制度作为一种"竞争合作框架"的性质是对应的。

从上可知，人性假定从"经济人"向"契约人"的转换，让经济学特别是现代企业理论得以立足于较真实的微观基础之上，从而解释了企业作为一种不完全契约的存在。但是，尽管揭示了理性有限和机会主义倾向这样两个基本的人性特征，"契约人"概念却并没有对现实人选择理性的多样性和选择集的多元性给予充分的关注，进而它也无法解释：为什么那种企业制度的惟一最优的均衡形式在现实中极少存在，现实的企业制度却带有显著的异质性？

事实上，经济人的选择理性和选择集总是要受到其所处制度环境的影响的。科斯主张："现代制度经济学应该研究真正的人，在真实的制度约束条件下行动的人，现代制度经济学就是规范经济学①"。即便如此，科斯对异质性制度环境条件下的人性特征仍缺乏充分的重视。

经济学的这个缺陷，被新经济社会学敏锐地捕捉并相应提出了自己的人性假设，于是"异质性"经济人的概念就应运而生了。新经济社会学认为，经济学中的"经济人"（包括契约人）假定和传统社会学当中的"社会人"假定都不是对现实当中行为人的客观描述，现实的人都是悬挂在社会关系网络之上的经济动物。如果说"经济人"假定仅仅考虑了经济的逻辑，是一种典型的"社会化不足"（undersocialized）的极端，那么，"社会人"假定则是忽视了经济逻辑的"过度社会化"（oversocialized）的另一个极端。事实上，无论是社会学视野还是经济学视野中的人都是以"理性选择"为基础的行为人，但是在人本身作出现实选择的时候，纳入它的理性思考范围的因素，除了经济变量之外，

---

① 转引自沈懿：《契约人：一个关于主流制度经济学的纯理论模块》，《西南民族学院学报》（哲社版）1999 年第 1 期。

还包括其他的多种社会性变量，即理性选择是嵌入于社会结构之中的。这就是说，"理性行动的假设……是一个不应轻易放弃的有效的工作假设"①，但行动者既不是原子式的，也不会死守社会舞台为其预设的程式，相反，他们尝试进行的有目的的行动是嵌入在具体的、正在进行的社会关系体系中的。

由此可见，制度环境变量的引入，赋予了"经济人"这一人性假定以新的内涵：异质性。这一方面继承了传统人性假设有关理性选择的合理内核，另一方面则摒弃了那种对于经济人的单维性的和原子式的认知，而将多元化的历史和社会的变量纳入进来，使经济理论研究更加趋近经济实践的真实。不过这里需要注意的是，我们所说的经济人的异质性特征来源于外在的制度环境，其内在遵循的逻辑是系统论的和整体主义方法论的，与那种侧重于经济人自身在天赋、人力资本投资等技术性层面区别而提出的"异质性"概念存在明显的区别②。

在异质性经济人假定前提下，同样遵循交易合约的内在逻辑，企业制度作为博弈均衡的代表必然也会表征出异质性的特征。就是说，异质性经济人假定必然对应着异质性的企业制度③。

4.1.3　现实选择：企业制度的异质性和企业治理的相机性

如前述，利益相关者的共同治理反映了企业制度的一般逻辑。但是，"共同治理"并不等于在企业利益相关者之间对企业所有权进行"平等"的分配，甚至也不等于"所有"利益相关者的企业治理权利都

---

① Granovetter, M. Economic Action and Social Structure: The problem of Embeddedness, *American Journal of Sociology*, 1985, P487.

② 刘海生：《人的异质性："经济人"假设的新内容》，《经济学家》2003年第6期。

③ 本书所说的异质性企业，也不同于那种侧重于企业核心能力、企业制度变迁的路径依赖性等因素而提出来的异质性企业的概念。参见刘刚：《企业的异质性假设——对企业本质和行为基础的演化论解释》，《中国社会科学》2002年第2期。

可以在现实当中得到实现。这是因为企业的技术特征以及生产要素的特性决定了企业利益相关者各自具有不同的谈判实力。但是，考察各国的企业制度发现，即使企业在技术特征和生产要素特性等方面几乎完全一致的情况下，企业制度之间仍可能存在显著的差异。西方发达国家公司存在的两种不同的公司治理模式——英美模式和大陆模式——就是一个典型例证。这种现象如何解释？

事实上，企业利益相关者之间的博弈均衡特别会受到其所"嵌入"的制度环境的影响。如布坎南所说，所有的自愿交易都是在某个制度下完成的，资源的最有价值的使用方式依赖于制度环境①。这主要暗含了两重不同的内涵。其一是说在一个局限条件最小化的制度环境中，企业契约自由会得到最大限度的实现。显然这主要是说的一个企业制度创新的必要制度前提的满足问题。但在现实中那惟一的"最优"的企业制度一般是不存在的，这不仅是因为制度环境本身对契约自由保护程度的不同，也是说制度环境本身也往往是异质性的、多样的甚至是多元的，这正是布坎南所谓制度环境暗含的第二个层面上的内涵。西方企业理论对企业制度的考察主要侧重于微观的和技术的层面，因此遗漏了一个重要变量，那就是制度环境的异质性因素。

如前述，企业制度是嵌入于制度环境当中的，是制度环境"建构"的，这是一种整体主义的制度分析视角。但是，要想说明制度环境"建构"企业制度的内在机理，还必须再结合个体主义的方法论。这就是说，企业制度仍旧是那种内生博弈均衡的外现，但在引入制度环境变量的条件下，那些参与谈判或者博弈的经济人已经不再是传统意义上的原子式的经济人了，而成为了"异质性"的经济人。于是，企业的动态再谈判过程，尽管还是理性的博弈和谈判实力的对比，却不再仅仅意味着狭义经济逻辑的对抗和整合了，而是也包含着种种社会性因素的考

---

① 布坎南：《自由、市场与国家》，上海三联书店 1989 年版，第 149～150 页。

量。进而，在动态的博弈均衡中，制度环境变量所赋予经济人的种种异质性特征，会在随后的企业契约中最终"沉淀"下来并外化为企业制度的异质性特征。

由此可见，与传统经济学出于狭义个体主义的方法论和对经济人的原子式界定而提出的制度创新的特定路径（原子式经济人 → 惟一的博弈均衡 → 最优制度安排）不同，现实经济组织制度创新的路径事实上是异质性经济人 → 多重均衡样式 → 多样化次优制度安排。这就是说，给定不同的制度演进路径和异质性的制度环境，同样经由企业合约逻辑的整合与"表达"，必然会存在多个均衡点或者多重的均衡样式，从而形成各自不同的制度安排。

宏观制度环境主要从两个方面对企业制度模式施加影响：（1）制度环境所决定的企业真实利益相关者构成。（2）制度环境所决定的不同利益相关者的谈判实力。因而，给定既定的技术水平和资源禀赋，在企业治理的意义上，现实企业制度不仅表现出根源于企业自身运营状况的一般"相机治理"性，而且还特别表现出根源于异质性制度环境及其演进路径的特殊"相机治理"性①。如前述，利益相关者之间的共同治理是企业制度一般的基本内涵，而事实上，共同治理仅仅发挥着参照系的作用，考虑到企业制度的博弈制衡性质，现实中的企业制度会在效率

---

① 杨瑞龙认为共同治理是公司处于正常经营状态下的治理机制，相机治理是企业在运营当中为了应对利益相关者之间的利益矛盾而采取的紧急措施。我们认为，企业共同治理仅仅是抽象的理论推论或理想的参照系，现实企业治理普遍遵循的是特殊"相机治理"原则。其理由是：一方面现实中的企业从来没有真正做到"所有"利益相关者对企业的"共同"治理，另一方面现实的企业事实上也会依据制度环境的异质性在企业治理中形成相应的利益相关者制衡格局，进而形成特定的公司治理模式。因此可以说，对于公司共同治理和相机治理的原则，杨瑞龙的理解是狭义的、微观的、纵向序列的时间概念，是为了说明公司的具体运营状态；我们的理解是广义的、宏观的、横向比较的空间概念，是为了说明公司治理的不同模式何以可能。除此之外，技术水平和资源禀赋也可能会影响企业现实的治理结构，为了研究问题的方便我们把这种因素作为假定前提抽象掉了。参见杨瑞龙：《企业的利益相关者理论及其应用》，经济科学出版社2000年版，第106页。

追求的过程中分别按照微观博弈格局和宏观制度环境的不同而衍生出各不相同的利益相关者格局，也就是说，利益相关者的"相机治理"是现实企业制度的"常态"。比如，美国高度发达资本市场和"股东至上"价值观条件下比较偏重于公司的"外部治理"的特点，日本特定制度环境中公司治理比较偏重于"主银行制"和员工"终身雇佣制"的特点，以及家文化传统根深蒂固的东亚国家其企业普遍性地掌握在家族成员手中的特点，都是在后一种含义上的企业"相机治理"。可见，如果说基于企业自身运营状况的"相机治理"（Ⅰ）还主要是一个微观层面的自发过程，那么基于异质性制度环境基础上的"相机治理"（Ⅱ）则更多地带有了"宏大叙事"的色彩，这正是我们所讨论的企业制度模式。

不过，这还只是一种在制度自发自然演进假定状态下的一般情况，事实上各国在经济发展和制度变迁方面的进度是各不相同的。因而，尽管在实质上个别发达国家的企业制度在本质上也只是其特定制度环境下的企业制度特殊，但由于示范效应的因素，结果却以企业制度一般的普适性形式表现了出来，引起后发国家的盲目模仿。我们已经看到，由于制度环境之间的异质性区别，这种制度的盲目移植已经带来了很大的制度摩擦的交易成本[①]，致使所谓制度创新的后发优势大打折扣，因而许多国家已经在对这种制度创新方式进行反思，并着手进行了企业制度本土化的工作。事实上，遵循交易成本最小化的原则，后发国家的制度变迁往往是一个制度移植结合制度创新的过程。就企业制度来讲，主要存在一个企业制度一般在异质性制度环境之间的转换和再"嵌入"问题，这将是一个双向互动的过程。一方面，制度移植来源国的制度环境在企业制度一般上的影响将被逐步剥离；另一方面，制度移植进入国的制度环境又将逐步在企业制度上体现出来。在正式制度框架方面，这主要是

---

① 我们一般所强调的外生制度安排对于非正式制度环境的兼容性就起因于此。

一个企业真实利益相关者格局重新界定和经济人的选择理性和选择集要根据新的制度格局作新的适应的问题；就文化传统也就是非正式制度框架来说，这将是一个文化传统的创新性传承过程①。于是，在新的制度环境当中，新的企业制度模式逐步形成。

对于所面临有关企业制度模式何以可能的问题，经由对经济实践的观照和对理论发展的反思我们发现：在理论范式转换的角度，西方经济理论要想对发展中国家有所裨益，就必须修正既有的单维逻辑为多元化视角；在宏观制度框架的角度，企业制度嵌入于社会制度环境当中；在微观基本假定的角度，经济人都必然是异质性的；于是，在引入制度环境变量的情况下，同样经由企业制度内涵逻辑的推导，我们不仅可以把握立足于必要制度前提之上的企业制度一般性，而且还同时可以把握立足于异质性制度环境之中的多样化企业制度特殊性，即企业制度模式：利益相关者依制度环境的不同而对企业进行的特殊"相机治理"。

4.2 适应性效率：企业制度模式的效率意蕴②

效率追求是企业运行的永恒关怀。对效率分解问题的研究是企业理论的一项重要内容。随历史条件变化，先后出现了三种不同的效率范畴。从理论的角度，德布鲁（Gerard Debreu）的效率分解理论具有代表性意义，但尚存缺陷。现实企业实践对效率进行的"再分解"表明：制度具有培育和塑造企业异质性核心竞争力的激励功能；制度的适应性

---

① 具体的论述，参见本书第七章第二节的有关内容。

② 在写作这一部分的时候，诺思本人的有关思想和论述也还非常模糊不清。直到2005年他写作的《理解经济变迁过程》一书，这一理论才终于得到了比较深入、准确的说明。本书第八章对这一问题有更深入的探讨。

效率在企业组织从最初的单边治理到现在的利益相关者共同治理的演变过程中日益凸显。这里，我们先对三种不同的企业效率观做一简要分析，并对德布鲁的效率分解理论进行拓展，然后在此基础上具体讨论企业制度模式的效率内涵。

4.2.1 关于企业效率范畴的三种传统观点

企业效率是一个多维的概念，从不同的角度理解往往会得出不同的结论。总的来看，与企业理论三个重要的发展阶段或流派即新古典经济学、新制度经济学、企业能力理论相对应，先后出现了"资源配置效率"、"交易效率"、"核心能力效率"等几种不同的效率观[①]。

1. 新古典经济学企业理论的"资源配置效率"

新古典经济学研究企业的主要目的还在于证明市场机制配置资源的有效性。从资源的稀缺性出发，以经济人、理性选择和完全市场为基本假设，采用"边际增量"和"均衡分析"的方法，新古典经济学试图证明，市场均衡标志着市场配置资源达到了最优状态，而生产者均衡与消费者均衡对应共同构成市场均衡的主要内容。生产者均衡是说：企业只要根据生产函数的约束，在一定技术水平下，在目标成本一定的情况下通过生产要素最优配置实现产量最大化或是在目标产量一定的情况下通过生产要素配置实现成本最小化，也就是实现了企业效率最优；否则，企业就处于配置低效率状态。

显然，在新古典经济学看来，投入产出关系是与企业组织中每个人的决策行为无关的纯技术关系。企业生产要素的配置一旦确定，企业的

---

① 古典经济学将企业效率归结为社会分工的结果，此处略去不论。除此之外，也有学者就外在市场因素对企业绩效的影响进行了考察，比如从市场结构和竞争战略角度考察企业绩效根源的S－C－P范式。参见陈立泰等：《创新型人力资本及其集成决定论》，《云南社会科学》2004年第1期。

效率也就确定下来，企业只要实现要素配置最优也就实现了效率最优。因而，新古典理论研究的企业效率是不包含制度变量因素的纯粹资源配置效率。

2. 新制度经济学企业理论的"交易效率"

科斯将企业生产展开成为带有制度结构的生产过程是新制度经济学企业理论的发端。新制度经济学企业理论的核心概念是"交易成本"，因此又被称为"交易成本企业理论"。威廉姆森明确地表示：交易成本经济学坚持认为，经济组织的主要目的和效果在于节约交易成本[1]。在"正交易成本"的前提下，新制度企业理论将企业看作为"一种治理结构（一种组织构造）"，企业和市场是备选的两种治理模式[2]。生产如何选择它自己的制度结构，也就是说生产是通过市场分工进行还是在企业内部进行，取决于两种合约或制度安排的交易成本比较。在这一逻辑下，企业将倾向于扩张直到在企业内部组织一笔额外交易的成本等于通过在公开市场上完成同一笔交易的成本或在另一个企业中组织同样的交易的成本为止[3]。所以，企业的效率目标是通过合约当事人根据交易成本的高低在不同合约之间的选择来实现的。

由此可见，本质上新制度经济学企业理论将企业看作一种相比市场或其他企业而言更加节约交易成本的制度安排。因此，企业效率的基本内涵也就相应被理解为交易成本的节约，可以称之为企业的"交易效率"[4]。

3. 企业能力理论的"核心能力效率"

企业能力理论承继斯密的生产分工理论，突出研究企业的能力分

---

[1] 安同良等：《后现代企业理论的兴起》，《经济理论与经济管理》2002年第3期。

[2] 威廉姆森：《治理机制》，中国社会科学出版社2001年版。

[3] ［美］科斯：《生产的制度结构》，上海三联书店1994年版。

[4] 也有学者将企业契约理论对效率根源的追溯概括为：产权归属论、产权结构论和超产权论。参见陈立泰等：《创新型人力资本及其集成决定论》，《云南社会科学》2004年第1期。

工，试图在知识特性的基础上解释企业的存在和效率①。

在企业性质问题上，企业能力理论首先把企业看作具有生产功能的单位，将企业看作一个行为实体，认为企业在本质上是一个能力体系。企业能力作为一种特殊的智力资本，在企业的演化过程中形成。企业能力确保企业以自己的特定的方式更有效地处理企业运营中出现的各种问题。企业能力可能分别地属于企业内的不同经济行为人，但其更突出地表现为企业组织的整体性资产或者资源。在企业的目标问题上，企业能力理论认为企业的目标即在于通过其所拥有的特殊能力资源来赢得市场竞争中的优势地位，从而获取超额利润或经济租金的最大化。这一目标是通过其核心能力的形成来达致的。这是因为，企业能力主要的是指一种"知识"，随企业组织演进这一知识具有不断积累和报酬递增的性质，而且这一知识是"默会性"的，也就是说是难以模仿的。最终，企业形成了某种"异质性"的核心能力，这一核心能力同时也就是企业的核心竞争力，企业由此获得了市场上相对于其他企业的竞争优势并可以长期获得正利润②。当然，企业知识增长的路径依赖性也同时限定了企业的拓展边界。这就是企业能力理论的"核心能力效率"。

4.2.2　德布鲁效率分解理论评析

德布鲁于 1951 年提出了效率分解问题，将效率分解为"经济效率"和"技术效率"。对于理解企业效率，该理论具有一定的代表性。如下图（4-1）③：

---

① 安同良：《后现代企业理论的兴起》，《经济理论与经济管理》2002 年第 3 期。
② 企业不随其产品退出市场而失败的现象，也可由此得到解释。参见刘成等：《为何企业不随其产品退出市场而失败：基于组织能力的解释》，《甘肃社会科学》2003 年第 5 期。
③ 以《制度分析基础》一书（社科文献出版社 2002 年版，汪丁丁著）第 8 页图为原型。

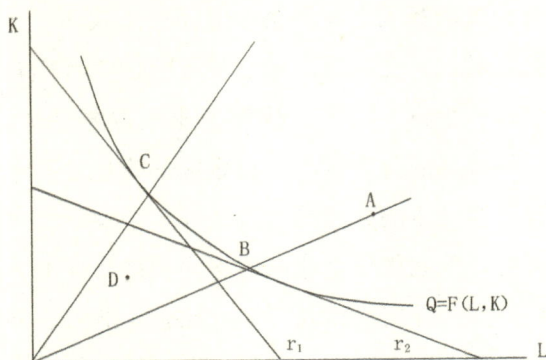

图 4-1　德布鲁效率分解

这是一个给定的生产函数 Q = F（L，K）。其中 Q 代表产量，横轴 L 代表劳动，纵轴 K 代表资本，点 A、B、C 的坐标分别代表生产特定的产量 Q_1 所要求投入的劳动量和资本量，r_1 和 r_2 表示市场上劳动与资本的不同相对价格。

根据新古典经济学的厂商理论，假定资源、技术和偏好结构的不变和市场竞争的完全性是其分析的基本前提，判断不同生产状态或不同要素组合的经济合理性是其主要的分析任务之一，而衡量企业效率的基本准则，就是追求实现厂商和市场的"均衡"。如上图可以生产出 Q_1 产量的等产量线和等成本线的交点 B 或 C，就是这样的两个均衡点，而由这样的均衡点组成的等产量曲线也就是所谓的效率边界（efficiency fron-tier）。这意味着：曲线左方是假定前提下企业生产不可能达到的效率区域，曲线右方是无效率的要素组合方式，唯有处于曲线上的点代表企业的资源配置达到了最优效率。这样，当要素相对价格变动的时候（比如在 r_1 和 r_2 之间变动），企业均衡点就在 B、C 两点之间移动，这正是新古典经济学对效率的思考方式，也就是德布鲁所说的"经济效率"。

但事实上，观察现实的企业运营状态，在上图所示等产量曲线的右边，还常常存在着一个 A 点，在这一点上的企业与在 B 或 C 点的企业

具有同样的产出 Q_1，却消耗了较多的资本和劳动。那么很明显处于点 A 的企业效率较差，而企业从 A 点向 B 或 C 点的移动意味着企业效率的改善。按照德布鲁的理解，在 A 点的企业处于"技术无效率"状态，在 B 或 C 点的企业处于"技术有效率"状态，而企业生产状态从 A 点向 B、C 点的转移则意味着"技术效率改善"。

应该指出的是，德布鲁这里所说的"技术"并不是"technical"，而是"technological"，与前者表示一般意义上的技术不同，后者更多地带有组织规则即制度的意味，是熊彼特意义上的"技术"。显然，"技术效率"事实上是企业家在生产内部发现和消灭"资源浪费"的努力的结果；而所谓的"经济效率"，即要素相对价格发生变化时企业均衡点在等产量曲线上的位移，反映的则是企业如何根据市场价格信号（如 r）来进行资源配置（如 L 与 K 的比重）的调整。

显然，德布鲁所说的"经济效率"其实就是新古典企业理论的资源配置效率，而所谓的"技术效率"则与企业的制度设置存在密切联系。但是，制度因素被新古典经济学作为假定前提抽象掉了，只是在新制度经济学出现以后，在科斯将生产函数展开为带有制度结构的生产过程的基础上，"技术效率"及其改善才开始进入了经济学研究的视野。

科斯创始的新制度经济学的交易成本企业理论标志着现代企业理论的发端，但仍属于在新古典框架下的具体展开，因此市场完全竞争和企业作为同质的最优化行动者仍是其基本的假定前提。如果我们承认完全竞争假设下不应存在资源的"浪费"，那么为什么还会存在处于 A 点的企业？交易成本经济学对此的解释是，处于 A 点的企业虽不存在资源的"浪费"，但却付出了较居于 B、C 点企业更多的交易成本；而之所以存在交易成本的差异，从交易成本作为制度运行成本的定义来看，则是因为两类企业是在不同的制度框架下运行的。比如说，世界各国国有（营）企业和私营企业之间普遍存在的显著效率差异，就是由其各自不同的制度安排和企业运营方式引致的。显然，这一点可以解释中国国有企业的制度变迁及其效率改善的相关关系，也可以解释中国国有企业和民营企业之间存在的明显效率差异。

由此可见，德布鲁的效率分解理论预示了经济理论的发展走向：其"经济效率"就是新古典企业理论的资源配置效率，其"技术效率"则是新制度经济学企业理论的交易效率。显然后者对于前者来说更客观地反映了现实企业经济实践的真实状况。但是，将理论与实践进行对照发现，德布鲁的效率分解理论仍不能解释现实企业的全部效率表现，因此还需要进行效率的"再分解"。

4.2.3 效率的"再分解"及其制度根源

如上述，德布鲁将效率分解为"经济效率"和"技术效率"，这与企业理论发展的两个重要阶段即新古典企业理论和交易成本企业理论存在大致的对应关系。但是，对实践的观察表明，现实中还普遍存在着具有持续竞争优势并可获取长期利润的企业。反映在效率分解图中，也就是说在原来代表效率边界的曲线左边，出现了一个点 D。居于 D 点企业的基本效率特征是：消耗了更少的资源（L 和 K），生产出了同样或更多的产量（$\geq Q_1$）。（见图 4-1）

企业何以获致持续竞争优势和长期利润？显然，交易费用不可能变成负值，"技术效率改善"不可能突破效率边界，这并不能通过交易费用的节约而得到解释，我们只能反过来再求助于企业的"经济效率"。但是，新古典企业理论证明，在长期均衡中行业内所有企业的利润为零，同样无法解释现实当中企业存在长期利润的事实，我们也不能由此回归到新古典的企业理论。由于企业的这一效率特征在时间序列中长期存在并表现出了某种不断强化的趋势，为区别"经济效率"和"技术效率"起见，我们称之为企业的"动态效率"。可见，在企业效率问题上新古典企业理论尤其交易成本企业理论已经暴露出了自身的局限。为此迪屈奇等人批判性地指出：企业的核心是生产和销售活动，为此，企业就需组织和管理人力和非人力的投入，使之趋向进一步的生产和销售目标；而交易成本经济学则忽视了企业作为一个生产和销售单位的基本特征与最重要的性质，忽视了企业的效益观念。因此，交易成本只能部分地揭示出企业的性质，在此基础上的企业理论是不完整的企业理论，且相对而言是静态的分析；因此应当超越交易成本标准，不仅从成本更应从效益角度动态地分析与理解企业①。

那么，企业的"动态效率"从何而来？回顾经济理论史，在这个问题上先后有风险报酬、不确定性以及波特（M. Porter）的五种竞争力模型等理论提出，但是，这些理论都坚持企业利润和竞争优势的外生性尤其是外在市场结构的作用，在剩余创造过程中竟然失去了企业主体的身影。再以后，根据实证分析鲁梅尔特（Rumelt）研究发现企业超额利润最主要来源于企业内部资源禀赋的差异；巴尼（Barney）、潘汉尔德和哈默（Prahalad and Hamel）认为企业内部资源基础的特异性和核心能力是企业持续竞争优势的真正基础。更进一步，潘罗斯（Penrose）、阿尔钦（Alchian）、纳尔逊和温特等人的研究说明，对企业的竞争行为和竞争优势起关键作用的知识和能力构成了企业的核心能力或核心竞争力，而且由于这些"知识和能力"来自于企业在复杂环境下的长期积累并且往往带有"默示性"，因而它们具有高昂的模仿成本，即使在完全竞争条件下也往往是独一无二的。因此，企业是"异质性"的，在不同企业之间存在组织生产活动的不同的长期动态优势，企业运营由此获得了"动态效率"，这也就是企业的"能力理论"。

企业能力理论的若干观点还是非常具有洞察力的。企业能力理论认为，交易成本经济学过分注重了交易成本的节约，而忽视了企业从生产

---

① 迈克尔·迪屈奇：《交易成本经济学—关于公司的新的经济意义》，经济科学出版社1999 年版。

过程中产生盈利的可能性及其与生产过程的相关性。也就是说，企业能否存在不能仅从交易成本相对大小来判断，而应根据企业核心能力所产生的收益与产生核心能力的成本（包括交易成本）的比较来判断。因此，企业的目标也就从节约交易成本变成了改善企业内部的能力配置，形成异质性核心能力，在市场竞争中去取得竞争优势及其导致的利润最大化。

尽管我们赞同企业的异质性假设这一结论，也赞同企业能力理论把企业看作具有生产功能的行为实体和一个能力体系的立场，但我们却并不认为把特定的"知识和能力"作为企业核心能力或核心竞争力而归结为企业"动态效率"的源泉的说法可以真正澄清问题本身。事实上，作为核心竞争力的"知识和能力"这一杂糅着企业生产属性和交易属性的模糊概念让问题更加复杂化了：企业为什么具有持续竞争优势并长期获得利润？回答是因为企业拥有某种难以模仿的"知识和能力"。那么企业怎样才能够获得这种核心竞争力？回答是企业必须长期在复杂的环境中摸索和积累。但问题在于，如果企业在这一长期摸索和积累过程中不能够创造剩余并获取利润，企业就难以得到其生产函数所要求的生产要素，企业本身根本无法生存。这是因为要素产权主体的经济理性是追求其产权的经济价值实现的最大化，其进入企业的终极目的是为了剩余的分享。可见这时我们已经陷入了一个循环论证的怪圈。难怪威廉姆森曾严厉地指责企业能力理论关于企业核心能力的定义基本上是同义反复式的循环论证。于是我们发现，原来所谓的"核心竞争力"不是原因而是结果；不是问题的答案，它就是问题本身。

如企业能力理论所认为的，企业的核心竞争力首先应当从企业的生产属性中寻求。这至少要包括三个主要的方面：第一，企业技术的不断创新；第二，企业管理制度的不断创新；第三，企业经营战略的不断创新。这三个方面都与企业生产直接相关因此都可以归结为企业广义生产函数的不断优化，其既可能会更加节约交易成本和生产成本，更可能会大大提升生产效率，又往往兼而有之。可见，这已经突破了生产函数既定和企业"同质"的新古典假定前提，这是因为从长期来看企业并不是被动接受既定的生产函数，恰恰相反，生产函数事实上是企业选择的结果。

但是，在现代企业中，企业生产函数的不断优化和创新，并非都是"企业"这样一个模糊主体本身的自动行为过程，而是主要对应着企业内的技术人员和经理人员。那么我们要继续追问：企业技术人员和经理人员为什么要不断地采取创新性行动？显而易见，技术人员和经理人员都是追求效用最大化的理性经济人，它们之所以要进行技术、管理制度和经营战略的持续创新，其前提必然是对事后获利机会的理性预期。也就是说，它们必须能够在不断的创新过程中分享动态增长着的企业剩余。那么谁能够对其剩余分享的诉求作出确定和可信的承诺？显然答案只能是：企业合约及其外化——企业（治理）制度的因素。企业合约安排的改变实际上是企业能力团队配置的改变，企业能力团队配置的变化又形成了与新的市场环境相适应的核心能力，从而决定了企业在与其他企业竞争中获得胜利的可能性，并通过一系列战略行动来实现，以取得在市场中的竞争优势。①

企业"动态效率"的根源最终还应当从企业的制度因素中说明。虽然企业剩余创造首先同其生产属性直接对应，但企业生产却是迂回的生产，也就是说是带有制度结构的生产过程。企业生产函数本身不再是静态的假定前提，而成为了依企业制度框架不同而不同的因变量。企业制度结构对于企业生产发挥着双重的作用：企业制度作为企业内部交易关系的规制结构当然可以节约交易成本，这解释了市场当中企业存在的合理性；但企业制度作为剩余分享格局的外在框架也具有巨大的激励作用，这是企业获致"动态效率"的深层根源。这两者忽视任何一方面

---

① R. Langlois, P. Roberton, *Firm, Markets and Economic Change*, London: Routledge, 1955.

都不可能全面认清企业本身。

经过以上分析可以看出，新古典企业理论对应着"经济效率"，仍是传统市场理论的附属；交易成本企业理论对应着"技术效率"，虽标志着现代企业理论的发端，却仍在很大程度上受新古典框架的约束；企业的能力理论虽然观察到了企业"动态效率"的事实，其"核心能力"的概念却混淆了企业的生产属性和交易属性从而不可能使问题真正得到澄清。事实上，在科斯所展开的带有制度框架的生产过程中，纳入制度的激励功能，就可以对企业的动态效率作出完美解释。这就是说，制度作为游戏规则本来就具有约束和激励的双重作用：人与人之间交往的制度安排是人与物发生关系的中介，一旦人与人的交往方式是不经济的，人对资源的利用就会加倍的不经济（比如交易成本进而生产成本的付出）；反之，人际交易的优化同时也意味着倍加的人物交换效率（比如形成"异质性"能力体系）。只是因为科斯以来的理论体系过分强调了企业与市场的区分，在很大程度上忽视了企业本身赖以生存和演进的核心竞争力，才在很大程度上把制度的激励作用排除在了经济学的研究视野之外。

一般而言，企业本身即是一个立足于竞争基础上的合作框架。说其具有竞争性，是因为任一要素产权主体进入企业的基本动机都是寻求其产权在经济上最大限度的实现，亦即追求剩余分享的最大化，为达此目的甚至不惜采取"机会主义行为"；说其具有合作性，是因为企业剩余的创造必须根据生产函数将各生产要素统一于同一个系统性的生产过程，这一过程中各生产要素之间具有相互依赖的性质。因此，企业作为一个动态的再谈判机制，虽然始终在剩余分享问题上存在持续的紧张，却很容易能在能够增大企业剩余的制度安排上达成"激励兼容"和"一致性同意"。

由于企业契约的不完全性，企业制度最核心的内容是对如何配置企业控制权和剩余索取权的规定。企业控制权和剩余索取权在各利益相关者之间的配置格局，事实上作为一种激励机制决定着企业各生产要素产权主体对其事后获利机会的预期，决定着其创新性行为，并进而动态地决定着企业的生产函数。所谓企业作为一种能力体系，其核心竞争力也无非是企业生产函数的持续优化和在剩余创造过程中的报酬递增效应。可见这里的生产函数已经不再是静态的和封闭的，而是动态的和开放的。企业治理主要是一个以权利配置为主要内容的微观制度安排与企业绩效的关系问题：不同的制度安排对应着不同的企业利益相关者均衡格局，进而对应着不同的激励效果，对应着不同的生产函数，对应着不同的"异质性"核心竞争力，最终对应着不用的效率。

以上结论还可以通过公式表示为：$P = j\,[\,hc(hci,\ hcm,\ hct)\,,\ i\,]$[①]。这里，P 表示企业绩效，j 是常数；hc 代表创新性人力资本及其集成，hci 代表制度创新性人力资本，hcm 代表管理创新性人力资本，hct 代表技术创新性人力资本；i 代表制度安排。这就是说，企业绩效是人力资本与制度安排的函数。创新性人力资本是决定企业绩效的关键因素，是企业长期竞争优势的源泉。同时，创新性人力资本需要合理的制度安排。制度不仅能影响企业创新性人力资本的数量，还可以影响其供给劳动努力的程度。最终，我们有如下结论：（1）企业效率首先是一种制度效率，企业制度效率对于资源配置效率发挥着巨大的能动作用。（2）企业制度不仅具有节约交易成本的规制功能，更具有培育和塑造企业核心能力的重要激励功能。

上述分析还必须提及的一个重要结论就是：随着企业组织的演进，人力资本越来越成为了现代企业的重要制度性要素。我们知道，企业契约代表了多个利益相关者之间的博弈均衡。那么，在不同的历史发展阶段，随着要素相对稀缺性进而要素对于企业剩余创造重要性的变化，企业契约也必然会表征出相应的特征。在企业发展早期，企业规模较小，

---

① 陈立泰等：《创新型人力资本及其集成决定论》，《云南社会科学》2004 年第 1 期。

对于经营管理企业所需要的企业家才能而言，冒险精神是最重要的，因而企业家才能作为一种人力资本要素而言相对丰富，而物质资本这种非人力资本要素却非常短缺。因此，企业契约更多地带有"资本雇佣劳动"的性质。但是，在知识经济条件下，随着物质资本要素的逐渐丰裕，人力资本要素的稀缺性越来越明显，特别是异质性人力资本作为"积极货币"而言对企业剩余创造的重要性日渐突出。这就是说，人力资本正在逐渐成为赋予物质资本这种"消极货币"以剩余创造能力的关键因素。随着企业制度适应这一趋势不断对自身作出的边际调整，人力资本已经成为企业的重要制度性要素。在这个时候，人力资本要素的产权主体就应当在企业内部获得更多的剩余索取权和控制权，进而企业契约也应当更多地表征出凸现人力资本重要性的特点。这一结论具有重要的政策性含义。①

4.2.4 引入制度环境变量条件下企业的"适应性效率"

在引入制度环境变量的条件下，效率追求仍旧是企业制度的最终标准。但是，这时的效率已经被赋予了全新的内涵。也就是说，在面临制度环境变量约束的条件下，企业效率不可能达到那种理论假设的"最优"，而只能获得理论上的"次优"、现实的"最优"，亦即"适应性效率"。

"适应性效率"属于新制度经济学的效率观。一般认为，"适应性效率"主要是指：制度能否促进系统的效率增长的关键取决于它同人和组织的适应程度，以及由此引起的"制度化"的人或组织同外部环境的适应程度。事实上，究竟何谓"适应性效率"还在探索之中。归纳起来，"适应性效率"概念至少应当包括如下几层含义：（1）制度本身

---

① 这也是本书第七章探讨"劳动者参与企业治理"问题的重要理论基础。

提供了效率，制度的效率在于产出的最大化和交易成本的最小化①。
（2）真正有长远实际意义的效率应当是有利于创新的动态性效率②。
（3）制度本身具有灵活性因而有利于经济的长期增长③。（4）现实世界
所遇到的某些约束条件是不可避免的，效率必须反映在有约束的最优化
问题上④。诺思认为，一个社会中的知识存量及其信仰结构使制度变迁
绝对是渐进的、路径依赖式的，应当从动态的角度而不是静态的角度来
认识问题。制度变迁的结果往往是"次优"而非最优的，正如生物进
化中是"适者生存"而非"优者生存"一样。因此，最终成为政策指
导的往往是适应效率而非配置效率⑤。对此可以这么理解：制度的"适
应性"能力是一个综合概念，因为只有生产成本和交易成本相对较低，
或者产出相对较高（又或兼而有之）的制度才能生存下来；假定生产
费用不变，一个具有适应性能力的制度从投入角度看就是最能节约交易
成本的制度；从制度安排与制度环境之间关系的角度讲，一个有效率的
行为都必然是在一定的制度环境下作出的，而同一种制度安排在不同的
制度环境下会有不同的效率，制度安排只有同制度环境高度契合才能最
节约交易成本。因此我们认为，在引入制度环境变量条件下，"适应性
效率"的一个基本内涵，是指现实的制度安排必须与制度环境高度契合
才能实现其效率诉求。尽管这时的效率不一定是理论上最优的，却必然
是现实中最优的⑥。

---

① 卢现祥：《西方新制度经济学》，中国发展出版社 1996 年版，第 248 页。
② ［英］马尔科姆·卢瑟福：《经济学中的制度——老制度主义和新制度主义》，中国社
会科学出版社 1999 年版，第 186 页。
③ 按照施蒂格勒、Barnard、Williamson 等人的理解，如果某一种制度能在不同的环境下
得以生存和发展，那么该制度就是有效率的。参见杨瑞龙：《企业的利益相关者理论及其应
用》，经济科学出版社 2000 年版，第 106 页。
④ 卢现祥：《西方新制度经济学》，中国发展出版社 1996 年版，第 277 页。
⑤ 梁正：《制度演进纲领探微》，《天津社会科学》2004 年第 1 期。
⑥ 这里我们还是一种相对静态的考虑（假设制度环境既定），因为制度环境具有异质性、
宏观性、强烈的路径依赖性。事实上制度环境和制度安排之间也是一种互动的关系。

　　"适应性效率"的概念还来自于现实约束条件下"最优契约"的不可能存在，或者说，现实当中的契约都是理论上的"次优选择"，因而也只能实现约束条件下的效率最大化。这是因为，企业制度并不是人们主观设计的产物，而是企业利益相关者各方在充分契约自由前提下的动态博弈均衡过程，也就是说企业制度主要是一种自发自为的存在。因而，只要是在充分契约自由前提下企业利益相关者之间博弈制衡和自由选择的结果，企业制度都是在当时情境中最能节约成本和产出最高的，因而也是最具有"适应性效率"的。显然，适应性效率原则遵循了"存在即合理"的原则。

4.3　全球化与多样化企业制度模式的并存与演进

　　上文的分析暗喻着，企业制度模式的存在，是以制度环境（或系统）之间的异质性区分和多样化并存的格局为前提的。但是这里会有一个问题：在经济全球化的条件下，国家之间的制度多样性是否仍将存在并继续演进？

　　对这一问题，青木昌彦在其《比较制度分析》一书中已经作出了精辟的解答。他认为，经济全球化条件下，在国家间市场联系加强和信息通信技术不断发生革命性创新的同时，"在全球范围内演进的整体性制度安排远不会演化成一种跨国企业和全球金融市场主导，并凌驾于国家制度和地域性制度之上的单一和均质的状态"，相反，"它更应体现为一种复杂的结构，其中起源并演化于不同域的制度，在亚国家、国家或跨国家层面上以竞争或互补方式相互作用"。这主要是因为，"国家制度将逐步适应全球变动的技术环境，但这种适应将具有路径依赖的性质"，因此我们将看到全球性制度安排的双重趋势："一方面是跨国家制度的重要性上升；另一方面是地域性、国家和地方制度多样性的持续演化"。并且，由于"我们不知道全球性制度安排有什么先验的理性模式"，因此，"正是这种制度多样性使得世界经济更具抵御意外冲击的耐久能力和对变动环境作出创新性适应的能力①"。由此可见，即使在经济全球化的条件下，国家或地区间多样化制度的并存和演进，不仅是制度变迁路径依赖性的必然结果，而且也为整体的世界经济提供了更多的发展机遇和安全保障。

　　这一结论是青木昌彦在对许多具有异质性特征的制度系统演进规律观察的基础上得出的，而其对制度系统本身的理解，则主要是一种基于不同"域"制度之间的关联性、互补性、耦合性和相互依存性基础上的均衡制度观。比如说，制度系统本质上是由诸"域"相互依存的制度要素构成的。以国家制度系统为例，这些"域"可能包括：组织场，公司治理，金融、劳动和产品交易，产权界定和合同实施，社会交换和政治域等等。青木昌彦还特别对公司治理的某些模式进行了对比说明，比如他认为：公司治理的共同决定模式（co－determination）和政治域的社会民主社团主义（social democratic corporatism）这两种相互支持的制度安排同时出现在德国，而主银行制、终身雇佣制以及产业协会和相关行政官僚部门的密切联盟在日本共同演化，相辅相成，两者均区别于所谓的盎格鲁－撒克逊模式，这都不是偶然的②。这就是说，只有相互一致和相互支持的制度安排才是富有生命力和可维系的，也正是这种制度诸域之间的系统性决定了制度环境总体所具有的异质性特征的持续性和耐久性。

　　显然，在可以预见的将来，国家之间的异质性制度环境仍将继续演化。在此前提下，各国的企业制度也远不会趋同于一种模式。这也得到

① 这与利益相关者共同治理的企业制度一般逻辑颇有异曲同工之妙。参见［日］青木昌彦：《比较制度分析》，上海远东出版社2001年版，第375～392页。

② ［日］青木昌彦：《比较制度分析》，上海远东出版社2001年版，第19页。

了实证资料的支持①。但是，由于发展中国家的制度类型是如此丰富和复杂，而且大多数国家还正处于经济转轨亦即复杂的制度变迁过程当中，新旧制度之间交互作用，制度均衡格局变动不居，其中充满着各种各样的变数、紧张，甚至矛盾和冲突，让人很难从中发现并准确把握那些预示着未来之路的一般趋势，因此，青木昌彦并没有对转轨经济中制度诸"域"之间的相互关系做具体的讨论。也正是出于同样的考虑，后文中我们对中国制度环境与企业制度模式的关联性分析，也主要把制度环境的主要内容限定于最具有稳定性或较容易把握其变迁规律的（基本）经济制度与文化传统这样两个方面。

---

① 贾生华等：《全球化背景下公司治理模式的演进趋势分析》，《中国工业经济》2003 年第 1 期。

第五章　宏观制度视野中现代企业
制度的比较制度分析

为了使我国的企业制度建设有所借鉴，学界一直比较重视对企业制度模式的比较制度分析。但由于误入"西方企业理论即现代企业理论"的理论陷阱，结果，有关的研究大多沦落为对国外企业制度本身特征的肤浅"比较"。这不仅在理论上给我们的启发相当有限，甚至有可能在实践中造成消极甚至有害的结果。

事实上，制度环境与企业制度之间是一种相互选择的动态均衡关系。这主要包括两个层面：产权原则、合约原则和法治原则是企业成立的必要制度前提；异质性制度环境是企业制度模式的宏观制度根源。因此，如果要对企业制度进行比较制度分析，将制度环境的变量纳入我们的研究视野是其题中应有之义。这不仅有利于深化比较制度分析方法本身，也拓宽了企业的比较制度分析的视野。这里，我们选择几种比较有代表性的公司治理模式联系其"嵌入"其中的制度环境作一初步的实证考察，一方面是为了检验前文的理论，另一方面也试图得出若干具有规律性的结论。

5.1　企业的比较制度分析的拓展与深化

　　比较制度分析方法本身已经比较成熟。但是，由于企业理论发展的滞后，既有的有关企业制度的比较制度分析虽提供了一些有益的启发，但总体来讲缺乏一种宏观制度视野的观照。赋予西方企业理论"宏观制度之维"，有助于改善这种局面。

5.1.1　企业的比较制度分析的简要评析

　　公司制企业是现代企业的典型代表形式。因此有关企业的比较制度分析较多地侧重于对世界不同公司治理模式的分析，属于"比较公司治理"研究。

　　由于各国国情千差万别，现实中各国的公司治理结构之间存在多维度的差异。出于研究需要，学界对世界上存在着的主要公司治理模式进行了分类，常见的分类方式主要有"内部型－外部型"，"距离型－控制型"、"基于市场型－关系导向型"、"基于市场型－基于银行型"等。其中最有代表性的分类结果是区分出以英美为代表的股东中心型模式与以日德为代表的利益相关者模式。1998 年，四位经济学家 La Porta R.、Lopez－de－Silanes F.、Shleifer A.、Vishny R. W.（合称为 LLSV）使用将近 50 个国家和地区的数据区分出四种传统法律体系来帮助解释不同的公司治理模式，他们将全球公司治理模式分为盎格鲁－撒克逊模式（包括美国、英国及前英殖民地）、法国模式（包括法国、西班牙、葡萄牙殖民地影响范围）、德国模式（包括中欧和日本）和斯堪地纳维亚模式（主要包括北欧国家）四种①。从 20 世纪 90 年代末期以后的比较公司治理研究文献来看，LLSV 提出的分类正在逐渐成为学术界的主流分类法。

对比较公司治理有关文献所作的分析表明，现有的比较公司治理较多地侧重于对世界各国公司治理结构的分类，其研究的重点是考察说明不同公司治理模式各自的特征和具体做法，在此基础上进行比较分析并指出其各自的"优缺点"，也有学者进一步对公司治理理论本身进行了较深入探讨。② 在前述研究的基础上，有学者主张我国的企业制度也应该参照某种公司治理模式本身或某些公司治理模式的"组合"形式进行改革。

毫无疑问，这些研究是非常必要的。但综观之就会发现，多数所谓的"比较公司治理分析"仅仅停留于对公司治理模式本身特征的直观比较上。也正因此，面对现代企业制度建设过程中的诸多问题，国内的有关文献汗牛充栋，却始终不能得出一个历史与逻辑相一致、理论与实践相一致的结论。事实上，公司治理模式作为"企业制度特殊"，其最深的根源在于企业所处不同时代和国家的不同历史、政治、经济和文化等制度环境条件。因此，在进行比较公司治理分析的时候，一定不应当脱离开公司治理模式背后的制度环境。而令人遗憾的是，尽管有许多对公司治理模式的比较分析都自觉不自觉地提到了这一点，却很少有学者对两者的关联分析作专门而系统的研究。而这恰恰才是真正意义上的"比较公司治理"研究。

在经济绩效的显著程度与公司治理模式的研究热度之间似乎存在某种正相关关系。长期以来，我国一直比较注重对发达国家公司治理有关理论或做法的研究、比较、学习和模仿，似乎引进了发达国家的公司治

---

① 贾生华：《全球化背景下公司治理模式的演进趋势分析》，《中国工业经济》2003 年第 1 期。

② 张立君：《比较公司治理：一个新的视角》，《当代财经》2002 年第 6 期。

理模式，也就同时引进了其令人眩目的经济绩效。而事实上研究表明，从总体上看各种公司治理模式所体现出来的经济绩效难分优劣。英美模式既有 20 世纪 60 年代和 90 年代的辉煌，也有 70 年代的危机，特别是 2001 年以来接连不断涌现出的安然公司、世通公司、施乐公司的假账丑闻以及 2008 年美国的金融危机等更使人们对其产生了怀疑；日德模式在 20 世纪 70 年代后显现出其稳定性的优势，但日本 80 年代后经济泡沫的破灭给其蒙上了一层难以挥去的阴影；东南亚的家族模式也曾造就了"东南亚奇迹"，但 20 世纪末的金融危机同样暴露出许多严重的弊端和缺陷①。正因如此，我国的公司治理结构表现出无所适从的杂糅色彩，而且经济绩效也不能令人满意②。经济实践深刻说明，在公司治理方面不存在包治百病的灵丹妙药，必须摆脱那种急功近利的浮躁心态和短视做法，必须结合特定国情深刻探讨各国公司治理模式的根源。

5.1.2 比较制度分析方法及其新的拓展

传统的经济学研究主要是从分析构成制度的最小单位到直接试图说明制度整体的活动（要素还原主义的研究手法），而比较制度分析则主要采用了博弈论的方法，强调制度诸"域"或"模块"之间的相互关联以及共同演进。比较制度分析将多样化的、进化的特别是系统论的观点带到了对实际制度系统的分析中，因而它给我们提供了有别于传统经济学的研究问题的线索。

"比较制度分析"（Comparative Institutional Analysis，简称 CIA）应当归结为比较经济学的范畴。比较研究不同经济制度的传统，可追溯到

---

① 贾生华：《全球化背景下公司治理模式的演进趋势分析》，《中国工业经济》2003 年第 1 期。

② 黄少安：《中国经济体制改革的核心是产权制度改革》，《中国经济问题》2004 年第 1 期。

16 世纪英国的托马斯·莫尔、意大利的托马佐·康帕内拉和 18、19 世纪的空想社会主义者，他们对经济制度都做过较为详细和系统的比较研究，但直到 20 世纪以后才真正获得了较大的发展①。比较经济学发展到今天，其研究对象已从最初对经济制度的比较研究深入拓展到比较经济发展、比较经济体制和比较经济政策三个方面。但是，比较经济体制（制度）分析仍然是比较经济学的研究对象和基础②。在此基础上，青木昌彦第一个对比较制度分析进行了系统的论述。之后，随着制度经济学的不断发展，比较制度分析逐渐独立成为一个非常有发展前景的新经济领域，有学者将其概括为"新比较经济学③"。可见，如果说早期的比较制度分析侧重于对经济体制进行分类，然后对不同类型的经济体制的差异性和效率结果进行比较和分析，那么现代的比较制度分析则更侧重于经济体制差异性出现的根源以及体制内部相互依存关系的深层次结构上。

顾名思义，比较制度分析就是对两种或以上的不同制度进行比较分析，它建立在以下两点基本认识之上：（1）制度在我们的经济活动中发挥着重要的作用。（2）我们所制定的制度可以是多种多样的④。在此基础上，现代比较制度分析试图从如下一些基本视角来研究现实的制度系统：（1）制度系统的多样性及制度系统之间的异质性。（2）制度系统内部的制度互补性亦即制度诸"域"之间的"战略互补性"关系。

---

① 纵向来看，比较经济学的发展已经历了三个阶段：（1）30 年代的萌芽阶段。主要围绕社会经济制度问题进行了比较分析，美国早期制度学派的代表约翰·康芒斯是比较经济制度分析的先导。（2）50 年代的发展阶段。打破了经济制度研究的界限，开始对不同类型的国家和地区，尤其是发展中国家和体制转轨国家的经济运行状况与政府经济政策进行系统分析。（3）70 年代为第三阶段。应用性更加增强，探讨了宏、微观领域中的各种问题，特别是不发达国家的经济问题。

② 钱国靖：《比较经济学》，复旦大学出版社 1997 年版，第 1～18 页。

③ 张仁德：《新比较经济学研究》，人民出版社 2002 年版。

④ ［日］青木昌彦等：《经济制度的比较制度分析》，中国发展出版社 1999 年版，第 301 页。

（3）制度系统的进化与路径依赖性。（4）制度系统演进的渐进性与均衡性。[①] 上述几点是相互关联和相互支持的。

在比较制度分析中，20世纪90年代以来发展出的一个新的研究领域或者方法是"历史比较制度分析"（Historical and Comparative Institutional Analysis，简称 HCIA）[②]，其主要代表人物是美国斯坦福大学的阿夫纳·格雷夫教授。历史分析主要试图探索历史在制度起源、创新和发展变迁中所起的作用；比较制度分析可以运用这一方法将不同时间和空间中的制度纳入同一视野进行比较研究。这种方法可以从新的视角分析制度的多样性、进化与变迁轨迹等，也可以更便利地研究采用何种制度更加具有"适应性"，研究社会制度中隐性的非正式制度对制度变迁的影响等。

HCIA 方法的主要学术特征可以概括为：（1）把比较制度分析从现实制度层面扩展到历史制度和历史因素的层面，力图揭示历史在制度产生、选择和变迁中的作用。（2）主要运用了博弈论[③]和历史经验的归纳性分析相结合的研究方法。（3）主要研究对象为"自我实施制度"（self–enforcing institution）及其运行机制。（4）把制度视为结果而非外生变量，进而着重研究制度生成与进化的影响和决定因素，即研究经济制度差异性的根源之根源。（5）研究的视野不断地从市场制度向非市场制度，从制度安排向制度环境，从经济、政治、法律制度向文化传统、价值观念和意识形态拓展，尤其重视研究影响制度诸因素中的文化传统、价值观念和意识形态的作用[④]。

---

① ［日］青木昌彦等：《经济制度的比较制度分析》，中国发展出版社1999年版，第2页。

② ［美］阿弗纳·格雷夫：《历史制度分析：从经济史视角研究制度问题的新进展》，《经济社会体制比较》2003年第5期。

③ 重复博弈论，说明了历史因素对行为人预期进而对博弈均衡的影响。

④ 参见韩毅：《比较经济体制研究的新方法：历史的比较制度分析》，《经济社会体制比较》2002年第1期。

总的来说，历史比较制度分析在本质上是"历史的，它所要揭示的是历史在制度产生、存在和变迁中的作用"①，这一分析是在博弈论的分析框架下进行的。相对于新古典经济学中作为原子符号的经济人假定而言，新制度经济学将人的行为前提假设为"有限理性"、"追求效用函数最大化"与"机会主义行为倾向"，是一种进步。但仍有一个重要的因素被忽略了，这就是说现实的人并非是生活于荒岛上的鲁滨逊，而是都带有特定的"历史性和社会性"。所谓人的历史性，是指任何一个具体的人都是承继一定以前的历史和当时历史条件制约的人，其思维水平和意识要受不同国家历史上和当时的政治、经济、文化等因素的约束，同时他本人的认识和行为也会折射出这些历史性。所谓人的社会性，也可以理解为特定时点上的历史性，是说人都是面临诸多社会制度约束的人。这就是说，现实中的经济人并不是同质的而恰恰相反是异质的。因此，如果忽略了人的历史性和社会性这样两个约束条件，那么经济学研究也就失去了基本的现实性和真实性。可以看出，HCIA 方法成功地引入了这样两个变量因而修正了传统博弈论方法其分析结果的非确切性和非结论性的不足，以及传统经济学假设同质性经济人的非现实性的不足，因此其研究更有现实的针对性。已有学者运用这一方法作出了一些研究（比如青木昌彦）。

5.1.3 宏观制度视野中的比较制度分析及其在企业领域的应用

上述可知，严格意义上的比较制度分析其实是以一种博弈的、进化的特别是系统论的观点来进行制度之间的比较分析的。比较制度分析强

---

① Greil, "Genoa and the Maghribi traders: Historical; and comparative institutional analysis." Cambridge: Cambridge University Press, (forthcoming). P1.

调制度的多样性特点，认为制度之间存在"异质性"的区别；比较制度分析强调制度变迁的路径依赖性，认为制度创新一般不超出正常的历史演进轨迹；比较制度分析强调制度的系统性，认为不同制度系统之间的"异质性"区别是以其系统内部制度诸"域"之间的高度互补性甚至"同质性"为基础的。如前述，"宏观制度之维"的引入，弥补了现代企业理论的单维性缺陷，让我们发现了企业异质性的深刻制度环境根源，揭示出了制度环境与企业制度安排相互选择的内在机理。显然，这与比较制度分析方法具有内在的一致性。这一方面证明了比较制度分析方法的科学性；另一方面也揭示出了有关企业制度的比较制度分析的真正内涵，那就是要自觉而有针对性地研究企业制度与其制度环境相互选择的动态均衡关系，而决不能仅仅比较企业制度本身。

虽然比较制度分析在企业制度领域进行了有益的探索，但总的来看对于引入宏观制度之维还缺乏高度的自觉性及相关领域的拓展应用。鉴于此我们认为，如果说以往对企业制度本身特征的比较分析是比较企业制度研究的第一个层次的话，那么当前的研究有必要在第二个层次展开，也就是要自觉而系统地分析企业制度同其制度环境之间的互动关系。在这一方面，我们认为，对应于"宏观制度之维"的两个层面，企业制度的比较制度分析也应在如下几个领域进行拓展：（1）正式制度环境与企业制度；（2）非正式制度环境与企业制度；（3）经济转轨与企业制度。其中，前两者考察制度环境的异质性对企业制度的影响，后者则侧重于考察企业制度创新与其必要制度前提之间的关系。

考虑到论文的篇幅之限，我们这里仅选择几个典型案例进行初步的分析，并尝试得出某些一般性的结论。

5.2 正式制度环境与企业制度——西方的经验

关于公司治理的研究，现有的文献集中于发达市场经济国家，主要在英美模式与大陆模式之间进行着争论。比较制度分析表明，只有从市场模式的不同及企业制度对之的契合性或者适应性出发，才可以找到两大公司治理模式各自异质性特征的深刻根源，也才使公司治理模式的优劣评判获得了一个基本的标准。

5.2.1 英美模式考察——以美国为代表

公司治理的英美模式又叫做外部监控型、市场导向型、保持距离型（arm's-length）、盎格鲁-撒克逊模式等。美国公司是其典型代表之一，我们对其作一具体考察。

如果要用一句话来概括公司治理的美国模式的特征，可以说美国模式是以"个人主义、财产权利、自由市场"为基础的。其主要特征表现为强大的管理者、顺从的董事会、疏远的股东、以及作为对经理层进行监督制衡主要力量的外部市场。具体来说：（1）股权至上，股东的利益高于一切。美国的公司治理是一种典型的新古典一元治理模式。股东的利益就是公司的利益，经营者追求的目标应是公司利润最大化，追求利润最大化基本等同于追求股东财产价值的最大化。能否实现股东财产价值的最大化是判断公司治理结构是否有效的惟一标准。（2）股权的高度分散性和流动性。美国股份公司的股票大多为公众所持有。这一方面是因为机构投资者通过分散投资和一定的投资组合来降低其投资风险；另一方面是因为美国法律严格禁止银行和非银行金融机构持有工业和商业公司的足够起控制作用的大宗股票。股权的高度分散使个人股东不可能对其所投资的公司具有控制权，只有通过股票市场上"用脚投票"的方式来选择代理者形成对公司行为的约束。这也决定了美国股权具有高度的流动性。（3）以独立董事为主的董事会结构。董事会作为公司资产控制权的拥有者，在公司治理结构中起着至关重要的作用。其成员一般由内部董事和外部董事组成。由于内部董事就是公司的高层管理人员，所以监督任务就落在了外部董事即独立董事的身上。因此，美国公司董事会的效率受到了人们的怀疑。（4）存在极强的市场约束。美国公司治理模式的显著特点是存在极强的外部市场约束。在美国由于股权高度分散，股东缺乏直接监督经理人员的激励和能力，对经营者的约束主要依靠高度发达的市场竞争，这种竞争主要来自于产品市场、经理市场和资本市场，特别是后两者被认为是约束经营者的最有效的手段。通过股权市场的兼并和收购机制、债权市场的接管机制以及人力资本市场的代理权竞争机制可以很好地对经营者进行监督和激励。尽管从理论上讲，利用市场来控制公司是一种间接的手段，成本较高，也存在一定的"公司治理结构失灵"[①]的倾向或风险，但在美国的实践中，由于其市场的成熟度相对较高，特别是资本市场的规模和效率在全球经济中居于首位，它仍然是有效的。

可见，由于资本市场的发达，持股人多通过在资本市场上买卖股票即"用脚投票"的方式对公司治理的绩效作出反应，因而董事会的作用相对较小；由于资本的社会化、分散化导致股权的分散，从而使得单个股权人对于公司治理的影响力量比较微弱，这得到了严格的信息披露制度、完善的立法执法机制等制度的补充；由于经理人市场的发达，企业经理虽然在股东和董事会那里得到了较多的权力，但他们也会自觉地

---

① 郑秉文：《公司治理：美国模式之谜》，《企业家信息》2002 年第 10 期；张松等：《美国公司治理模式失效的诠释》，《管理现代化》2003 年第 1 期。

追求经营业绩的最优化，这就在相当程度上减小了代理的成本从而维护了股东的利益……显然，美国这种股东主权加上外部市场约束的公司治理模式，是以美国那种高度发达的自由市场经济模式为前提或者基础的。[①]

5.2.2　大陆模式考察——以日本为代表

日本的公司治理方式也被称为封闭型的公司治理模式，可作为大陆模式的典型代表。其特点主要表现为：（1）以相互持股为核心的法人所有制结构。在股权结构上日本与欧美国家存在较大差异。日本私人持有的股份不足 1/4，机构投资者持有的股份也仅为 1/4 不到，其余则为银行、公司法人所持有。银行和企业持有的股份占总量的 50% 以上。这部分股份在日本的各公司之间广泛实行相互持股，其中"稳定股东"[②] 占有很大的比重。一项调查表明，在上市公司中，稳定股东占全体股东 50% 以上的企业占企业总数的 90% 以上[③]。从这种以相互持股为核心的法人所有制结构进一步衍生出如下的几个特点：其一是银行在公司所有制结构中占有重要地位，从而决定了银行和企业之间的特殊关系；其二是企业之间广泛的相互持股，从而形成了系列企业间长期的交易关系；其三是稳定股东持有的股份虽然上市，却缺乏流动性。这种所有制结构对日本公司治理结构的各个方面都产生了深刻的影响，构成了日本公司治理结构的制度性基础。（2）银行在公司治理结构中的主导作用。欧美国家银行通常不持有企业部门的股份。但日本的情况大为不

———————————————

　① 关于美国公司治理特点与其历史传统的更远追溯，参见刘汉民：《制度环境、路径依赖与公司治理》，《现代管理科学》2003 年第 5 期；王东：《美国日本企业的历史比较制度分析》，《经济评论》2002 年第 2 期。

　② 所谓"稳定股东"，是指不是出于盈利的目的，而是出于对某一企业现有管理者群体支持的目的持有该企业股份的"友好的"股东。

　③ 日本经济企划厅：《1992 年度经济白皮书》，大藏省印刷局 1992 年版，第 232 页。

同，银行不仅大量持股，一般占股票总额的 20% 以上，而且在公司治理结构中发挥主导作用。事实上绝大部分企业都拥有自己的主要交易银行，即主银行。主银行与企业之间，不是简单的债权债务关系，而是作为最大的利益相关者在公司治理结构中起着主导作用。主银行与企业保持长期的交易关系，比较关注企业的长远发展。就主银行自身来说，由于可以通过控制企业的主要金融交易而获得"主银行收益"，因而对企业经营也有监督的激励；就企业来说，由于与其他金融机构和企业进行交易时获得了一种信用保证，因而也降低了代理成本。（3）管理者在公司治理中的统治地位。欧美国家一般倾向于认为企业为股东的私有财产，管理者的合法性来源于股东的信任，而日本则倾向于企业为共同体所有，管理者的合法性来源于从业人员的信任，由此决定了管理者在公司治理结构中的统治地位。当然这也与企业特殊的股权结构所造成的董事会虚设情况，由终身雇佣制、企业内部选任管理者的制度、年功序列制和企业内工会支撑起来的封闭型企业的集团意识有关①。

日本公司治理的这些特点是与其特殊的市场模式相对应的。日本是一个后发展类型的市场经济国家。在战后经济发展中，战时统制经济时期公司治理结构发生的特定演变过程并未终止，而是在新的条件下得到了延续，并进一步形成一种不同于欧美国家的市场经济体制，通常被称为"政府主导型的市场经济体制"。其一个重要特征就是，从未把经济发展归结于市场价格机制的自发力量，为迅速实现从后发展经济向工业化经济转变的国家目标，市场价格机制的部分功能被替代了，而政府则以强有力的计划和产业政策对资源配置实行导向，以达到某种短期和长期的增长目标。这个特征在微观经济层面的表现，就是"企业对市场的替代"。② 在国家目标的导引下，企业的性质发生了某种变化，按照美

① 莽景石：《略论日本的公司治理结构及其改革趋势》，《世界经济》2000 年第 7 期。
② 显然，这与科斯所说的企业对市场的替代是完全不同的逻辑。

国收益研究中心首席经济学家李查德·A·贝尔纳的说法，日本的企业成为一种不是以股东利益而是以国家利益为目标的装置①。仅从与日本公司治理结构相关的角度看，企业替代市场在很多方面造成了日本市场结构的特殊性：相互持股和主银行制替代了资本市场的很多功能；企业之间的长期交易关系并非完全在竞争性市场上建立起来；终身雇佣制以及从企业内部选任管理者造成了劳动市场的不完全；系列交易习惯和特殊的流通体制则在很大程度上有违公平的国际竞争原则；等等。

当然，随着市场发育的渐趋成熟，日本企业这一制度的优势正在逐渐丧失，也遭到了广泛的批判，因而正在依据市场原则作微观经济主体重塑的工作。这一趋势也是对我们观点的一种动态的证明。另外，德国与日本类似的公司治理模式也是与德国独特的历史传统和国情尤其是"社会市场经济"模式相适应的，此不详述。

5.2.3 "趋同"趋势分析②

英美模式和大陆模式本身并不是固定不变的，而是也在不断进行着自我的调整。现在看来两种不同的公司治理模式表现出了某些趋同化的做法：（1）英美公司治理模式开始注重治理结构中的"用手投票"机制，主要表现在：一是机构投资者持股比例逐渐上升，成为企业最大的股东。比如 20 世纪 90 年代初，美国的机构投资者如养老基金、人寿保险、互助基金、慈善团体等控制了大中型企业 40% 的普通股，拥有较大型企业 40% 的中长期债权，成为企业目前最大的股东。二是放松银行对持有公司股票的限制。自从 20 世纪 80 年代以来，英美开始重视银

---

① 莽景石：《略论日本的公司治理结构及其改革趋势》，《世界经济》2000 年第 7 期。
② 有实证研究证明各国在公司治理的某些方面做些"微调"是可能的，而各国模式之间的总体趋同则不可能。参见贾生华等：《全球化背景下公司治理模式的演进趋势分析》，《中国工业经济》2003 年第 1 期。

行在公司治理中的监督作用，并逐渐放松对银行的限制。三是强化非执行董事的监控权。自从 20 世纪 90 年代以来，英美公司为了增强对经营者的监控，开始借鉴德国模式，试图引进董事会内执行董事与非执行董事的角色分工，期待非执行董事将更多精力放在替股东监督经理上。（2）德日公司治理模式开始重视治理结构中"用脚投票"的监控作用。表现在：一是强调个人股东的利益，加速证券市场的发展。二是开始弱化银行对企业的控制。20 世纪 80 年代以来，直接融资在德日企业资金来源比重增加，使企业对银行的依赖性减弱。三是交叉持股的数额减少。近年来，许多银行和工商业公司彼此都抛售了对方的部分股票，正在对持股结构进行重组①。

公司治理的两种模式各有利弊。一般认为，英美模式通过股权市场的兼并和收购机制、债权市场的接管机制以及人力资本市场的代理权竞争机制可以很好地对经营者进行监督和激励，但是这种偏重于外部治理的模式比较容易形成"内部人控制"，容易导致经营者的短期行为，且会带来较高的治理成本。公司治理的大陆模式虽然有利于稳定股东和经营者的长期经营意识，实现公司的长远发展，协调劳资关系，但也容易形成内部大股东和经营者合谋损害外部股东利益的行为②。

不可否认，公司治理模式某些趋同做法的出现，与相关政府和公司对两种模式利弊的自觉和主动的完善有关。但归根结底，公司治理结构是深深植根于特定的市场制度当中的。如果两者不能均衡或兼容，即使人为设计的再完美的公司治理模式也将无法实现理想的经济绩效。事实上，在很大程度上两种模式的"趋同"正是基于两种市场模式本身之间的某些"趋同"趋势的反映，或者政府在推行新的公司治理模式的同时也必然会对相应的市场环境作出改进。我们已经看到，一方面各国

---

① 郭健：《从公司治理模式趋同看我国公司治理途径的选择》，《生产力研究》2002 年第 4 期。

② 刘百芳：《美、德、日公司治理模式比较》，《内蒙古财经学院学报》2002 年第 1 期。

的市场经济都在自发的演进过程中趋于更加成熟；另一方面各国的政府也充分发挥了自身对经济发展的宏观调控作用，有意识地完善市场体系和市场制度。这给我们的启示是，制度系统内部的"战略互补性"并不是静态的，而是一个动态的演变过程；不完全是自发的，政府也往往在其中发挥重要的积极作用。

显然，市场的发育以及政府的参与对具体的公司治理结构起着决定性作用。

5.3 非正式制度环境与企业制度
——家族模式的案例

现有的许多研究文献中，家族模式是一种和英美模式及大陆模式相并列的公司治理模式。但这往往是一种方便的划分方法。事实上，每当人们提起家族模式的时候还往往带有贬义的色彩，认为这种模式代表了不成熟企业或不发达经济体的选择，因而暗示家族模式是一种未来必遭淘汰的企业制度模式。也有学者主张中国企业必须"尽快走出"家族制。比较制度分析表明，事实上存在两种不同含义的家族制企业，依其背后非正式制度环境的不同分别遵循着不同的逻辑。

5.3.1 两种不同含义的家族制企业

家族企业由来已久，甚至可以认为在世界上绝大多数国家的经济发展史中，企业组织形式在最初都或多或少的带有家族经营的特点，只是后来随着经济的发展和组织制度的变迁企业制度的家族色彩才慢慢淡化。即使在现代经济条件下，家族模式仍然是企业初创时期以及小企业的简单而有效的制度模式；而随着企业的发展壮大，它们往往都会由于遇到重要的内生制度约束而逐渐对原有的制度作出修正或改进。

我们的考察对象并不是这种在世界各国普遍存在的家族制企业，而是特指的在东亚、东南亚国家和香港、台湾等地区被普遍采用的家族监控型的公司治理模式①。统计数据表明：在亚洲，家族企业虽然因各个国家的历史、文化不同而有所不同，但有一点可以肯定，即除中国大陆之外所有经济发达的亚洲地区，家族企业都在数量上和规模上占据了主导地位。比如，韩国家族操控企业总数的48.2%，中国台湾是61.6%，马来西亚是67.2%②。而即使是在中国大陆，家族企业事实上也已经占据了中国私营经济的主体③。

分析表明，事实上存在两种不同含义的家族制企业。一种就是人类历史早期或企业发展初期较多采用家族制度的企业；另一种家族制企业，则是在东亚、东南亚等非正式制度环境带有浓厚"家文化"色彩的地方所存在的普遍带有家族色彩的企业。尽管如此，单纯从企业本身的治理特征及其绩效表现并不能将两种不同的家族制企业区分开来。

两者往往有相似的企业治理特征：（1）股权高度集中于家族成员或者家族性的私人企业；（2）公司董事会决策体现家族经营的意旨；（3）家族核心人物具有至高无上的权威；（4）公司的契约关系具有强烈的私人关系色彩；（5）公司的股权结构呈现超稳定状态。

两者都可以获得特殊效率：（1）由于面临来自家族利益和亲情的双重激励与约束，家族式企业行为往往比非家族式企业行为更符合厂商准则。（2）家族和企业合二为一，企业是家族的延伸，家族是企业的核

---

① 因此，家族模式又称东亚模式或香港模式。
② 李向军：《公司治理的模式及借鉴》，《中央财经大学学报》2002年第1期。
③ 甘德安：《中国家族企业研究》，中国社会科学出版社2002年版。

心，由此家族式企业内部形成了强大的凝聚力量。（3）企业控制权由家族成员拥有，家族伦理的约束使企业获得了较高的稳定性。（4）企业一般都存在的核心领导人物所拥有的强大权威，企业成员在利益和伦理方面对其的双重统一性，使家族式企业避免了无效相互博弈的交易成本，决策迅速。

两者也都具有内生的制度约束：（1）家族意志边际无约束扩张，企业内部无法形成相互制约的规范契约关系。（2）信息高度集中于企业内部，企业内外信息不对称，这为关联性企业之间的非规范交易提供了便利。（3）家族在企业控制中处于强势地位，企业内部以家族关系论亲疏，公司财产权利容易变相转移。（4）公司财产即家族财产的特殊心态，使家族式企业具有特别的利用股市进行"圈钱"的倾向。

5.3.2 两种家族制企业的不同逻辑

尽管从治理特征和绩效表现两方面都难以对上述两种不同的家族制企业进行明确的区分，不过两者毕竟不能混为一谈。事实上，两种不同含义家族制企业之间的区别，主要的不是在其具体的治理结构特征本身方面，而是在于家族特征的客观依据以及未来的发展趋势方面。实证考察表明，虽然任何企业在特定的阶段都可能会选择带有家族特色的治理形式，但这种选择的作出一般是由企业对其物质资本规模、生产的技术性特征、企业创始的便利等考虑所决定的，也就是说主要遵循的是交易成本节约的纯经济逻辑，与企业所在的地区和所处的制度环境没有必然的联系，并且这些企业的家族特色往往在一定的发展阶段而逐步淡化。而集中分布在东亚、东南亚一带的家族制企业则不同。东亚、东南亚一带的国家或地区的文化传统一般都被深深打上了儒家文化的烙印，带有浓厚"家族主义"和"泛家族主义"的色彩。这种文化传统作为一种悠久历史沉淀下来而成的制度环境，"嵌入"其中的制度安排一般都会带有这种文化传统的特点。也就是说这类企业客观上是文化传统"建构"的：特定的治理模式本质上是一种特定的人文关怀，特定的治理模式产生于特定的社会文化基质中。按照美国文化人类学家爱德华·霍尔的分类，文化分为"高文本文化"（high context culture）和"低文本文化"（low context culture）两种①。在类似美国（高文本文化）那种清晰和非人格化的社会中，人们通过各种契约来规范各自的行为；而在东亚、东南亚等家族文化传统比较浓厚的国家和地区中，人们更喜欢作含糊和间接的交流，信息的传递较多的依靠那些事前人们在共同的文化背景下所形成的共识，亦即"意会性"或"默会性"知识。这就是说，"低文本文化"更多地依靠非正式制度来规范人们的行为，而与之对应的交易方式往往带有家族性的特色②。特别是在经济转轨的条件下，"虽然现代化会削弱旧传统的某些层面，然而在社会变迁的过程中，旧传统的某些层面有时会被再度提出和强调，以解决文化断层的危机和建立新的集体认同③。"在这里，两种不同含义的家族制企业之间的区分不仅是"文本"的形式上的，而且是"认同"的内容上的。可见，"家族企业……乃是一种历史的必然"，并且，"……从家族企业向现代企业的转化，也必定是一个相当长的历史过程，这个过程既是家族企业的治理模式实现现代转型的过程，也是家族企业文化实现现代化的过程，但并不见得就是家族企业完全自我否定以至消亡的过程。从国际经验看，在家族企业与现代企业之间，并不存在不可调和的矛盾，相反，家族企业可以通过建立现代企业制度而自我完善④。"

---

① ［美］爱德华·霍尔著，韩海深译：《超越文化》，重庆出版社1990年版。

② 美国文化特征还可以按照《新教伦理与资本主义精神》的观点进行另外的概括，这与东方的儒家文化也成对照。这里只是说明总体文化的不同与企业模式的关系，因此不对文化本身的区别作详细的论述。

③ Eisentadt, Tradition, Change and modemity, New York, P209~210.

④ 甘德安：《中国家族企业研究》，中国社会科学出版社2002年版，第14页。

资料表明，在 20 世纪二三十年代及以前，家族式企业的股权基本上由家族成员或家族性的私人企业持有。到了 90 年代末，西方家族式企业中家族成员和家族性私人企业的持股比例明显下降。而在亚洲地区，特别是东亚经济发展较快的地区，家族式上市公司的股权仍大部分控制在创业者家族手中，而基金、养老保险等分散型投资机构所持股份在其股权结构中的比率很低。可见，同那种主要遵循交易成本节约的经济逻辑的家族制企业相比，根源于特定制度环境的家族制企业表征出了相对的稳定性和耐久性。可以推断，只要"家文化"的非正式制度环境本身没有发生显著的变化，企业制度的家族色彩就不会真正消失。

从上可知，一般所谓的家族制企业主要遵循了节约交易成本的经济逻辑，而在东亚、东南亚等国家或地区存在的家族制企业模式，本质上是一种"文化地理"上的概念，事实上揭示了一种在引入非正式制度环境变量条件下的典型企业制度创新的路径。中国的文化传统与其他国家相比带有明显的异质性，嵌入其中的经济人进而企业制度也必然会被赋予相应的特征。显然，这对于中国的企业制度建设颇有启发意义。

5.4　经济转轨与企业制度——俄罗斯的教训和启示

关于比较公司治理的现有学术文献主要反映美国、西欧和日本等经济发达国家的经验，这是毫不奇怪的，因为人们总是试图去模仿和复制那些经济绩效比较显著的制度安排。但是，对于像中国这样的转轨国家来说，发达国家的公司治理模式虽然可以提供许多有价值的经验，但同样作为转轨国家的俄罗斯，其在企业制度建设方面的前车之鉴对我们来说也具有不可替代的参考价值。

虽然俄罗斯采取了不同于中国的改革路径，但从计划经济体制向市场经济体制的转轨却是两国的基本国情，亦即从本质上和总体上讲两国其实面临着同样的需要解决的问题。这主要包括：优化制度环境以塑造真正意义上的企业；寻找适合本国国情的企业制度模式。这意味着俄罗斯的经验教训在一定程度上具有转轨国家企业制度建设方面的一般性。因此，有必要专门分析俄罗斯有关企业制度建设的独特经验和教训。

5.4.1 公司制创新并未实现预期的经济绩效

在俄罗斯大规模私有化以后，随着大量私营公司的出现，俄罗斯开始对企业进行公司制的改造。俄罗斯公司从设计的意义上看是股份有限公司，即开放式公司。1992 年俄罗斯私有化方案规定所有的公司都应成为公开交易的公司。1996 年的《俄罗斯股份公司法》规定所有 50 名股东以上的公司都应该公开交易其股票。最直观地看：（1）俄罗斯的股份公司法在很大程度上吸收了西方发达国家公司治理结构设定的经验，规定了许多具体的制度安排。（2）俄罗斯证券私有化过程中形成的公司，也最大限度地试图达到西方公司治理的"一般性要求"，股东、董事会、经理样样齐备，股票也公开发售。

作为国民经济的微观基础，企业制度的创新和优化应当带来比较明显的经济增长。那么，俄罗斯公司制企业的经济绩效究竟如何呢？普京承认，私有化以来俄罗斯工业的表现不佳。资料表明：20 世纪 90 年代俄罗斯国内生产总值下降近 50%，仅相当于美国的 1/10，中国的 1/5。产业部门的劳动生产率极低，除了原料和动力部门之外，其他部门的劳动生产率只为美国的 20% ~24%。居民的实际货币收入和生活水平不断下降，金融危机后俄罗斯人的年均收入还不到美国的 10%①。另有多项统计资料也都表明俄罗斯经济转轨期间的经济绩效落后，俄罗斯有逐步被推入第三世界行列的危险②。

制度建设与经济绩效的强烈反差原因何在？普京反思后认为，除了俄罗斯特殊改革起点和改革路径的原因，改革中的政策失误和错误也是经济形势恶化的重要原因。沉重的教训"雄辩地证明，将外国课本上的抽象模式和公式照搬到俄罗斯，不可能进行没有太大代价的真正顺利的改革③。"

5.4.2　深刻的制度环境根源

应当说普京的反思和概括是深刻的。但我们认为，在企业制度建设特别是公司治理结构的设定方面，就俄罗斯这样一个典型的转轨经济来说，可以说原先并不存在真正意义上的企业，因此，同具体何种模式的选择相比，更重要的是要通过总体制度环境的改善，来满足企业制度运行的必要制度前提。正是在这个意义上，诺思主张：经济制度变化和发展的核心是要首先创造一种政治环境，使得新的有效率的制度得以提出，并获得执行④。

对俄罗斯公司制创新具体过程的考察表明，存在如下主要问题：

1. 塑造微观产权主体的预定目标没有达到

产权原则亦即微观产权主体的存在是企业制度创新的逻辑前提，私有化改革是整个经济转型的制度基础。但是，在现实的改革过程中，快速私有化的政治目的和向企业领导人及企业职工的妥协，一方

① 参见《千年之交的俄罗斯》，[俄]《独立报》1999 年 12 月 30 日。
② 徐坡领：《俄罗斯经济转型轨迹研究》，经济科学出版社 2002 年版，第 8 页。
③ 转引自许新：《普京道路的经济学分析》，《东欧中亚研究》2002 年第 1 期。
④ 转引自徐坡领：《俄罗斯经济转型轨迹研究》，经济科学出版社 2002 年版，第 1 页。

面使私有化流于产权法律登记形式的改变；另一方面也为资产实际控制权最终落入一少部分与政府关系密切的寡头垄断者手中准备了条件①。再加上政府对产权保护的不力，结果，产权原则没有得到真正实现，没有塑造出真正的微观产权主体，企业制度的创新缺少"第一行动集团"。

2. 政府越位，政府思维替代企业思维，合约原则没有得到贯彻

合约原则是企业制度深层实质。一般来讲，公司治理方式的选择，是一个企业内部各产权主体之间的平等博弈和自由选择过程。但俄罗斯企业的性质却在一定程度上被政府的意志扭曲了。首先，如我们已经看到的，关于企业如何进行公司制改造，俄罗斯政府做了有关具体制度的明确规定，并上升到法律的高度来进行规范；其次，由于在私有化过程中出现了严重的问题，一是企业生产效率没有得到提高，二是造成国有资产严重流失，在这种情况下，俄罗斯左派提出了重新国有化的主张。对于这个问题，俄罗斯政府采取了谨慎务实的态度，反对进行重新国有化，主张通过进行企业重组和加强公司治理的方法，来提高私有化企业和国有企业的生产效率。可见，俄罗斯的现有制度框架下，合约原则没有得到真正的实现，因此没有给平等产权主体进行自由选择、自发博弈和自主制度创新提供充分的空间。

3. 政府缺位，制度环境恶化，那种法律形式上的产权界定（财产所有权）很难通过平等的博弈或谈判演化为经济意义上的产权安排（企业所有权），企业制度创新无从谈起

由于奉行新自由主义和静态均衡的观点，认为只要具备市场经济的基本要素，一个经济系统就会迅速地趋向惟一的均衡点，俄罗斯政府打

---

① 徐坡领：《俄罗斯经济转轨轨迹研究》，经济科学出版社2002年版，第129页。

算靠市场自发的力量来引导制度的建立，这使其经济转轨过程几乎成为了一个自由放任的过程。这其中，俄罗斯政府虽然强加给俄罗斯社会一个自由市场经济模式的转轨目标，但却没有在经济转轨过程中发挥应有的积极作用，甚至从最初主动放弃干预经济活动进而演变成实际丧失了有效调控经济活动的能力。结果，整个国家的命运交付于了受狭隘经济逻辑支配的垄断寡头，不仅未形成平等博弈的制度框架和竞争性的制度环境，而且使经济体制从国家垄断的一个极端演化到了寡头垄断的另一极端。产权主体之间的博弈需要一个竞争性的制度环境。但分析表明，虽然俄罗斯"休克"疗法中的私有化措施可能会导出一个在法律形式上界定清晰的产权结构，却不必然导出竞争性的制度环境。相反，其结果，经济转轨缺乏良好政治环境的规制，不仅俄罗斯从前苏联继承下来的高度垄断的经济结构没有得到根本性的改变，而且国家垄断被寡头私人垄断所代替，集权制度瓦解所生成的经济民主和经济自由被市场垄断力量消灭，大量被集中在私人手中的资产很难凭借市场的力量转移到更有效率的地方，实质性的企业重组和企业经营机制的市场化转型并未发生。

4. 盲目借鉴西方发达国家公司治理的某些做法，既定的市场发育程度和制度环境与主观的企业制度设置错位

俄罗斯从大规模私有化开始至今，一直坚持公开买卖股票，发展证券市场，鼓励企业从股票市场获得资金，这是公司治理的英美模式以市场为主的观点。另一方面，俄罗斯的综合银行体制、银行的"全权委托银行制度"和国有股份抵押贷款方式，都使得银行也在一定程度上参与了公司的治理，这又是德国主银行制的特点。但是，由于俄罗斯的股票市场刚起步不久，又受到国家债券市场和外汇市场的挤压和金融危机的打击，俄罗斯的市场体系尤其是股票市场发展缓慢，公司从股票市场获得的资金有限；银行在公司中拥有的股权比重较低，提供给公司的贷款也十分有限。另外，俄罗斯的资本市场、劳动市场和经理市场等市场发育也并不充分。这就是说，俄罗斯公司在外部治理方面的制度安排并没有得到外部制度环境的支撑。

正是由于企业制度建设缺乏必要的制度基础和良好的制度环境的支撑，现实中的俄罗斯公司存在剩余索取权与控制权结合失当、内部人控制过度、股权与资本脱节、委托和代理一体、管理与经营失衡等诸多弊端。也正是针对俄罗斯的这些问题，普京开始强调对总体制度环境的优化：第一，保护所有权；第二，保证竞争条件的平等；第三，保护经营自由；第四，建立国家统一的经济空间；第五，实施社会政策①。资料显示，随着制度环境的改善和优化，企业治理情况和经营业绩有所好转②。

可见，俄罗斯企业制度建设的案例说明，如果制度环境没有依据产权原则、合约原则和法治原则进行相应的优化，真正的企业制度创新就很难发生；当然，如果不考虑本国既有制度环境的异质性特征，企业制度创新也很难获得其"适应性效率"。除此之外也很重要的一点是，由于经济转轨国家的制度创新过程往往由政府来启动、推动甚至主导，政府对自身角色的恰当定位和对自身职能的合理界定也很重要。也就是说，政府一方面要推动制度环境的优化和相应的制度创新，另一方面也要警惕新生私人力量对整体社会秩序可能会造成的破坏。这一点，是西方经济理论和马克思政治经济学所取得的一个共识，对于同样处于经济转轨时期的中国来说尤为重要。

---

① 参见普京 2000 年 7 月 8 日对联邦会议所作国情咨文：《俄罗斯国家：强国之路》。
② 冯舜华：《俄罗斯的股份制和公司治理》，《世界经济》2001 年 11 月。

5.5　开放情境下后发国制度演进的一般规律

基于如上分析，我们认为开放条件下后发国企业制度创新与制度环境演进之间存在某种一般性的规律①。

5.5.1　微观：制度创新的双重标准

制度创新事实上遵循着效率最大化和交易成本最小化的双重标准。看起来这是一般经济逻辑的外在表现，其实它也是在开放情境下引进制度所必需遵循的双重要求。所谓效率最大化，是就国内外相关制度的比较而言，这种比较可能是主动的，但更多的时候是外来的挑战和竞争被动强加的，这是因为一国的制度变迁总存在某种路径依赖的惯性，而这种惯性的产生可能主要来自于利益关系的束缚。所谓交易成本最小化，是就外来制度与旧有制度体系之间的摩擦成本而言，外来的制度，虽然可能符合效率最大化的标准，但却有可能因为与原有制度体系的摩擦成本太高而根本无法生存，因此交易成本最小化也是一条非常重要的要求。

效率最大化和交易成本最小化两种经济逻辑之间的关系是双向互动的，因此两者的均衡是一个非常复杂的过程。这就是说无论是效率最大化的追求还是交易成本最小化的追求，都不仅仅要考虑制度安排或者制度环境本身的现实表现，还要考虑制度安排促进制度环境优化以及既定制度环境要改变制度安排所可能带来的效率或者交易成本的

---

① 更深入的探讨，参见本书第八章在复杂性范式背景下对有关问题的探索。

变动。其结果，效率最大化的追求和交易成本最小化的追求都不可能达到理想的最优而只能是现实的次优，而且这种次优选择本身还是一个变动不居的动态过程。我们进一步用下面的图来进行较详细的描述。

5.5.2　中观：制度安排和制度环境的复杂互动

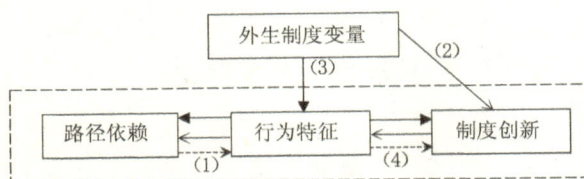

如图所示：这里的所谓"路径依赖"，指的是一国既定的制度历史和环境。所谓外生制度变量，指的是来自外国、效率看来更高的特定制度安排比如公司治理的最新理念和有关做法，当然，与其所表现出来的普适性不同，其已经被深深打上外国异质性制度环境的烙印。所谓"行为特征"，指的是生活于特定制度环境之中，其选择集已经被限定，其理性已经被修改了的"异质性"经济人。所谓"制度创新"，包括两个方面的内容，一是外生制度引入以后对于引入国制度环境的基础性要求；二是引入国自身固有制度环境可能会给外生制度打上的独特的烙印。

现实中的情况远较图中所示复杂，这里所展示出来的四条作用路线仅仅是最基本的，比如制度和经济绩效之间的关系就没有显示在内，事实上在这一过程中只能实现相应约束条件下的"适应性效率"。在奉行个体主义方法论的新制度经济学当中，制度创新仅仅意味着原子式经济人之间博弈制衡产生出来的同质化的制度安排，但在这里就不同了。如线路（1）所示，经济人生活于具有锁定效应的制度演进路径当中，不论是客观上的选择集还是主观上的选择理性都在极大程度上受制于特定的制度环境，由于"路径依赖"，由经济人之间博弈制衡而生的制度安排也必然会在很大程度上是对原有制度的复制，从而很可能会深陷低水平均衡的陷阱中而难以自拔。但当外生制度变量由于自身的效率优势而终被引入的时候，如线路（2）和（3）所示，与之相关的经济人将逐步具有新制度安排所要求的某些特征，同时这种新质的制度模块也必然要求其他制度模块对其的支持和契合，结果是既有的制度环境被迫发生有利于这种外来制度的变化。但事实上，外来制度并非总能够生存下来并发挥出其自身的效率优势，这是因为既有制度环境的势力是如此根深蒂固以至于很难急切发生大的变革，并且旧制度环境当中还有相当部分本身即具有终极性的意义因而根本无法改变，在这个时候，往往与第（1）、（3）线路重合的制度变迁的第（4）路线就出现了。也就是说，为了尽量减小异质性制度之间的摩擦的交易成本，新制度要根据旧制度环境的要求相应对自身进行必要的变异，最终产生出一种能够效率最大化和交易成本最小化双重追求"均衡"的崭新制度形式。

5.5.3 宏观：整体制度演进的一般趋势

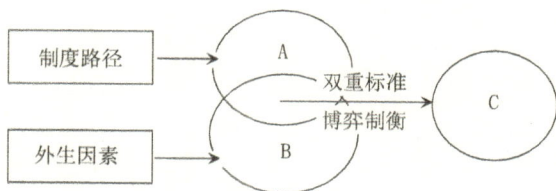

如图：在开放的情境尤其全球化条件下，一国制度变迁既不会继续依赖固有的路径 A，也不会完全被外生制度因素 B 所同化，而是经过复杂的制度创新过程达到一种新的制度均衡 C。也就是说，即使在

全球化情况下，制度的多样化演进仍将持续而不会简单的均质化①。

由此我们看到，在开放的情境下，一国制度变迁将遵循效率最大化和交易成本最小化的双重标准，经历一个双向互动的制度创新过程，突破原来低水平制度均衡的"锁定"，建立起一个兼具传统制度与外来制度特征但又异于其中任何一个的新制度系统，并实现制度之间的高度契合或均衡，最终走上制度演化的良性循环的轨道。

需要特别指出的一点是，尽管政府本身也是改革的对象，但是整体制度变迁过程中政府作为制度创新主体的作用举足轻重。下文的分析将继续证明，无论是对制度环境的"逆向制度修正"，还是整体制度的"顺向制度演进"，总体而言在制度演化的复杂适应性过程中，其间都离不开政府的"建构理性"及积极主动的参与。显然，这是与作为新自由主义的制度经济学的理论主张有所不同的地方②。

---

① ［日］青木昌彦：《比较制度分析》上海远东出版社 2001 年版，第 391 页。在本书第四章第三节有所论述。

② 当代制度经济学研究的两条主线，即科斯的制度经济理论和凡勃伦与哈耶克的制度经济理论，在本质上都是新自由主义的。前者可称为"理性型新自由主义经济学"，后者可称为"自发型新自由主义经济学"。新自由主义经济学主张，私有制以及建立在劳动分工基础上的互利互惠的商品交换是人类的道德伦理、经济繁荣以及人类幸福的基础，政府惟一的职能就是保护私有财产、私人产权以实行与之密不可分的市场经济；并认为，财产私有、政治民主与资本雇佣劳动三位一体是一个民主社会的合理且有效的制度结构。显然，这种观点较多偏颇之处。参见米塞斯：《自由与繁荣》，中国社会科学出版社 1994 年版，第 26 页。

第六章　解读中国的现代企业制度建设（Ⅰ）：逆向制度修正

　　企业制度本质上是一种"内部规则"，企业制度要想免受"外部规则"的异化而按照自身的逻辑持续展开和成长演进，制度环境对产权原则、法治原则和合约原则的遵循是基本的制度基础和前提条件。而我国古代历史中的制度环境在这三个方面均存在致命或严重的缺陷，由此导致现代企业制度①未从中国历史自发创新而不得不在近现代走上了一条制度模仿和推广的强制性制度变迁的道路。尽管这条道路可能存在某种"后发优势"，但"历史不可能飞跃"，这并不能替代制度环境的优化。如果制度环境未能根据如上三大原则作出根本的变革，企业不可能真正回归其自身的逻辑，企业制度作为内部规则仍将难以避免遭受外部规则异化的命运，企业制度演进也仍将难以获得可持续性，最终现代企业制度建设难以获得彻底的成功。

　　赋予"宏观制度之维"之后的现代企业理论，用于观照我国企业制度的历史变迁，发现中国的现代企业制度建设首先是一种"过程创

---

　　① 这里所说的现代企业制度侧重于企业制度的一般逻辑。

新"。这就是说，中国的制度环境需要依照三大原则的要求对自身作出相应的优化和改进。在前文论述的基础上，遵循历史与逻辑相统一的原则，我们试图对这个问题作出较系统而深入的解释，并总结出某些具有重要立法或政策性含义的结论性主张。

6.1　现代企业制度何以未从中国历史自发创新

如前述，产权原则、合约原则和法治原则是企业内在逻辑的合理推论。在一定意义上，对企业成立即可持续演进的必要制度前提的满足，其实也就是在进行现代社会基本制度平台的建构，以及现代社会基本精神理念的启蒙。这似乎是老生常谈了，但对于中国而言却具有鲜明的时代意义。

在中国历史上，韦伯意义上的"政治资本主义"往往可以得到相当程度的发展①，而"企业资本主义"则难以生存，即使有所成就也无法得到较大程度的拓展。史实表明，在中国，商人和企业家如果得不到官方支持就无法兴旺发达，即使发了财的人，也宁将财富用于购置地产和兴办教育，而不投资发展早期产业②。结果，虽然在历史上的许多时期，原始企业不可胜数，市场交易异常活跃，但现代意义上的企业制度和市场经济体制，毕竟没有最先从中国诞生。原因何在？

从企业制度与制度环境双向选择的动态均衡关系的角度，我们尝试给出一个新的解释性框架。

---

① 滕祥志：《韦伯论中国社会与宗教》，《北京行政学院学报》1999 年第 3 期。
② ［美］肯尼迪：《大国的兴衰》，中国经济出版社 1989 年版，第 10 页。

6.1.1　产权原则方面的原因

如前述，虽然企业所有权配置是企业制度的核心内容，但是，财产所有权即主要从物权角度来理解的产权，才是企业制度赖以成立的真正前提。也就是说，各生产要素必须有其人格化的代表，或者，社会财富必须在社会成员之间进行明确的和排他性的分配。所谓"有恒产者有恒心"，在这个基础之上，经济人理性才得以确立，产权交易才成为可能，获利的预期才会变成确切可把握的现实，企业制度创新也才获得了坚实的微观基础。张维迎曾提出"国家所有制下的企业家不可能定理"[①]，认为企业家是一种特定的财产关系（即私有财产关系）的产物，没有这样的财产关系，就不可能有真正的企业家，即是对产权原则的一种表述。

同西方国家从 18 世纪初就逐步形成并长期延续下来的产权制度不同，中国历史上一直比较缺乏明确界定且稳定的产权关系。从最一般的意义上讲，所谓"普天之下，莫非王土；率土之滨，莫非王臣"，社会财产从来都是属于当权者的私有之物，而种种人身依附关系的存在也导致了一般民众独立人格的缺乏。即使在每朝开国伊始，人们往往会获得土地或者其他形式的财产，并具有某种形式和某种程度上的剩余索取权，但随着政府初期政策"无为"和"休养生息"色彩的逐渐淡化，产权关系不断受到权力的侵蚀，产权边界不断进行重新界定，资本（生产要素）分布呈现两极分化的态势（同质性人力资本—物质资本和异质性人力资本），"均贫富"和"耕者有其田"的口号被一再提出，以大规模的社会冲突为表现形式的产权关系重新安排的过程一次又一次地复

---

① 张维迎：《企业家与所有制》，载《企业理论与中国企业改革》，北京大学出版社 1999 年版。

制，于是，社会也就一次又一次地退回到最初的起点。当然，以产权交易为基础的企业制度，虽然也可能曾经创新过原始的表现形式，但由于难以获得可持续的演进，现代企业制度始终无法产生。

6.1.2　合约原则方面的原因

如前述，合约原则是企业制度的深层精神实质。这主要包括两重含义，一方面，当产权界定明晰时，在长期的博弈过程中，产权的平等交易就会取代产权的异化流动方式甚至产权的侵蚀和掠夺而成为产权主体面临约束条件下的必然选择，所有权也才可能以一种被扬弃了的产权形式，从简单人与物关系的领域进入到人与人关系的领域，作为一种制度安排发挥着优化资源配置的作用。另一方面，与此相适应，"平等"、"自由选择"、"合意"和"共赢"等普遍主义的信用和理念，应当是得到大多数人认同并遵循的社会精神。

与西欧不同，中国自古以来就缺乏平等的契约关系和理念。恰恰相反，取而代之的，是普遍存在的身份关系以及与此相适应的强调尊卑上下、带有浓厚"亲亲色彩"的礼治社会秩序和精神。如费正清和赖肖尔所指出的，西周的封建主义与西方的封建主义确有某些相似之处，但实际内涵可能相差甚远，它主要依靠血缘的和非血缘的亲属关系纽带来进行有效的控制，其次才依靠封建的法律准则①。之后，中国社会经过迅速的分化整合，社会开始成为分散的个人的集合而与中国独特的官僚政治体系相对应，形成一种独特的官民二重结构，并一直持续许多个世纪。与此对应，我国古代契约具有如下特征：（1）国家对契约管制严厉；（2）国家用刑罚方式和刑罚手段调整契约法律关系；（3）契约主体的权利没有保障；（4）权利主体的人格异化；（5）契约内容具有片

---

① ［美］费正清等：《中国：传统与变革》，江苏人民出版社1995年版，第32页。

面性；（6）契约直接服务于人身依附关系；（7）契约主、客体都受到了严格的限定。由此可见，中国古代契约制度很不发达，契约徒具形式，缺乏现代契约精神①。

与此相适应，一方面，获益机会主要分布于社会身份上层的状况，再加上缺乏保护装置的产权结构，决定了社会成员（士农工商）的行为选择与社会资源的流向。如我们所看到的，在历史上拥有异质性人力资本的"士"和拥有物质资本的"商"，他们都少有将自有资源或生产要素投向经济生产方向的激励，而是主要用之于与身份上层结构有关的各种渠道（如科举、红顶子商人对官府庇护的寻求等）。另一方面，在特殊主义大行其道的"差序社会"中，人们彼此认定的都是具体的人，而不是什么一般性的原则或法律条文。或如韦伯所说，在中国，作为一切买卖关系之基础的信赖，大多是建立在亲缘或类似亲缘的纯个人关系的基础之上的。结果政治与经济组织形式的性质完全依赖于个人的关系，以至于所有的共同行为都受纯粹个人关系尤其是亲缘关系的包围与制约。这暗喻着：（1）身份是决定企业所有权配置结构的关键标准；（2）纵向的身份导向和交往占据主导地位；（3）横向的经济导向和交往也受到了家族制度的约束与牵制；（4）分配性的努力大于生产性的努力。

可见，对于古代中国的企业来说，身份原则的泛滥和合约原则的缺失，造成了企业性质的异化，是阻碍其组织演进和制度创新的巨大约束力量。

6.1.3 法治原则方面的原因

如前述，法治原则包含有两重相互联系的含义：其一是指产权保护

---

① 肖传林：《略论中国古代契约的特点》，《湖北大学成人教育学院学报》2001 年第 6 期。

和契约实施是以国家强制力为后盾的法律来实现的；其二是指国家也必须在"良法"的框架内活动。

根据诺思的考察，古代西方经济史的核心就是发展中的政治结构和纳入罗马法的产权的相应演变。这种传统在欧洲大陆一直保留到现在。他认为："伴随着这种政治转变的是罗马法的发展与日益完善，这种法律是确立在要素和产品市场的排他性个人产权基础上的①"。泰格和利维在专门研究法律与资本主义兴起之间的关系时发现，商人阶级随着实力的不断壮大，其拓展活动领域的要求也日益强烈，特别是其产权保护需求迅速扩大，相应的法律体系也就应运而生②。结果，产权结构和法律制度一同奠定了西欧资本主义发展的基础。

可是，古代中国历史上几乎不存在旨在保护产权和调整经济生活的法律框架。这并不与古代中国存在的繁复的"严刑酷法"相矛盾。布迪的研究③表明，中国古代的法律（成文法）完全以刑法为重点；对于民事行为的处理，要么不作任何规定，要么以刑法加以调整；保护个人或团体的利益，尤其是经济利益免受其他个人或团体的损害，并不是法律的主要任务；而对于受到国家损害的个人或团体的利益，法律则根本不予保护。可以说，在古代中国，法律的基本任务是政治性的，是国家对社会和个人施行更加严格的政治控制的手段。事实上，在"均田制"、"均贫富"的普遍理想和改朝换代之际常对土地进行大规模重新分配的实践背后，掩盖的是没有保护装置的残缺产权结构。既然产权缺乏法律的有效保护，既然国家是一种超越于法律之上的存在，财产所有权都无法得到保障，企业所有权更无从谈起，那么，社会的技术进步、投资愿望就会受到遏制，"小富即安"就成为一种普遍的理想，企业组织的演进和制度创新也就因此而面临强大的约束力量。

---

① ［美］诺思：《经济史中的结构和变迁》，上海人民出版社 1994 年版，第 123 页。
② ［法］泰格、利维：《法律和资本主义的兴起》，上海学林出版社 1996 年版。
③ ［美］布迪：《中华帝国的法律》，江苏人民出版社 1995 年版。

6.1.4　总体评价

由上可知，在古代中国，企业制度赖以成立及可持续演进的必要制度前提条件并不具备。事实上，古代中国在三大原则方面的状况也是相互渗透和相互支持的，结果使整体制度陷入一种低水平均衡的陷阱而难以自拔。就企业本身来讲，企业成长、企业组织演进面临来自内、外部的诸多约束，作为内部规则的企业制度创新的"内生过程"无法获得坚实的微观基础，并且也不可能进行可持续的演进和拓展。其结果，在周期性的社会动荡中，企业组织生生灭灭；在一次又一次的制度颠覆和重建过程中，很少有新制度增量的产出和积累，原始企业制度重复循环，现代企业制度无从创新。

产生这一后果的直接原因是古代中国那种独特的低水平制度均衡。（1）中国古代的历史，在很大程度上是一个外部规则统御整个社会的历史，外部规则和内部规则对比一直是一种非常不对称的状态。借助于国家所垄断的至高无上的"暴力潜能"，外部规则可以轻而易举地得到推行、贯彻甚至泛滥，无处不在；同时由于上述三种原则的欠缺，人们不仅在经济上失去了赖以独立的基础，而且也很难拥有独立的人格，这就使内部规则的创新和演化失去了必需的微观基础和博弈制衡的动力源泉。（2）同样以国家强制力为基础，意识形态等非正式制度在规范人们行为和协调利益矛盾当中发挥了主要的作用。毫无疑问，非正式制度作为一种交易成本节约机制与使经济体制可行的社会稳定要素，为任何社会所必需。但问题在于，在不同的社会当中，非正式制度发挥作用的程度、次序或者地位是不同的。在西欧，除了国家的直接控制以外，以产权原则、合约原则和法治原则为基础的市场制度等为主体的正式制度安排是用以规范人们行为和协调利益矛盾的主要手段。但在古代中国，不仅其"礼"的精神和规范全面渗入日常的社会生活，而且甚至逐渐融人法典，导致了法律的儒家化。据考证，这一过程始于汉代，完成于653 年颁行的《唐律》。这样，儒家的道德习俗（礼）以实在法（法）的形式存在，具有了正式的法律效力；实在法作为自然法（礼）的具体化，又发挥着道德规范的作用①。结果，古代中国社会几乎完全交由儒家意识形态即非正式制度来调控。

制度演进路径虽然是历史上的客观存在，制度也通常表现为规范人的行为的外在约束力量，但是制度本身从终极意义上讲却是人们创造的结果。更考虑到制度变迁的财富效用和溢出效应，我们有充分的理由相信，在制度变迁背后必然存在着更深层次的有关利益博弈的因素。在现代社会，制度变迁过程往往是一个在政治市场上发生的公共选择过程；而在古代中国，制度变迁过程主要是一个社会与国家（政府）之间的非对称博弈过程。分析表明，与西欧历史上的社会三重结构不同，中国社会自古以来就是一种二重结构：一方是垄断了暴力潜能的国家及其规模庞大的官僚体制，另一方是分散且没有完全独立的民众阶层。由于缺乏独立的人格和一个中间阶层，这种严重不对称的社会格局就必然会造成外部规则严重侵蚀内部规则的非均衡制度格局。由于非均衡能量长期不断积累且得不到中间阶层的有效缓解，结果，遵循同样的逻辑，从一个极端振荡到另外一个极端，大规模的社会变迁过程周而复始，制度复制而不是制度创新的过程反复上演，因而中国历史长期停滞不前，没有像西方国家那样内生出现代企业制度②。

---

① 干春松：《制度化儒家及其解体》，中国人民大学出版社 2003 年版。
② 制度结构与社会结构之间应该是互为因果的关系。参见张杰：《二重结构与制度演进》，《社会科学战线》1998 年第 6 期。

6.2 对改革开放以来企业制度变迁的解释

表面看来中国企业制度变迁以改革开放为界分为前后不同的两个阶段，事实上一方面企业制度创新同宏观制度环境变迁密切相联，另一方面企业制度创新也从未摆脱中国长远历史演绎的固有逻辑。所不同的只是内部规则和外部规则之间的博弈格局正在发生质的变化，制度环境的优化从最初的自发进行而越来越具有自觉和主动性。相应地，经济绩效也得到了显著的提高。

6.2.1 表象：企业发展与国家政策的对应关系

改革开放以来企业制度创新最主要的内容或最突出的特点有两个：一是新制度增量地位的逐步确立，即民营经济的崛起，打破了国有经济一统天下的局面并逐步与之分庭抗礼；二是旧制度存量对自身的边际修正，即国有企业本身也在不断地对自身制度进行创新和改革。

民营经济的发展壮大举世公认。统计资料表明，非国有经济从最初的微不足道越来越广泛地进入了国民经济的各个主要领域。2003 年 11 月，全国的民营经济已经占有国内生产总值的 1/3 以上，每年 GDP 增长的七成依靠民营经济的增长。据统计全国有私营企业 243 万户，个体户（雇工 8 人以上）2400 多万户，就业人数超过 8000 多万人，加上三资企业、乡镇企业，整个民营经济这一块的就业人数达到 2.3 亿人，而同期国有企业职工则大量下岗。民营经济实际上成了中国经济发展的主要推动①。无疑这同建国初期国有经济一统天下的局面相比是一个质的飞跃。

应当指出的是，这并不仅仅是一组经济发展程度的统计数据，而是反映了企业新制度增量的发展壮大。其中，最具有标志性意义的事件是民营企业的发展壮大及其制度的创新和完善。新中国成立以来，中国民营经济发展经历了七个时代，它们分别是：（1）1949～1979年，濒亡时代。（2）1979～1982年，萌芽时代。（3）1982～1988年，观望时代。（4）1988～1997年，承认时代。（5）1997～2001年，确认时代。（6）2001～2002年，鼓励时代。（7）2002年至今，求同时代②。作为企业新制度增量创新和积累过程的非国有经济发展历程，是同党和政府对其态度的逐渐转变密切相关的。事实上，在对待非公有制经济的问题上，经历了一个认识不断深化和制度环境逐渐宽松的过程。只是自20世纪80年代起，非国有经济发展才开始受到不同程度的鼓励。其过程如下：（1）1982年，中共十二大报告提出："在农村和城市，都要鼓励劳动者个体经济在国家规定的范围内和工商行政管理下适当发展，作为公有制经济的必要的、有益的补充。只有多种经济形式的合理配置和发展，才能繁荣城乡经济，方便人民生活。"（2）1984年，中共十二届全会《决定》指出："我国现在的个体经济是与社会主义公有制相联系的，不同于资本主义私有制相联系的个体经济，它对于发展社会生产、方便人民生活、扩大劳动就业具有不可代替的作用，是社会主义经济必要的有益的补充，是从属于社会主义经济的。当前要注意为城市和乡镇集体经济和个体经济的发展扫除障碍，创造条件，并给予法律保护。"（3）1987年中共十三大报告称："社会主义初级阶段的所有制结构应以公有制为主体。目前全民所有制以外的其他经济成分，不是发展得太快

---

① 参见《民营经济不是可有可无》，《湛江日报》2003年11月30日。
② 参见《智囊》财经报道，2003年第8期。

了，而是还很不够。对于城乡合作经济、个体经济和私营经济，都要鼓励它们发展。"（4）1992年中共十四大报告提出："在所有制结构上，以公有制包括全民所有制和集体所有制为主体，个体经济、私营经济、外资经济为补充，多种经济成分长期共同发展，不同经济成分还可以自愿实行多种形式的联合经营。"（5）1993年党的十四届三中全会《决定》指出："坚持以公有制为主体、多种经济成分共同发展的方针。在积极促进国有经济和集体经济发展的同时，鼓励个体、私营、外资经济的发展，并依法加强管理。随着产权的流向和重组，财产混合所有的经济单位越来越多，将会形成新的财产所有结构。……国家要为多种所有制经济平等参与市场竞争创造条件，对各类企业一视同仁。"（6）1997年中共十五大，将非公有制经济的地位提升到我国社会主义市场经济的重要组成部分，确认了利用一切符合"三个有利于"的非公有制经济为实现现代化服务的原则。（7）1999年，我国《宪法》写入了"个体经济、私营经济等非公有制经济，是社会主义市场经济的重要组成部分"的内容，并明确提出："国家保护个体经济、私营经济的合法的权利和利益"。（8）2000年10月，中央关于制定国民经济和社会发展第十个五年计划的建议中，又明确指出，"要为各类企业发展创造公平竞争的环境，支持、鼓励、和引导私营、个体企业尤其是科技型中心企业健康发展"。（9）2002年中共十六大报告指出："……必须毫不动摇地鼓励、支持和引导非公有制经济发展。……坚持公有制为主体，促进非公有制经济发展，统一于社会主义现代化建设的进程中，不能把两者对立起来。各种所有制经济完全可以在市场竞争中发挥各自优势，相互促进，共同发展①。"而中共的十七大，则更被指"为民营经济带来（了）难得的发展机遇②"。

---

① 参见《智囊》财经报道，2003年第8期。
② 参见《十七大为民营经济带来难得的发展机遇》，http://www.ycwb.com/myjjb/2008 -04/14/content_1862627.htm,2008年4月14日。

　　同非国有经济的顽强发展壮大形成鲜明对比，经济实践的发展逐步暴露出传统国有企业制度的弊端和经济效益低下的事实，因而改革势在必行。负重前行的国有企业制度改革经历了一个漫长且复杂的过程。这一过程主要包括这样几个阶段：（1）放权让利阶段（1979～1984）。这一阶段国有企业改革的主要思路是认识到我国经济管理体制权力过于集中的弊端，应该让地方和工农业企业在国家统一计划指导下享有更多的经营管理自主权。这一阶段国有企业主要进行了扩大企业自主权和利润留成的试点工作。（2）利改税阶段（1984～1987）。这一阶段国企改革的主要意图在于，重新调整国家和企业之间的利益关系，解决放权让利阶段出现的国家财政收入减少、财政赤字增加的问题，克服国有企业增加了的代理人短期行为以及代理人和中间委托人、职工合谋侵占初始委托人利益的现象。为此，分别进行了采取利税并存和完全以利代税的两步利改税改革。（3）承包经营阶段（1987～1992）。这一步国企改革措施在很大程度上是源于农村家庭联产承包责任制的成功，也可以说是在利润留成和经济责任制的基础上发展起来的，是放权让利改革的延续。其主要内容是通过承包合同的方式，理顺国家和企业之间的分配关系，促进企业所有权和经营权的分离，形成既有动力又有约束力的企业利益机制，赋予企业更多的经营自主权，增强企业活力。（4）股份制试点和现代企业制度建设阶段（1992至今）。这一阶段措施是国企改革由经营层面向所有权层面深化的逻辑延伸。虽然事实上早在20世纪80年代在采取放权让利和承包经营等改革措施的同时，我国的部分国有企业就已经开始了股份制的初步尝试和试点工作，但严格意义上，1992年以后我国国有企业改革才正式进入了股份公司制改造的新阶段。这一阶段国企改革的主要目标是建立现代企业制度，也就是说要确立企业的法人财产制度，使企业真正成为享有民事权利、承担民事责任的法人，做到自负盈亏和自我发展。其主要内容包括，按照不同产业和企业规模采取多种方式，实行公司制、股份合作制，或按照抓大放小的原则出售给集体和个人实行民营化，这些都是建立现代企业制度的有益探索，同时还要进行转变政府职能、建立社会保障制度等配套措施的改革。与相应的政策调整对应，在改革的不同阶段，国有企业治理结构也表现出不同的特征①。

可以看出，无论是非国有经济的顽强发展亦即企业新制度增量的创新和积累，还是国有企业自身的改革亦即旧制度存量的边际修正，其过程都贯穿着一条主线就是我们通常所说的"政企分开"，这与经济发展史上政府与市场之间关系这样一条主线遥相呼应，也反映出了市场发育和企业制度变迁的一致性和关联性。在非国有经济的发展方面，虽然政府的态度在很大程度上决定着非国有经济的发展程度和进程，但从源头上追溯也可以说是非国有经济作为（内部规则）新制度增量而言无可质疑的高效率和难以遏制的生命力推动了政府固有消极态度进而制度环境的缓慢而有利的变化；在国有企业自身的改革方面，政企分开本身就是其中一个基本的原则，国有企业改革的基本趋势也正是政府逐渐退出和企业逐渐回归其自然逻辑的过程。

6.2.2 本质：内部规则与外部规则的互动逻辑

对于改革开放以来这种以处理好政企关系为主线、以非国有经济发展壮大和国有企业自身改革为主要内容的制度变迁过程，不同学者依不同的理论框架有不同的理解。比如杨瑞龙提出并论证了"中国经济制度变迁三阶段论"和"中间扩散型制度变迁方式假说②"，认为中国经济制度变迁的现实路径是，由改革之初的"供给主导型"制度变迁方式逐步向"中间扩散型"制度变迁方式转变，并随着排他性产权的逐步

---

① 嵇世卿：《现代公司治理结构：制度变迁与现实选择》，《江苏社会科学》1999 年第 2 期。

② 杨瑞龙：《我国制度变迁方式转换的三阶段论》，《经济研究》1998 年第 1 期。

建立，最终过渡到"需求诱致型"制度变迁方式。相应的"第一行动集团"分别是"权力中心"即中央政府、地方政府和微观主体即企业或个人；黄少安教授提出了"多元制度变迁主体及其角色转换假说"，即认为制度变迁是一个多元主体共同参与进行的过程，这一过程中由于利益关系这样一个关键变量在不同阶段的不同表现，因而同一主体在制度变迁过程当中的角色和作用可能会发生前后不同的变化，不同制度变迁过程中起主导作用的主体也不相同①；也有学者对改革不同阶段政企关系演变的逻辑作了直观的分析说明②，如下表所示：

政企关系分阶段演进表

阶段 项目	第一阶段	第二阶段	第三阶段
变迁内容	管理权限的再分配	地区内产权关系调整	跨地区产权关系调整
变迁主体的创新动机与能力	以中央政府为主	以少数具备动机与能力的地方政府为主	以新体制运作的企业推动为主
不同主体间的关系安排	中央政府与地方政府的关系	地方政府与其所属企业之间的产权关系	已改制企业与需要改制企业的关系；需要改制的企业与当地政府之间的关系
变迁方式	强制型制度变迁	诱致型制度变迁	诱致型制度变迁
阶段特征	行政性分权为主	试验性改制为主	市场化扩散为主

我们认为，改革开放以来企业制度的变迁过程，事实上是中国固有制度变迁路径的延伸，是内部规则与外部规则均衡与冲突逻辑在企业制度变迁过程中的显现。只不过，在崭新的时代背景条件下，内部规则与外部规则之间的均衡关系正在发生质的跃升，企业也在中国历史上第一

---

① 黄少安：《制度变迁主体角色转换假说及其对中国制度变革的解释》，《经济研究》1999 年第 1 期。

② 王珺：《政企关系演变的实证逻辑》，《经济研究》1999 年第 11 期。

次开始获得带有某种主导性质的地位。

"中国制度变迁过程的特殊性在于改革伊始外部规则几乎覆盖了整个社会，因此改革本身也就表现为对自身规则的调整。这意味着要理解中国的改革过程，必须首先理解政府的行为[①]。"这同样适用于解释企业制度的变迁。改革之初国有经济一统天下，而事实上并不存在真正意义上的企业，现实中的国有企业普遍带有典型的"单位"性质，契约关系资源极端稀缺，其制度安排完全取决于国家战略的需要和政府的主观设定，事实上是一种外生性的"外部规则"。给定政府行为的经济人假设前提，政府直接介入企业制度创新并不是因为要供给有利于企业经济绩效提高的新制度安排，而是在寻求更能实现自身租金最大化或者说对自己更有利的外部规则。在政府拥有强大资源优势和特定历史条件下，政府主导的强制性制度变迁可能与社会福利的改进具有某种程度上的一致性。但由于政府和社会公众对效用理解的不一致性以及其各自选择理性的本质不同，一方面政府按照自己的理解推行的新规则很有可能会损伤社会公众的效用最大化，另一方面政府也不可能替代社会公众创新出具有最大程度"一致性同意"进而更高效率的制度来，再加上开放世界中不同国家制度和经济发展状况的横向比较和竞争，一个足够明智的政府总会逐渐重新定位自己的角色，退出直接的制度创新过程，而把制度创新的权力和职能逐步下移到地方政府直至企业自身。在这里，地方政府进入制度创新领域可以说是"外部规则"之间的竞争，那么企业逐渐进入制度创新领域则意味着"内部规则"和"外部规则"之间的竞争。"政企分开"作为改革开放以来中国企业制度变迁主线的事实，以及关于由中央政府和地方政府分别代表国家对国有资产履行出资人职责和义务并享有所有者权利的改革实践，对此提供了实证的检验和生动的证明。上述"中国经济制度变迁三阶段论"和"多元制度变迁

---

① 周业安：《中国制度变迁的演进论解释》，《经济研究》2000 年第 5 期。

主体及其角色转换假说"，事实上也正是对这一过程的形象描述。

上述分析似乎表明政府的逐渐退出和外部规则自身的演化是中国制度变迁进而企业制度变迁的核心内容，至少表面看起来是如此。事实上，如果一个社会的制度变迁过程仅仅寄希望于政府自身是否足够的明智，我们毋宁说这个社会已经失去了希望。因为在一定程度上，政府缺乏的从来都不是理性，而只是对于利益的超脱程度，但对于经济人假设下的政府来说这又怎么可能呢？于是普遍存在的是理性被利益蒙蔽了的政府亦即"被利益俘获了的政府"，即使在一个开放和竞争的世界上也很难避免。事实上，外部规则对社会秩序的作用并不是主要的，更重要的是内部规则的推动，"众多的制度变迁案例几乎共同反映出中国的制度变迁表面看似乎是外部规则的演进，其背后却是内部规则的自发演化。并且这一自发秩序带来了持续的经济增长。"我国改革开放以来企业制度的变迁也是如此。一方面，非国有企业特别是民营企业发展作为新制度增量的创新和积累并不是政府的本意，相反政府在很长一段时间内对此持歧视性的消极打压态度，甚至现在非国有经济都还没有真正获得同国有企业相比平等的竞争地位，后来政府政策的逐步放松只不过是顺应非国有经济发展这一不可逆转的历史潮流并把其能量逐步释放出来的过程。另一方面，在国有企业的改革方面，虽然是政府在很大程度上发挥着主导性的作用，但企业治理当中其他利益相关者的逐渐参与和谈判地位的逐步提高说明，国有企业改革本身已经不再是一个纯粹的外部规则的自发调整过程，当中开始出现内生性的制度安排。并且，随着国有企业改革的逐步深入，塑造国有企业为严格意义上的经济行为主体亦即真正"企业"的重要性也越来越凸显。这都充分地证明，"内部规则和外部规则的冲突及其导致的外部规则的逐步退却[①]"，构成了改革开放以来中国企业制度变迁的主旋律。

① 周业安：《中国制度变迁的演进论解释》，《经济研究》2000 年第 5 期。

　　当然，外部规则和内部规则之间也并非完全都是紧张或者冲突，两者也存在相互促进的关系。事实上，任何一个社会其制度系统都代表了外部规则和内部规则的某种均衡，只不过更多的时候政府因素的强力参与会影响到内部规则自发演化，并且中国的制度变迁路径和制度环境更缺乏的是内部规则而已。

　　毫无疑问，在内部规则与外部规则之间的博弈过程中，同历史制度演进路径相比，现代中国整体制度均衡格局正在发生着质的变化，其突出的标志是内生性的制度安排或者内部规则开始在企业制度创新当中发挥着主导性的作用，其直接的表现就是非国有经济特别是民营企业的迅猛发展和国有企业自身改革的深入进行，也就是说企业开始回归其自身的逻辑并在此基础上进一步演化。在加入 WTO 的情况下，世界市场上的激烈竞争也将大大推动这一进程。然而我们看到，中国制度变迁中内部规则的演进尚缺乏坚实的基础。这表现在现代企业制度创新过程中，一方面我们还常常看到政府不应该出现的身影，另一方面由于企业成立的必要制度前提没能得到充分的满足，对于塑造真正意义上企业的目标，中国的现代企业制度建设尚有差距。历史发展早就反复证明，缺乏必要制度前提的支撑而仅仅靠政府自上而下政策的放松对内部规则演进的推动作用是非常有限的，并且也往往是不可持续的。古代中国存在大量的市场交易行为却没能产生现代意义上的市场经济，不乏古典企业的存在却没能创新出现代企业制度，还有周期性的制度循环过程就是明证。尤其是在激烈竞争的世界市场上，相对于兵临城下时的被动仓促调整，以一种主动的姿态尽快根据企业的自然逻辑优化制度环境，不仅可以少付出高昂的制度摩擦成本，而且还有利于企业根据具体的情境迅速内生出最具有"适应性效率"的制度安排，从而在总体上提高我国企业的综合竞争能力。

6.3　根据企业自身的逻辑优化我国制度环境

分析表明，古代中国社会其制度均衡的突出特点是：外部规则统御内部规则，人为秩序异化自然秩序。在这样的制度环境中，企业制度作为一种内部规则赖以成立和可持续拓展的必要制度前提并不存在，不能获得持续性的创新和拓展，因而现代企业制度无从产生。而在新中国成立以后特别是改革开放以来，虽然我国企业制度创新的历程表明内部规则和外部规则均衡与演化的格局正在发生着质的跃升，但由于企业制度创新制度条件的不够充分，不仅改革的进程时刻存在不应该有的干扰和逆转的风险，而且企业也不能充分提高自身的综合竞争能力来有效应对WTO框架下国际市场上的严峻挑战。下文的内容，我们对企业制度赖以运行的三个基本原则的状况做具体的考察，并试图提出若干建设性的和有针对性的对策或建议。本质上，这是一个依据企业内在逻辑而对外部制度环境进行选择和优化的"逆向制度修正"过程①。只不过，这一过程正在由其最初的自发和被动进行而越来越带有自觉和主动的性质。

6.3.1　产权原则状况及对策

如前述，企业制度创新的产权原则要求各生产要素必须有其人格化的代表，或者，社会财富必须在社会成员之间进行明确的和排他性的分配。但是，从历史上看，同西方国家从18世纪初就逐步形成并长期延

---

① 前因后果，据果溯因，所以为"逆向"。参见周小亮：《市场配置资源的制度修正》，经济科学出版社1999年版，第244页。

续下来的产权制度不同，中国历史上一直比较缺乏普遍、明确界定且稳定的产权关系。从现实角度看，目前我国的民营企业和国有企业都存在比较严重的产权问题。

从私有产权角度来看，同西方国家个人主义的意识形态与理性经济人的行为假设、私有产权制度、市场运行机制三者之间严密的逻辑关系和共同演进的历史进程不同，同中国私营经济是在中国渐进式改革过程中由制度调整和修正而留出的体制缝隙中得到再生的独特情况相适应，中国私有产权是经济制度修正的产物①。虽然，经过对宪法的多次修改，我国私有产权逐步确立了其合法地位。但是，同我国非国有经济特别是民营经济对经济发展所作出的贡献以及其未来的发展趋势相比，我国私有产权制度发展明显不相适应。中国企业平均寿命较低以及民营企业发展过程中的所谓"3·5·8"现象，就是由于产权制度滞后给企业发展所带来的消极后果之一②。这主要表现在：（1）私有产权存在和发展的理论基础不足。私有产权的存在和发展在西方社会基本上是一个不证自明的前提假定，而对于中国私有产权和经济制度之间的逆向变迁关系来说，无论是西方经济学还是传统的马克思主义政治经济学都解释乏力。（2）私有产权在市场经济制度当中的非主体性。（3）私有产权法律保护的不完善性。（4）私有产权自身存在诸多缺陷或者不足。由于中国的私有产权长期在体制外成长，其往往以扭曲或者变异的形式存在，因此存在诸多缺陷。其主要表现包括：私有产权掺杂家族关系界定不清；私有产权的"红帽子"现象十分普遍；私有产权的封闭性格和宗法性色彩显著等。

从国有产权的角度来看，国企产权不清或不合理早已是众所周知久

---

① 木志荣：《中国经济制度和私有产权的逆向变迁》，《嘉应大学学报》2002 年第 4 期。

② 参见潘石：《产权创新：中国私营资本企业可持续发展的基础和关键》，《天津社会科学》2003 年第 6 期；鲁德银：《产权制度的变迁与民营企业的成长》，《企业经济》2003 年第 2 期。

拖难决的一个老大难问题，如果说国企改革是中国经济体制改革的核心内容，那么产权问题则是国企改革所要解决的关键问题。从我国所提出的现代企业制度建设的基本要求来看，"产权清晰、责权明确、政企分开、管理科学"都同产权问题密不可分；从对国有资产改革所提出的关于中央政府和地方政府分别代表国家对国有资产履行出资人职责和义务并享有所有者权利的措施来看，这种改革思路实质上主要是针对国有企业产权不清问题而推出的。

从私人产权与国有产权之间的关系来看，生产性努力和贡献与产权地位的明显不对称是两者关系的基本状况。比如说，不仅国有经济的基数远大于私有经济部门，在我国的银行系统中，80%以上的金融资源也都分配给了国有部门，除此之外国有部门还有许多其他的制度和政策的优惠①。但是，国有经济部门的生产性努力和贡献远不如私有经济部门是一个基本的事实。显然，我国的产权和法律制度变革已经严重滞后于经济的实践。而如果国家法律和制度不能代表和保护这些增长着的私人经济活动，那么真实的产权制度就可能在体制外运行。也正因此，我们"既要保护公有财产，又要保护私人财产"②。

我们看到，十六大以来，中共中央建议进一步完善对私有财产的保护。2004年修改后的宪法规定："公民的合法的私有财产不受侵犯。""国家依照法律规定保护公民的私有财产权和继承权。""国家为了公共利益的需要，可以依照法律规定对公民的私有财产实行征收或者征用，并给予补偿。"显然，党中央已经认识到，当经济发展到了一定阶段，对私有财产的保护不仅是经济问题也是一个政治问题，更要从法制的角度去加以解决。我们认为，这一举措对于产权原则的最终实施具有根本性的意义，也是一个非常良好的开端。

---

① 这一点在2009年我国政府投资4万亿刺激经济增长的过程中体现的尤为明显。
② 张军：《产权呼唤法律》，《经济观察报》2004年1月12日。

可见，随着"合法私有财产不受侵犯"第一次写入宪法，在我国产权原则的贯彻和实施已经有了非常好的开端。我们判断，在此基础上我国企业将真正回归其自身的逻辑并不断进行持续的创新与拓展。当然，还有许多具体的工作要做：（1）彻底消除对私有产权的歧视性认识，优化现有的私有产权；（2）制定和完善私有财产保护的相关配套法律，推进产权原则的迅速落实；（3）在产权明晰的基础上，优化国有企业的产权结构，进一步推进和整合公有产权和私有产权之间的关系，提高企业绩效。

6.3.2　合约原则状况及对策

如前述，合约原则是企业制度的深层实质，然而自古以来我国就缺乏平等的契约关系和理念，相反普遍存在的是那种强调亲缘联系、尊卑之分的身份关系和理念，由此给企业成长和制度创新造成了巨大的约束。建国之后，国家占有了资源和生产资料的绝大部分，因此在很大程度上消除了既有宗法血缘地缘身份型社会的经济基础，使社会的合约原则状况有了极大改观。但是，因循我国制度变迁的深远历史路径，同时也是出于对当时特定国际环境和国家发展战略的考虑，我国政府在全社会推行并逐步形成了新的"身份"制度系统。其内容主要包括：（1）城乡户籍身份制度，将人们分为城市户口和农村户口两类；（2）群体身份制度，将城市中的就业者分为干部和工人两类；（3）干部的身份制度，以干部的分层级别作为全社会分层的基础；（4）单位身份制度，不同的单位与不同的身份群体相互对应。这一制度系统的主要特点是：（1）身份制度：社会全部成员依制度化的规则划分为不同身份的社会群体：干部、工人、农民；（2）单位制度：社会成员单位化，单位化程度不同决定在社会资源配置格局中的地位不同；（3）行政制度：科层制组织特有的行政关系随社会成员的普遍单位化而泛布于整个社会。

显然建国以后人际交往之间主要遵循的仍然是身份原则，主要借助于行政关系和单位归属来对经济资源进行配置，并且这种身份原则主要的是一种外部规则，是政府自上而下强制推行的结果，这与合约原则是格格不入的。自改革开放以来，随着我国市场发育的逐步成熟，社会成员的泛单位化和行政身份现象得到根本改观，经济、文化资源的重要性逐渐上升，组织资源的重要性开始下降，能力主义准则开始取代身份主义准则成为人际交往的基本标准。从国民经济的微观基础来看，这主要体现为非国有经济的发展壮大和国有企业自身的制度变革。对于前者来说，其崛起本身就代表了在旧制度体制之外渗透合约原则和精神的新制度增量的自发成长。对于后者来说，其改革虽然在很大程度上还是政府主导的结果，这一过程本身却贯穿了合约原则及其精神的诉求。但我们应该看到，旧有制度路径是如此根深蒂固，身份原则在现代社会还是如此通行无阻，契约精神在我国依旧是十分稀缺的社会资本资源，我国从"熟人社会"和"单位化社会"走向"陌生人社会"或"契约化社会"的道路依旧漫长。

合约原则本来就是近代以来随个人主义发展而演进出的一种现代社会秩序及精神。而不论是古代还是近代，我国社会成员行动其主要遵循的是一种身份原则，这种身份原则既包括那种宗法的血缘和地缘的，而且还包括那种单位化了的行政的身份，这在现代中国社会也有极大程度的遗留。体现在企业制度方面，这主要包括：民营企业治理还广泛存在家族的特性；国有企业治理仍旧呈现出准契约的特征。因此，虽然事实上所谓的合约原则在世界经济发展史上早已经成为了"历史陈迹"，但是对于我国而言讨论合约原则比任何一个国家都更有重要的现实意义。更特别的，由于社会经济生活的深层变化，那种古典契约理论所创立的契约自由原则及其"契约即正义"的信条在现代社会变化了的社会条件下也已经遭到了不同程度的扬弃，其最关键的一点就是所谓"形式正义"与"实质正义"之争。也就是说，虽然契约自由是通达正义这一契约内核的重要途径，但是那种最初意义上的契约自由原则事实上只是一种理想情况下的参照系因而仅仅意味着"形式正义"，因为在现代社会中对契约自由的绝对放任，就有可能使契约自由背离其契约正义的精神实质。因此，对契约自由进行规制以达实质正义，就成为了人们的共识。但是，如果对契约自由进行过分干预，也有可能缩小"私法自治"的空间，侵害私人权利，私法公正就会被另一种意义上的公正所替代。因此如何处理契约自由与契约正义之间的关系，是个问题。

一般，以契约正义为标准对契约自由的规制可视为现代条件下对契约自由原则的匡正。但是对于中国来说问题并非如此简单。因为自我国建国后自由契约权利的滥用极少发生，事实上我们从来还没有过这种权利。其原因在于，在计划经济体制下，民法仅仅是作为国家管理的工具而发挥作用，尤其是合同要作为居民的计划物品供应和提供服务的形式而发挥作用。因此，"私法自治"不再有其应有的意义和价值，合同成了计划经济的操纵手段。事实上，我们从来没有私法和公法划分的传统，也没有受到过市民文化的熏陶，因此是一切以国家为本位的公法精神渗透了整个法学领域。比如说，我国 1981 年的《经济合同法》的第五条仅仅从字面上看是对契约自由原则的规定，但从整个合同法的内容来看事实上留给当事人的选择空间很小。新的合同法虽然把契约自由原则贯穿于整个法律并规定了较多的任意性规范，但是由于我国所处历史阶段和国际环境的特殊性，这种契约自由已经远远不是古典意义上的契约自由，因此在我国契约自由与契约正义的价值结合更具有复杂性。①另外，整个社会契约关系及其精神的形成是一个缓慢的复杂过程，既非简单的法律条文也远非一日之功所能奏效。

如前述，产权原则是支撑合约原则的经济基础，法治原则是确保契

---

① 李永军：《从契约自由原则的基础看其在现代合同法上的地位》，《比较法研究》2002年第 4 期。

约实施和契约拓展的关键保障。针对我国合约原则状况我们提出的对策是：（1）确立合法私有财产不受侵犯的法律地位；（2）加速推进法治化进程，尤其是要建设"有限而有效"的政府；（3）破除已明显对社会经济活动形成阻碍作用的身份制度，既包括宗法的、血缘的和地缘的，也包括行政性的；（4）大力培育私法自治的契约自由关系，完善相关的法律，倡导与此对应的契约自由精神；（5）科学界定公法和私法之间的边界，政府保留依据"实质正义"原则对契约自由实施干预的权力。

6.3.3　法治原则状况及对策

如前述，"良法"和"普遍的服从"是法治原则的基本内涵，特别是要确保政府也要在法律的框架下行动。法治是现代西方国家的一致选择，目前已经成为全球的选择。

我国传统就缺乏对个人权益的尊重，法律价值趋向偏重于社会利益和公众利益，也就是说倾向于社会本位而非个人本位。进而，我国历史上也从来没有建立过持续有效的私有产权制度，也就没有相应的有效私法制度。如马克思所说：人们奋斗所争取的一切，都同他自己的利益有关。如果社会本位不立足于个人权益的基础之上，也很有可能使社会重新笼罩于外部规则的统治之下，亦即走向专制；或严重干扰内部规则演进的自然进程导致效率的低下，比如我国政府对民营企业发展长期持有的消极态度导致民营企业发展的缓慢①，对国有企业长期实行的保护政策所导致的国有企业活力的缺乏，以及层出不穷的对企业改制和运营过程的越俎代庖或拔苗助长行为都是如此。这也就是为什么"政企分开"

---

① 即使现在，在市场准入制度、融资制度、税赋制度和产业政策引导方面仍存在诸多的问题。参见吴宗杰等：《我国民营企业发展的制度环境研究》，《经济问题》2003 年第 6 期。

一直是我国企业制度改革的一条主线和核心内容的原因之所在。因此，法律应该以人为本，权利保护应该是法律的核心内容，权利精神应该成为中国法律改造的思想渊源，以"权利制约权力"应该成为中国法律改造的基本理念。

人治与法治问题，中国儒法两家已经争论了 2000 多年。按照法学界目前比较一致的观点，我国法治从 20 世纪初前后的"公车上书"算起已有百年历史。但我国真正开始由法治代替人治，则是 20 世纪 70 年代末开始的。我国在法治建设方面走过了一条曲折的道路。邓小平在改革开放之初就适时地提出"民主与法制"的问题，但直到 1992 年中共十四大提出建设社会主义市场经济的目标后，许多人仍旧只知"法制"不知"法治"。1997 年中共十五大报告首次明确提出把"依法治国，建设社会主义法治国家"作为"党领导人民治理国家的基本方略"。1999年 3 月 15 日，第九届全国人大第二次会议通过的宪法修正案也增加新规定："中华人民共和国实行依法治国，建设社会主义法治国家。"这标志着中国已开始迈向一个崭新的法治建设时期。

尽管如此，当前中国的法治状况并不容乐观，尤其是政府自身的依法行政还存在诸多的问题。据来自最高人民检察院的一项统计，2003年 1～10 月，全国检察机关共查处行政执法人员滥用职权、玩忽职守犯罪案件 1841 件，涉案人员共计 1998 人，造成经济损失 6.5 亿多元。2009 年更被媒体称为"群体性事件高发年"，而其原因则主要被归结为"民怨太深[1]"。这表明，当今大量发生的政府及其执法人员的违法行为，已成为引发社会矛盾与动荡的重要因素之一。

之所以有如上问题的产生，与我国城乡差距大、公民法律意识淡薄、法律本身不健全的原因密切相关。但我们认为，更重要的根源，应

---

[1] 参见《社科院：09 年群体性事件多发源于民怨太深》，http://club. china. com/data/thread/1011/2707/96/05/2_1. html，2009 年 12 月 21 日。

当从中国法治化进程的独特路径中去寻找①。

我们首先来看法治原则的第一个方面的内涵："良法"。

一般认为，"法律先于立法"，法律应当是以国家意志确认并保证执行的社会的自然规范和自发秩序。比如英国的普通法来自商法，而商法的许多法律并不是由立法者当初就设计好的，而是在吸收商人习惯法基础上长期演变的结果，是众多微观经济主体长期博弈的一组均衡。但我国的情况稍有特别之处。正如有关产权和交易之间因果关系的两种不同观点之间的争论一样，无论是认为"产权是交易的前提"，还是认为"产权是交易的结果②"，如果脱离开了具体的条件和历史情境都不具备一般的意义。这种观点也适用于法律的产生：在西方那些自然成长型的市场经济国家，法律的产生更多地具有自发演进的性质，也即法律不过是确认了的社会规范；对于中国这样的经济转轨国家来说，在全球化和面临种种挑战的情况下，法律在很大程度上是外部约束下的以政府为主体进行的制度创新，而不一定是现实社会规范的物化。更进一步，在许多时候，法律在很大程度上被等同于立法机关按多数原则制定的规则的集合，而在一定程度上轻视甚至忽视了社会内生规则对法治的内源性作用，从而把法治变成了立法者统治或立法的法律的统治。比如说在公司治理结构设定方面，我们引进借鉴西方经验制定了许多的相关法律，但是却在很大程度上忽视了企业自发性的制度创新。这当然有其合理性的一面，因为本来就缺乏现代法律文化的中国要推进法律的现代化进程，就必须要依靠国家权力的力量。但在另一方面，虽然法治本来应当是"法律的绝对统治而非人的绝对统治"，亦即"权力受制于法"，然而法治一旦被认为是立法

①　胡奎等：《中国十年内建成法治政府，首要任务界定政权边界》，《瞭望东方周刊》2004年2月10日。
②　交易，或可理解为"社会博弈"。参见汪丁丁：《产权博弈》，《经济研究》1996年第10期。

者的统治，从法治转向用法统治，其"……离人治（也就）不远了①。"

我们再来看法治原则第二个方面的内涵："普遍的服从"和"守法的统治"。

毫无疑问，法律应该得到所有社会成员尤其是政府的一致服从。如前述，市民社会和政治国家的分离决定了两者必须相互制衡才能臻至法治和良好社会秩序的境界。但是，政府拥有天赋的"暴力潜能"优势，政府也是带有经济理性的组织，政府固有着权力越界的行为倾向。更重要的是，中国自古就不存在法治的传统，近代中国的法治化进程带有明显的"政府推动"性质，这同西方"社会推动型"的法治化进程存在很大的不同。其最大的优点是凭借国家的强制性权力迅速推进了社会各领域的法治化进程，然而政府自身的依法行政也是法治化的题中应有之义和法治化进程一定阶段的必然趋势。这就必然会造成如下情况的发生：政府既是推动法治化进程的主体，也是要实现法治化的客体。主客体的统一要求政府必须具有足够的"超脱"和明智，但在大多数时候这是一种奢望。

由此可见，本来法治化的基础和动力在于经济的市场化、政治的民主化，以及意识的科学化②，也就是说从根本上说法治化进程应该是"社会推动型"的，但我国的法治化进程却表现出了明显的政府推进型性质。其结果必然是：有制度移植，少社会根基；有机械模仿，无整体共进；有先锋引导，少民众基础；有数量增减，少质量提升③。

目前，我国政府已经提出了要在十年内建立起"职能比较完善的法

---

① ［美］萨托利·乔：《民主新论》，东方出版社 1998 年版，第 386 页。
② 孙英伟：《现代法治国家的产生》，《石家庄师范专科学校学报》2003 年第 4 期。
③ 同上。

治政府"，实现从管理型政府到服务型政府转变的目标①。这无疑是推进我国法治化进程的重大举措。为此，我们所面临最重要的任务，一是要更多地吸收和借鉴"社会推动型"路径的有关做法和经验②；二是要在法律体系当中充分体现对"权利"的保护，同时大力推进政府的依法行政。

---

① 参见 2004 年 2 月国务院法制办：《依法行政实施纲要》征求意见稿。
② 蒋立山：《中国法制现代化建设特征分析》，《中外法学》1995 年第 4 期。

第七章　解读中国的现代企业制度建设
（Ⅱ）：顺向制度演进

　　经宏观制度之维修正后的现代企业理论，用于观照我国的经济实践，发现中国的现代企业制度建设也是一种"目标创新"。关于"目标创新"，目前争论还比较多，致使许多企业在借鉴国外经验与兼顾本国国情的夹缝中不是"左右逢源"而是"左右为难"。事实上，由于企业的"嵌入"和"社会建构"性质，与异质性的制度环境对应的必然是异质性的企业制度即特定的企业制度模式。中国的制度路径与制度环境和其他国家的区别尤为显著，由此我们推论企业制度的中国模式亦即中国特色企业制度的最终形成将是一种历史的必然。

　　特别需要指出的是，自由市场经济本身即潜在一种破坏社会整体秩序的倾向，因此政府宏观调控的介入不可避免。这是西方经济学和马克思政治经济学的一个共识。因此，同一般而言制度环境"选择"企业制度模式这样一种带有"被动"意味的过程相比，中国特色的企业制度还内含另外一种积极的意蕴。这就是说，居于后发国家的位置，我们应当也可以用社会主义的价值追求和政府主动的制度创新，来尽量避免马克思所曾经批判过的那种资本主义原始积累时期曾严重存在过的种种紧张、矛盾、冲突甚至灾难，比如说古典企业当中劳资双方之间的种种不和谐现象，而反过来主动地倡导一种和谐的理念，通过相应的制度设置，在中国现代企业当中形成一种各利益相关者共赢的利益格局，尽可能使企业内竞争合作关系的制度框架符合交易成本最小化和效率最大化的双重要求。更进一步，我们不仅要建设"效率"的企业，而且还要建设"人"的企业，力争在企业制度建设上达到效率诉求和人文关怀的和谐统一。

在中国这样一个正处于制度创新和变迁异常活跃期的转轨大国，探讨中国特色的企业制度，对于本书来说无疑是一个过于宏大且难以全面把握的课题。因此，我们将研究的视野暂且局限于基本经济制度和文化传统与我国企业制度模式的关联性这样两个方面。

7.1 我国基本经济制度与劳动者参与企业治理

如果说企业制度的一般逻辑就是利益相关者的共同治理，那么劳动者参与企业治理应当是企业制度的题中应有之义。但是，理论之应然并不等于现实之实然，现实之实然也不一定遵循着同样的逻辑。比如，在马克思所批判的古典企业当中，作为劳动者的雇佣工人不仅没有参与企业治理，反而遭受到沉重的剥削；在现代社会的公司制企业当中，不同国家的劳动者以及不同类别的劳动者对企业治理的参与度也存在显著的不同。这是因为，劳动者参与企业治理只是一种理论上的抽象可能，其实现的方式以及程度取决于内在及外在的一系列约束条件，这其中一个至关重要的因素就是企业所处的基本经济制度环境。我们认为，如果说在奉行纯粹私有制逻辑的西方资本主义社会都可以在一定程度上实现劳动者对企业治理的参与，那么我们更应该关注劳动者的命运、关心劳动者的诉求、关照劳动者的权利，从而在微观企业制度的层面体现和发挥出社会主义制度的优越性。

7.1.1 经济制度与企业制度模式的一般关系

一般认为，制度主要包括正式制度、非正式制度和制度的实施机制三个基本的方面。显然经济制度归属正式制度的范畴。

1. 经济制度的内涵与外延

不同经济学家对经济制度有不同的理解。马克思主义经济学把经济制度定义为人类社会发展一定阶段上占统治地位的生产关系的总和，即人们在一定历史阶段物质资料的生产、分配、交换和消费中所结成的相互关系的总和。西方经济学也给出了许多不同的经济制度的定义。比如，格鲁奇认为，"经济制度是各个参加者的组织的发展的复合体，这些参加者是同分配稀缺资源以满足个人和集体需要有关的①"。总的来说，对经济制度的理解，发端于传统政治经济学的定义倾向于借助"主义定义法"来区分不同的经济制度，发端于西方经济学的定义倾向于借助"特征描述法"来区分不同的经济制度。前者虽然强调了经济制度最基本的特征，却没有对其属性作必要的描述；后者虽然对经济制度的多重属性进行了细致的描述，却忽略了经济制度之间可能具有的本质的不同。

正因二者皆有不足之处，瑞典经济学家阿沙·林德贝克在扬弃前人理解的基础上把经济制度定义为："在一定既定的地理区域内，有关制定和实施生产、收入与消费决策的一套机制和组织机构。"林德贝克所理解的经济制度外延包括：决策结构（集权还是分权）、资源配置机制（市场还是政府计划）、商品分配（均衡价格机制还是配给制）、财产所

---

① ［美］格鲁奇：《比较经济制度》，中国社会科学出版社 1985 年版，第 14 页。

有权（公有制还是私有制）、激励机制（经济刺激还是行政命令）、人与人之间的关系、企业之间的关系以及对外经济关系①。

可见，经济制度本身是一个多维的概念，这可以用函数式表示为：ES = f（A$_1$，A$_2$，A$_3$，…）。这说明，经济制度（ES）本身具有多重属性（A），要使经济制度得以说明，必须先了解其整体性或者结构性特征。分析表明，经济制度的多重属性当中，有四个属性是最关键的：（1）生产资料所有制和收入分配机制；（2）决策组织的形式；（3）提供信息和协调的机制；（4）确定目标和促使人们行动的机制即激励机制。其中，（1）主要反映社会的基本经济制度的内在属性或社会形态的内在基础。（2）（3）（4）则是基本经济制度运行的具体形式，或者说是资源配置的调节机制，对应于我们通常所说的经济体制概念。这四个属性的有机结合，就是经济制度的主要内涵。但是，林德贝克对经济制度外延的划分虽然比较全面因而避免了上述两种定义方法各自的局限，但他只是考察了经济运行表面形式的差别，而忽略了经济制度各构成要素之间的层次性区别。

有学者在林德贝克的基础上进一步将经济制度划分为三个层次：第一个层次是生产资料（或生产要素）的所有制；第二个层次是产权制度；第三个层次是资源配置的调节机制②。其中，生产资料所有制处于最基本的层次，它决定了它的法律表现形式即产权制度，而产权制度则对资源配置的调节机制产生影响。可见，这样一种划分较好地扬弃了原有的"主义定义法"和"特征描述法"，兼顾了经济制度的异质性、多

---

① ［美］林德贝克：《经济制度与新左派经济学》，中国经济出版社 1992 年版，第 620 ~ 621 页。

② 显然，这里所说的产权制度与我们前文着重从"物权"意义上理解的财产所有权是不同的概念。比较来看，生产要素所有制与财产所有权对应，这里的产权制度与企业所有权是同一序列的范畴。参见黄少安：《产权经济学导论》，山东人民出版社 1995 年版，第 93 页。

维性和多层次性，可以说是对经济制度比较客观的描述因而被广泛接受①。

界定经济制度的内涵，明晰经济制度的构成要素及其层次性，是我们进一步具体考察经济制度构成要素其变量特征与企业制度模式关系的重要理论准备。在一般性讨论经济制度各构成要素和企业制度模式的关系之前，首先有必要交待两点：其一，由于所有制和产权制度是一对密切关联的范畴，本书将二者放在一起进行考察；其二，仅对影响企业制度模式的经济制度构成要素的特征性变量或参数做一般性的分析。

2. 所有制、产权制度与企业制度模式

据前述关于经济制度的定义：所有制是经济制度体系中居于基本经济制度的层次，是生产关系范畴，对其他经济制度有着决定性的影响，是区分不同社会经济制度的根本标志；产权制度作为所有制的法律形式，是所有制在经济运作层次上的表现，是在既定的所有制形式之下的经济主体在经济活动中所拥有的行为权利，是联系所有制和经济体制即资源配置方式的中间层次，是处理生产关系的责、权、利的规则。可见，如果说所有制是判断一种经济制度"性质"的根本标志，那么产权制度则是派生于所有制关系、居于经济运行层次、有关经济行为人之间相互权利关系的具体制度安排。

就生产要素所有制来说，作为一个社会的基本经济制度，区分所有制结构中不同经济成份的地位和作用，是把握一个社会基本经济制度性质的关键，也是所有制可能影响企业制度模式的最重要参数或者变量。这主要指的是，在一个社会的经济生活中，是公有制占据了主导地位，还是私有制占据了主导地位，或者是二者兼有、地位相当的混合所有制结构。（1）在一个公有制占据所有制结构主导地位的社会中，可能并

① 杨继瑞等：《经济制度内涵思考》，《学术论坛》2003 年第 2 期；张兴茂：《中国现阶段的基本经济制度》，中国经济出版社 2003 年版。

不存在一般意义上的企业，或者说企业制度将更多地带有和谐、合作的性质，企业制度结构中非正式制度将发挥着重要甚至是主要的激励和约束功能，企业制度相对稳定。（2）在一个私有制占据所有制结构主导地位的社会中，企业制度主要地体现了一种合作博弈的逻辑，并且企业内部的博弈关系与企业形式上的合作框架存在持久的紧张或冲突，因而企业制度特别是正式制度需要不断地做边际上的修正，这需要付出较多的交易成本。（3）在一个混合所有制的社会中，企业制度又将根据具体情况的不同而处于前述两种情况当中的某个层次上。

相对于生产要素所有制，产权制度对于企业制度模式的影响来得更为直接和现实。这不仅是因为产权制度主要的是处于经济运行的层次上，还因为产权制度还作为生产要素所有制的体现形式而存在。同生产要素所有制主要体现一种人与物之间的占有关系不同，产权制度作为资源配置的制度工具，主要是对利益相关者之间责权利的直接和具体的界定，对经济行为人的理性选择过程发挥着现实的调控和规制作用。产权制度影响企业制度模式的两个主要的参数或者变量是：产权界定和保护方式、产权结构。（1）就产权的界定和保护方式来说，明晰的产权界定和有力的产权保护是产权制度的一般性要求，这是因为对产权的界定或者保护其实质是对经济行为人的约束或者激励。但对产权的界定和保护却有不同的方式：正式制度和非正式制度。其中，正式制度是一种外在的、看得见的"硬"约束或激励，非正式制度则是一种内化了的、看不见的"软"约束或激励。一般来说，与前者对应的企业制度约束有力、激励更强，因而效率较高。在正式制度占居主导地位的情况下再结合一定的非正式制度安排的企业制度结构，被认为可以最大程度地激发企业潜能从而提高企业绩效。（2）就产权结构来说，产权结构和所有制结构联系非常密切，同时也存在本质的区别。产权结构并不一定反映经济制度的本质属性，但却规定着企业所有权配置当中的具体利益相关者格局，并经由博弈均衡的过程衍生出相应的企业制度。按照不同的划分方法，产权结构可包括不同的内容。比如，债权和股权、物质资本产权和人力资本产权、大股东和小股东、个人股权和机构投资者、国有股和私人股等。现实生活中，根据产权结构的具体不同，企业所有权配置格局也会表征出相应的具体特征①。

3. 资源配置方式与企业制度模式

所谓资源配置方式，一般是说一国的资源配置，是以市场作为基础性的手段，还是以国家计划作为基础性的手段。在现代经济生活中，市场经济已经成为世界各国通行的基本的资源配置方式，因此我们在这里所讨论的资源配置方式，主要是指的市场制度本身的不同特色或者模式而言。

尽管市场机制可能是一个经济体中资源配置的基础性手段，但这并不排除市场制度本身也存在很大的差异或者说存在不同的类型。比如，粗略地，世界各国市场经济可以做如下划分：美国的自由市场经济、法国的行政市场经济、新加坡法律规制的市场经济、瑞典福利国家的市场经济、日韩德集体协调的市场经济，等等。

从市场与企业之间的一致性的角度来看，市场类型与企业制度模式可以说都根源于所处的特定制度环境；但是从企业作为微观市场主体的角度来看，市场制度作为企业"嵌入"其中的制度环境的一部分，也会对企业制度发生重要的影响。市场制度影响企业制度模式的参数和变量主要有三个：一是市场发育的路径不同；二是市场机制发挥作用的具体特征不同；三是市场体系的格局不同。

在市场发育方面，纵观世界各国主要存在两种不同的路径。一种是西方发达市场经济国家"自然成长型"的市场经济，一种是后发国家"政府主导型"的市场经济。或者也可以从制度变迁的角度来说，一种主要是自下而上诱致性的制度变迁方式，一种主要是自上而下强制性的

---

① 可参考本书第三章第二节所引用的那个有关企业所有权状态依存性的经典证明。

制度变迁方式。横向的比较，两种路径最大的不同在于，政府在市场发育的制度变迁过程中发挥着不同性质和不同程度的作用。企业制度的创新，在自然成长型的市场经济中，将推动市场本身的发育并对政府的职能边界形成强大而有效的约束；相反，企业制度的建构，在政府主导型的市场经济中，看起来也属于广义上的市场主体塑造的范畴，因而政府自身的目标函数和不同的干预方式也必然给企业制度造成重要影响。尽管随着市场发育的不断成熟，政府也会逐步重新定位自己的角色，但由于"国家悖论"、"路径依赖"和"循环累积因果关系"的作用，政府对企业制度的影响将可能是一个长期的过程。

在市场机制方面，不同国家或地区间市场机制发挥作用的具体特征存在种种差异，这也将影响企业制度的存在形态。这主要是说，由于不同国家或地区的历史传统的不同，市场机制发挥作用的具体方式会有微妙的不同，从而使企业制度本身也随之表征出同样的具体特征。这可能会在许多相关方面表现出来，比如：国家的总体意识形态和价值追求、政府干预的存在及其质量、正式制度和非正式制度的具体均衡格局、不同经济主体内部的组织状况、法律规制的方式，等等①。

在市场体系方面，市场体系的不同结构也会对企业制度模式产生重要的影响。这主要是说，在不同的市场体系结构中，各要素市场发育程度不均衡，与其相联的企业利益相关者面临着不同的外界约束，由此决定了企业内部博弈制衡格局的具体不同进而企业制度的不同。比如说，在市场体系比较健全的美国，其企业的重要利益相关者比如经理人员和董事人员等都面临着较强的外部约束，由此其企业制度具有较强的外部治理的色彩；而在市场体系不够健全，企业利益相关者面临较弱外部约束的日本，其银行和企业之间、企业之间，以及企业内部各利益相关者之间就存在着较强的利益关联度，由此决定了日本企业较多地采取了

---

① 可参考本书第五章第二节以美国公司为案例对公司治理英美模式的考察分析。

"主银行制"、"终身雇佣制"等制度安排。显然，各国市场体系构成各不相同，因此各国的企业制度一定会带有具体不同的特点，形成不同的企业制度模式。虽然，随着市场的不断发育，市场体系将会渐趋健全，因此企业制度模式也会随之逐步调整，但是，所谓企业制度模式的本意就在于考虑特定时点制度环境中企业制度一般的特殊表现，因此变化本来就是"模式"一词的题中应有之义。而我们的初衷，也正是要在变中把握相对的不变，以相对的不变来诠释绝对的变，使企业制度与市场保持良性的均衡，从而实现企业制度的"适应性效率"。

7.1.2 我国基本经济制度下劳动者对企业治理的参与

在经济制度的三个基本要素当中，我们侧重于考察我国基本经济制度即所有制结构与企业制度之间的关系问题。我们认为，在社会主义的基本经济制度条件下，劳动者应当充分参与企业的治理。这并不意味着产权制度和资源配置方式不重要。恰恰相反，正是在我国正趋于成熟的产权制度和社会主义市场经济体制的基础上，企业也才逐步回归了其交易合约的自然逻辑。这不仅提供了劳动者参与企业治理的基本制度平台，也是我国基本经济制度"建构"企业的制度前提。

1. 我国现阶段的基本经济制度

我国是社会主义社会。社会主义社会与资本主义社会的根本区别，最基本和最重要的就是生产资料的所有制不同。但是，由于生产力发展水平的约束，目前我国仅仅处于社会主义的初级阶段上，也就是说，我国必须在社会主义的制度框架下，去完成本应在资本主义制度下完成的大力发展生产力的历史任务。与我国落后、复杂的生产力状况相适应，社会主义基本经济制度与我国初级阶段的国情相结合，因此具有了浓郁的中国特色。这一特色主要体现为以下几个方面：（1）社会主义初级阶段的基本经济制度由公有制和非公有制两种性质不同的经济成分所组

成，两种经济成分都因各自在生产力发展上的不同定位和竞争优势而并
存于同一个所有制结构中。（2）作为社会主义初级阶段基本经济制度
重要组成部分的公有制经济，其含义和实现形式已具有了新的特定内
涵：公有制不仅包括国有经济和集体经济，还包括混合所有制经济中的
国有成分和集体成分；公有制实现形式可以而且应该多样化；一切反映
社会化生产规律的经营方式和组织形式都可以大胆利用；[①] 党的十六届
三中全会特别提出，要使股份制成为公有制的主要表现形式。也有学者
（厉以宁）在此基础上提出了"新公有制"的概念。（3）社会主义初级
阶段的基本经济制度，通过公有制的主体地位和国有经济对国民经济命
脉的控制力的提高决定其生产关系主体的社会主义性质及其发展方向。
（4）现阶段的非公有制经济是坚持完善社会主义基本经济制度不可或
缺的重要力量。

如上述，基本经济制度决定并影响着其他经济制度和社会的性质，
在不同的基本经济制度下，"嵌入"其中的企业制度也必然会被打上不
同的烙印。在马克思主义经典作家所设想的那种"社会中的个人在全社
会范围内实现对生产条件的社会的直接的结合"的"社会所有制"条
件下，劳动成为了人生存的第一需要，劳动者之间的平等自由关系及相
应的制度框架是社会主要和基本的经济关系，可能并不存在现在意义上
的"经济人"以及企业。但在社会主义初级阶段公有制和非公有制经
济并存的基本经济制度条件下，不仅存在"经济人"和企业，而且企
业制度还主要地遵循着那种利益相关者博弈制衡的逻辑。只是，毕竟我
国社会性质是社会主义的，在生产力还很不发达的现阶段，企业制度即
使不能臻至马克思主义经典作家为我们所描绘的劳动者主导的理想境
界，也必然会因由公有制主导的基本经济制度和和谐竞争的社会理念对

① 《中国共产党第十五次全国代表大会文件汇编》，人民出版社1997年版，第21～22页。

企业利益相关者博弈格局进而企业制度的决定性影响，在相当程度上关照劳动者的命运、关心劳动者的诉求、关注劳动者的权利和地位，从而最大限度地避免马克思所曾经严厉批判过的在资本主义发展初期古典企业当中种种的矛盾和冲突现象①，而这也应该是我国基本经济制度条件下企业制度同西方社会私有制主导的基本经济制度条件下企业制度相比较而言的最大特色。这一点也符合现代知识经济条件下企业制度发展的总体趋势。

劳动者参与企业治理也是我国全面建设小康社会和"科学发展观"的题中应有之义。党的十六大指出："最大多数人的利益和全社会全民族的积极性创造性，对党和国家事业的发展始终是最具有决定性的因素"；"要尊重和保护一切有益于人民和社会的劳动。不论是体力劳动还是脑力劳动，不论是简单劳动还是复杂劳动，一切为我国社会主义现代化建设作出贡献的劳动，都是光荣的，都应该得到承认和尊重"；"在建设中国特色社会主义的进程中，全国人民的根本利益是一致的，各种具体的利益关系和内部矛盾可以在这个基础上进行调节。制定和贯彻党的方针政策，基本着眼点是要代表最广大人民的根本利益，正确反映和兼顾不同方面群众的利益，使全体人民朝着共同富裕的方向稳步前进"。② 劳动者作为"最广大人民"的最重要组成部分，其权利当然要得到应有的尊重和维护。惟其如此，社会主义的价值观念才能得到体现，经济发展的效率追求也才能更好的实现。党的十六届三中全会明确提出的科学发展观，事实上是把以人为本作为了新发展观的本质和核心。也正因此，"中国政府致力于两个保护，一个是保护劳动者的基本权利；一个是保护财产权利"③。

---

① 当时主要是劳资双方的矛盾，但在现代经济条件下情况更为复杂。
② 党的十六大报告：《全面建设小康社会，开创中国特色社会主义事业新局面》。
③ 张军：《产权呼唤法律》，《经济观察报》2004 年 1 月 12 日。

2. 我国企业中劳动者参与治理的现状

我国企业中劳动者参与治理的现状不容乐观。对当前我国企业运营状况的实证考察表明，虽然在我国企业当中也存在"职代会"、"工会"等组织机构，并且在一般宣传上也十分强调劳动者的"主人翁"身份，但事实上总体看来劳动者也就是企业员工在很大程度上是被排斥在企业治理和剩余分享之外的，而且随着我国"民工潮"的涌动还有逐渐强化的趋势。这表现在企业员工不仅没有在企业所有权配置格局当中占据应有的地位和发挥积极的作用，而且随着市场的发育面临越来越严峻的市场约束，甚至由于市场的激烈竞争，劳动者特别是仅仅具有同质性人力资本的劳动者作为企业"所有者"所应得的权利也在很大程度上被侵蚀和侵占了。最近几年越来越普遍的民工权益屡屡受损的现象，仅仅是中国劳动者弱势地位冰山之一角。结果，在劳动过程中劳动者不会最大限度地供给其"劳动努力"，经济人所固有的"机会主义"行为倾向却被大大的强化了。于是，一方面，企业效率没有得到企业员工尽可能供给劳动努力的支持；另一方面，机会主义行为倾向又大大增加了企业制度运行的交易成本，这既不利于社会主义基本价值追求的实现，也不利于企业绩效的可持续性增长和企业组织的长远发展。这种情况，既广泛存在于非国有经济当中，也在国有企业中大量存在。

本应是我国社会主义社会鲜明特征的劳动者对企业治理的参与，却在本来遵循私有制逻辑的西方国家当中有所体现。比如日本企业中曾经普遍存在的"终身雇佣制"和"年功序列制"、德国企业普遍存在的以"工人参与"为特征的"劳资共决制"，甚至在作为西方经济制度典型代表的美国其企业也大量存在着向企业员工赠送股票和债券等的现象。在西方企业理论中，这主要表现为"剩余分享"、"利益相关者共同治理"的理念、理论及相应的制度设置。初看起来，这些现象的发生，是私有制和资本逻辑对自身的扬弃；但经过深刻思考就会发现，西方企业的劳动者即企业员工虽然也在一定程度上参与了企业治理和剩余分享，但其制度设置主要限于一般企业管理的层面，也主要是"形而下"和工具意义上的，是自外向内被动衍生的，也就是说其内核仍旧是私有制和资本的逻辑。比如说，德国的劳资共决制就是在德国工人阶级对自身权利的觉醒和强烈诉求的情况下，德国政府为了从根本上维护资本主义制度和资本家根本利益，对企业劳资矛盾的主动姿态的妥协和调整；日本的终身雇佣制，也主要是适应于日本社会通行的家长式家族制度和战后日本衰退的经济形势而产生的；至于美国对企业员工的股票或债券赠与，更是服从与服务于资本增殖的需要的。而社会主义社会基本经济制度和理念所要求和主张的劳动者参与则有本质的不同，它是自内而外企业社会主义性质内核的自然流露，是贯穿企业内涵逻辑和制度安排的统一线索，也可以说它本身即是内容。由此可见，我国企业制度对劳动者参与的强调，与西方企业存在的类似现象有着本质的不同。当然，这种不同并不妨碍我们也可以借鉴西方企业的某些做法。

以历史的眼光来观照我国企业运营存在的劳动者参与不足的问题，首先应当承认，在生产力发展的特定水平上，由于生产要素相对稀缺性等多重原因的作用，企业制度会存在某种程度非均衡现象是一种历史的必然。比如说在资本主义发展初期社会上特别是企业里面就普遍存在着劳资双方之间的尖锐矛盾。虽然我国现代企业制度建设是在一个完全不同的历史阶段上展开的，但就企业制度本身的创新和变迁而言却并没有很长的历史，并且知识经济条件下企业内部利益相关者分化组合的情况更为复杂。但是，历史反思之所以必要和有意义，是因为凭借之我们可对当前的经济实践有所借鉴，我们应当尽力避免西方资本主义原始积累时期劳资剧烈冲突的社会"两败俱伤"局面的发生。更何况，我国社会主义性质的基本经济制度和和谐竞争的价值追求，也要求我们对西方的企业理论和制度作相应的修正，最终在企业制度当中凸显劳动者的地位和作用，促进劳动者对企业治理的参与。当然，强调劳动者参与企业治理，并不是主张如前南斯拉夫那样实行"工人自治"，在借鉴其有益做法的同时，也要注意汲取其存在的教训。

3. 促进劳动者对企业治理的参与

在我国特定的基本经济制度条件下，劳动者参与企业治理的逻辑起点、内涵理念和机构设置都将具有自己的特点。具体来说：

（1）逻辑起点：从"人力资本"到"以人为本"

毫无疑问，劳动者参与企业治理是企业合约性质的题中应有之义。但不同制度环境下劳动者参与企业治理的逻辑起点却会有不同。如果说，在西方社会的"现代企业制度"当中，劳动者参与企业治理遵循的是纯粹的经济逻辑，劳动者参与企业治理的基本依据是人力资本产权，那么，在中国基本经济制度条件下，劳动者参与企业治理遵循的逻辑是"以人为本"，劳动者参与企业治理的基本依据是"人权"。显然，在纯粹经济逻辑与以人为本之间，在人力资本产权与人权之间，后者都是既包括前者又高于前者的。

我们一般所说的现代企业制度事实上来源于西方社会。由于私有制是西方社会基本经济制度的核心，因此其企业制度内在遵循着纯粹的经济逻辑。其中，劳动者被看成为"人力资本"的天然载体，那么，作为"人力资本产权"的法定主体和企业的自然签约人劳动者应该参与企业治理，但是这种参与是以能否和能在多大程度上促进剩余创造或资本增殖为标准来进行的。如果把企业控制权分为三个方面即明晰控制权、剩余控制权和参与控制权①，那么，同质性人力资本所有者可以获得企业的参与控制权及其对应的剩余索取权，异质性人力资本所有者可以获得企业剩余控制权及其对应的剩余索取权，在人力资本具有显著专用性的情况下，还可能会出现"人力资本股权化"的制度设置，劳动

---

① 企业所有权配置一般遵循控制权与剩余索取权对等的原则，由于剩余索取权的配置状况往往取决于控制权的配置状况，因此，也可以说企业所有权首先就是控制权。参见本书第三章第二节的有关内容。

者实际掌握的控制权将会进一步扩大①。显然，不同劳动者对企业治理的参与形式和参与度是不同的。

显然，西方社会的这种以人力资本产权为依据的劳动者参与企业治理的制度设置有不少的优点可以汲取，特别是对于我国企业当中普遍存在的劳动者（尤其是异质性人力资本所有者）激励弱化的现象颇有针砭时弊的意义。但其弊端也是显而易见的，这主要体现在：把劳动生产率和经济效益作为企业的惟一目的，对经济发展和福利追求的理解陷入了片面化的陷阱，从而有可能走向"富饶的贫困"；把企业中人的存在仅仅理解为"人力资本"即创造剩余的工具和手段，人本身的主体性、终极性以及人权的价值性和多元性被异化或遮蔽了，从而有可能误入"人为物存"的荒诞境界。显然，西方社会所谓现代企业制度的上述弊端是其基本经济制度的纯粹私有制逻辑的必然后果。

事实上，正如马克思所指出的，人类发展的目标在于"通过人并且为了人而对人的本质的真正占有"，是"人以一种全面的方式，也就是说，作为一个完整的人，占有自己的全面本质②"。显然，一方面，虽然人的发展往往需要"通过人"亦即需要把人作为一种工具性的存在（人力资本），但其最终目的却是"为了人"，亦即人本身更好的存在和发展才是一切行动的元价值和最终标准（以人为本）；另一方面，人应当是"完整的人"，也就是说人的本质、人所追求的福祉、"人权"本身是丰富和多元的，而决不仅仅是一种纯粹经济逻辑的考量。

在中国社会主义社会基本经济制度条件下，我国劳动者对企业治理的参与应该既能借鉴西方社会的有益经验，也能有效规避其不足。一方面，我们要借鉴其把劳动者看作"人力资本"的观念，并根据其异质

---

① 梁雄军：《人力资本参与企业治理的实证研究》，《经济社会体制比较》2004 年第 1 期。

② 转引自张万铎：《人本论的经济发展观》，http://www.studa.net/jingji/060209/13213 036.html，2006 年 2 月 9 日。

性提供有效的激励制度，以提高企业绩效；另一方面，我们要"以人为本"，关注、保护劳动者的多方面权利，以促进劳动者的全面发展从而提高综合的福利水平为最终目的。在一定意义上，这可以说是我国经济发展的一个教训①，也是科学发展观以人为本理念在微观企业制度层次上的要求。

（2）内涵理念：从"股东至上"到"劳资和谐"

西方社会一般认为，股东对"利润最大化"的效率追求是企业的天赋使命和惟一目标，采取机会主义以分享尽可能多剩余是企业各利益相关者的基本行为假定，进而，基于剩余分享的竞争性关系被看作为企业组织的关键特征。由此，我们也就理解了为什么在马克思笔下古典企业的劳资关系当中充斥着种种紧张、矛盾甚至冲突和灾难，为什么科斯企业理论中的制度安排本质上是对企业内交易关系的"规制"，以及为什么科斯认为企业合约与市场合约以及不同企业合约之间的差异主要就是"交易成本"大小的差异。

在这样的企业中，每个人都追求自己的私利，因此"每个人都妨碍别人利益的实现，这种一切人反对一切人的冲突所造成的结果，不是普遍的肯定，而是普遍的否定②"。这种自斯密以来逐渐形成的"竞争"

---

① 经过三十多年的改革开放，我国的内外经济关系发生了天翻地覆的变化。在综合国力突飞猛进的同时，社会分化急剧加速，特别是进入 20 世纪 90 年代中期以来，国民经济主要矛盾即工农两种生产方式、城乡二元社会结构的矛盾空前尖锐。从经济学家到政府官员对此局面的共识越来越多，为防止因失衡引起的断裂，都在反思我们的发展战略。在反思发展战略的过程中，人们发现问题的根源是我们在经济工作中没有处理好增长和发展的关系，没有处理好经济发展和社会发展的关系，把以经济建设为中心变成了以 GDP 增长为中心，把发展是硬道理变成了增长是硬道理，GDP 拜物教的迷雾笼罩着各级决策者。这说明我们经济工作的问题，已经不是某些发展战略上的失误，而是发展观上出了偏差。

② 马克思、恩格斯：《马恩全集》第 46 卷（上），人民出版社 1988 年版，第 102～103页。

的经济学体系①，在较大程度上包含着霍布斯所谓"个人永远处于所有人反对所有人的战争之中"的悲观主义理念。而事实上，不仅在现实生活中人们之间的"合作"同"竞争"同样的广泛，而且由于合作是人们之间展开可持续性竞争的普遍基本框架，"合作"更加符合人类的终极价值追求②。

事实上，企业内各利益相关者之间在剩余分享方面的竞争性关系是以其在剩余创造方面的合作性关系为基础和前提的。毫无疑问，在剩余创造方面，被生产函数所整合起来的各生产要素在本质上是一种相互依赖的关系，这决定了企业利益相关者之间的合作关系。而且，随着人力资本重要性和相对稀缺性的逐渐上升，通过一定的制度设置来激励劳动者改善企业的生产函数，还可以使企业形成核心竞争力从而获得长期利润。于是我们发现，企业本身就是一个基于竞争性关系的合作框架，或者反过来也成立。在企业内部，合作和竞争关系就像是一枚硬币的两面相反相成，甚至合作关系更有利于企业的总体利润最大化和长远可持续发展。

毫无疑问，劳动者和资本所有者是企业内的两个主要的利益相关者，因此，劳资关系一直是企业理论所关注的焦点和企业实践所倾力解决的问题。在西方社会，对于劳资关系问题一直没能提出彻底的解决方案。这是因为，在纯粹私有制的基本经济制度条件下，人们还难以彻底改正"见物不见人"的物质资本逻辑的歧视性眼光；在新古典

---

① 从经济学自身发展的历史看，20世纪具有代表性和划时代影响的几种经济学体系，无论是亚当·斯密的"劳动价值论"，大卫·李嘉图的"分配论"，马克思的剩余价值理论，还是马歇尔的"均衡价格论"和凯恩斯的就业理论，突出的都主要是人类经济行为的竞争性。在一定意义上可以说，以往的经济学体系都是以"竞争"为主线的，或者说，其理论体系的灵魂是竞争，是揭示或解释人类经济行为竞争性的经济学，也就是竞争的经济学。参见黄少安：《经济学研究中心的转移与"合作"经济学构想》，《经济研究》2000年第5期。

② 黄少安：《经济学研究中心的转移与"合作"经济学构想》，《经济研究》2000年第5期。

方法论统治之下的现代企业理论，对于企业生产函数仍持有一种静态、同质、封闭的先验观点①。因此，劳动者仍不过是资本家赚钱的工具和手段。

正因如此，同一般而言制度环境"决定"企业制度特殊的"消极"含义相比，我国社会主义基本经济制度条件下的企业制度建设应当内涵一种特定的"积极"意蕴。就是说，在现代企业制度的建设过程中，我们应当也可以用社会主义的价值追求和政府主动的制度创新，来尽量避免马克思所严厉批判过的，那种资本主义发展初期曾严重存在的种种紧张、矛盾、冲突所付出的巨额交易成本甚至由此造成的灾难。应当主动地倡导一种和谐的理念，通过相关的制度设置，在中国现代企业当中形成一种各利益相关者共赢的利益格局。尤其是，在物质资本所有者仍在企业所有权配置格局中占据强势地位而劳动者仍然是弱势群体的情况下，劳资和谐应该是我们主动追求的重要目标。

促进我国劳动者对企业治理的参与，首先需要采取监控激励和贡献激励②的制度安排来促进劳动者对企业治理的参与。

如前述，企业不过是一个基于竞争基础上的合作框架。因此，在利益相关者之间的谈判或博弈过程中，凡是能够为剩余创造提供更多贡献的，可以获得对应较多的（贡献）激励；反之，凡是容易采取机会主

---

① 唯股东利益马首是瞻的理论观点已遭到多数人的反对。马歇尔在将企业利润作为准租分析时曾指出：雇主不应当独揽企业的全部利润，利润的一部分也应归属于雇员；罗伯特·伍德在给企业各权益主体排序时曾一直将股东列为最末一位；英国著名法学家戈沃指出，在现代企业内部真正与治理机构打交道的权益主体是企业职工，而不是股东，传统法理观点忽略了员工们作为公司成员必要组成部分这个客观事实，因而是不符合实际的。同时，许多经济学家也纷纷提出了校正新古典公司理论偏差的基本途径，如赫伯特·西蒙的组织理论、哈卫·雷本斯坦的X—有效率理论、阿尔伯特·赫斯曼的离职—发言权理论、青木正彦的合作博弈理论、奥利弗·威廉姆森的交易成本理论等，都分别以不同方式在公司理论中创立了兼顾三元利益主体（股东、经营者、内部职工）等多种组织模式。目前比较流行的理论观点是企业的利益相关者理论和社会责任理论。

② 监控激励和贡献激励的概念感谢南京政治学院2002级博士生高玉林的建议和启发。

义行为且监督成本高昂的，企业也往往不得不对之进行（监控）激励。这就是说，企业利益相关者各方都在想方设法来证明自己的"异质性"，以更多地参与企业治理。劳动者作为人力资本所有者其总体的异质性特征表现在：劳动者的劳动效果不仅取决于其所拥有的人力资本存量，而且也取决于其对劳动努力的供给程度如何。劳动努力的发挥程度对于劳动者的劳动效果发挥着"倍增"或"倍减"的双重功能，这一规律不仅普遍存在而且也随人力资本质和量的不断增加而更为显著。这是因为，"劳动努力"的供给作为劳动者的一种主观体验或动机并不容易通过外在的表现而进行监控或衡量。就经营管理人员来说，一方面其所拥有的异质性人力资本对于企业剩余创造作出了更多的贡献，因此将获得"贡献激励"；另一方面，因为人力资本的异质性，其自身劳动努力的供给程度对于其劳动效果的影响更为显著且更加难以衡量①，因此也将获得"监控激励"。就一般企业员工来说，一方面随其劳动技能的熟练程度不同其人力资本存量也存在一定程度上的异质性特征，因此存在"贡献激励"问题②；另一方面，如巴泽尔所言，即使历史上存在过的奴隶本身也有一个劳动努力供给的问题，更何况是现代社会的企业员工，所以也存在一个"监控激励"的问题。

由此可见，就劳动者总体来说，由于其"劳动努力"的异质性特征，企业要想获得尽可能高的经济绩效并尽量减少交易成本，就必须给予劳动者相应的"监控激励"和"贡献激励"，也就是说让劳动者参与企业治理。已有实证考察证明：构建人力资本参与型的企业治理结构，促进企业员工作为人力资本所有者和企业的重要利益相关者之一对企业

---

① 比如你很难判断，在电脑前面沉思的经理，到底是在思考企业发展战略，还是在开小差。

② 比如当代中国"高级技工"的稀缺及其需求。

治理的参与，能有效地提高企业的经济绩效①。

除此之外，劳资和谐也意味着企业必须承担起必要的社会责任②，统筹企业与人、企业与社会以及企业与自然的发展关系。

（3）机构设置：从"老三会"到新老"三会"的有机结合

以人为本，劳资和谐，体现在中国现阶段的企业治理结构优化方面，最重要的就是要做到新老"三会"的有机结合。

所谓"新三会"，是指公司治理结构中的股东会、董事会和监事会；所谓"老三会"，是指传统国有企业组织制度中的党委会、职代会和工会。新三会是公司制企业治理机构的主体框架，在创立现代企业制度过程中必须坚持；老三会是传统企业制度中的精髓，是我国政治和基本经济制度在微观企业制度层次上的具体体现，在公司化改组过程中也不可废弃。"新三会"与"老三会"的关系问题是我国现代企业制度建设必须现实面对的问题。

目前，"绝大多数国有控股公司都既有股东会、董事会、监事会，又有党委会、工会、职工代表大会，可考虑双向进入的办法，处理好它们之间的关系③"。新老"三会"的有机结合是建设中国特色企业制度的组织保证。如果说采取必要的制度创新来促进党委会和"新三会"的有机结合是贯彻以人为本理念和促进劳资和谐的政治保障，那么，加强工会和职代会的自身建设则是促进劳动者参与企业治理的根本保证。

---

① 梁雄军：《人力资本参与企业治理的实证研究》，《经济社会体制比较》2004 年第 1 期。

② 1999 年，联合国秘书长安南提出了《全球协议》。内容包括，企业应支持并尊重国际公认的各项人权，承认劳资双方就工资等问题谈判的权力，消除各种形式的强制性劳动，禁止童工；企业应主动增加对环保所承担的责任，鼓励无害环境的技术开发和推广。截止到 2003 年 7 月，全球已经有 1185 家企业参加了《全球协议》。企业的社会责任已经体现在大公司的业绩指标中。例如，道琼斯公司制定并定期发布上市公司的社会可信度指标。

③ 江泽民：《坚定信心，深化改革，开创国有企业发展的新局面》，《洛阳日报》1999 年 8 月 14 日。

由于劳动者①在企业当中的传统弱势地位，以及企业改制以来工会和职代会的民主决策、民主管理、民主监督作用出现的下滑趋势，因此，工会作为劳动者集体劳权的代表者应当加强自身的建设以确保劳资力量的平衡。为此，需要通过相应的制度创新来提高劳动者对企业董事会和监事会的参与度：（1）将企业治理的职工参与制以法律形式确立下来。（2）由职代会推举职工代表直接进入董事会。一般认为应由全体职工通过职工代表大会选举职工代表直接进入董事会。这就在法律上对职代会赋予了直接选举董事的权力。从宏观层次看，这有利于使企业制度建设与我国的政治和基本经济制度保持一致；从微观层次看，这也为民主管理和职工参与制在新的企业制度中提供了一个"支撑点"，也使得股东会、董事会和职代会、工会之间的关系从根本上获得了统一。（3）以否决制来构造各权力机构之间的制衡关系。拥有董事会参与权的职代会将会一跃成为与股东会并驾齐驱的最高权力机构之一，于是，怎样设计职代会与股东会及其与董事会和经营者之间的关系，便成为一个在实际操作过程中最为棘手但又不可回避的现实问题。一般认为，解决这一问题的关键是建立起有效的否决制度。无论是传统制度下企业的"老三会"，还是现代企业制度下公司的"新三会"，其操作过程都有否决制存在，都是既相互制衡，又团结合作的统一体。实施否决制是进行有效制衡和合作的一种措施，相当于新老"三会"间接地双向进入，能够发挥积极的作用。对此，应当分别具体考察职代会与股东会、董事会、监事会以及经理的相互关系，采取相应的制度安排。

实事求是地说，尽管我国的基本经济制度已为劳动者对企业治理的

----

① 企业职工是一个含义模糊的范畴，既可以是白领职员也可以是蓝领工人。这里所说的劳动者主要是企业的一般员工。这一界线区分的要旨在于说明企业经营者的企业治理参与和一般员工的企业治理参与是两个性质不同的概念，不能因前者的普遍存在而忽略后者，尤其是不能以前者取代后者。

参与提供了关键的制度环境支持，但是，由于客观上劳动者自身谈判力量的弱小以及主观上存在的种种误区或偏见，通过企业的微观制度创新来实现劳动者对企业治理的参与我们尚任重而道远。

7.2　我国文化传统与企业治理的家族色彩

　　一国制度环境的异质性突出体现于其文化传统的创新性传承方面。与深厚"家"文化传统的非正式制度环境相对应，我国的企业制度将普遍带有家族治理的色彩。这种家族制遵循着一种独特的逻辑，我们对其持一种"批判性肯定"的态度。

7.2.1　文化传统与企业制度模式的一般关系①

　　翻检众多的有关文献，可发现学界流行一种对文化传统进行价值判断的偏好：对文化传统本身作"精华"和"糟粕"一分为二内容上的区分，进而主张要"弃其糟粕，取其精华"。对此我们认为，所谓文化传统的问题，事实上主要是一个我们如何运用自身的理性对此进行阐释和创新的问题②。我们无法改变的是文化传统的历史客观存在，我们有选择自由的是对文化传统作何种意义的阐释。这是指的文化传统的创新性传承。企业制度模式的形成与文化的创新性传承事实上是双向互动的一个过程。这一过程中，一方面文化传统借企业制度的创新获得了新的意义和延续；另一方面企业制度创新也借文化传统的传承而获得了独特

---

　　①　对这一问题的更多讨论，参见本书第八章有关"制度演进过程中的深层次复杂性问题"的部分。
　　②　田永峰：《制度变迁中的创新精神探析》，《南京师大学报》2000年第2期。

的表现形式。

1. 文化环境"建构"企业制度的内在机理

对新古典经济学来说，"经济人"的稳定性偏好是一个基本的假设，因此文化对它来说就是一个无法开启的"黑箱"；对新制度经济学来说，由于主要把文化处理为个人选择的结果，因此也基本上忽视了文化对经济行为的意义。因此长期以来，文化问题始终难以进入主流经济学的研究视野。

其实早在旧制度经济学的凡勃伦，就已经把文化问题作为其研究的焦点。在他看来，并不存在新制度经济学派在研究制度变迁时作为其起点的所谓"自然状态"。相反，从历史角度来看，经济理论或政策是因时因地而异的，它必须随着文化和制度的不同而改变。在人性假定方面，凡勃伦也反对原子式个人的观点，而认为人性也不是天生的，而是演化的，是文化制度的产物。凡勃伦指出，经济利益虽然弥漫于社会生活和文化的成长之中，但它并非孤立地发挥作用；虽然在某种行为中，人们追求的目标可以公然宣称为是基于某种利益，如经济的、美学的、慈善的或者信仰的等等，但在每种情况下，人们并不是由单一因素决定的，而是作为一个具有复杂思维习惯的有机整体参与每一相继的行动，其行为方式是在既定的传统、习俗等文化条件下累积形成的①。

凡勃伦的观点自有其立论的客观基础。英国史学家汤普森通过对18世纪英国社会史的研究，发现古老的传统习俗、价值观念经久不衰地影响着人们的行为，并渗透到民族精神的深处，最终凝聚为民族性的某些特征。为此汤普森指出，作为文化系统，它有自己的继承关系和彼此间的连接方式，这并不能简单地归结为生产关系的影响。这就是

---

① 贾根良：《制度变迁理论：凡勃伦传统与诺思》，《经济学家》1999年第5期；《重新认识旧制度学派的理论价值》，《天津社会科学》1999年第4期。

说，特定的生产关系与相适应的文化价值系统实际上是互为前提的，而不是简单的谁决定谁、谁依赖谁的问题。比如说，西方19世纪产生的市场经济，在文化根源上实际上是受到了18世纪古典自由主义观念的支配，是技术发展在这种特定文化环境中的产物，其目标是想建立一种自我调节的市场资本主义。由于它忽视了经济植根于社会的基本事实，所谓"自我调节"因而不受控制的市场过程使社会潜伏着一种自我毁灭的倾向，因而是一种危险的"乌托邦"。西方社会20世纪的动荡不安，其根源就在于受最初文化根源影响而造成的有缺陷的市场体制。

显然凡勃伦天才的思想在经济学发展史中并没有受到应有的重视，只是在后来的新经济社会学那里才得以发扬，不过那已经是站在其他学科对经济学批判的立场上了。甚至在马克思那里我们也不得不承认经济与文化的关系也是一个尚未完成的理论，只是恩格斯在晚年才对那种把马克思主义教条化为"经济决定论"的做法提出了警告。正如恩格斯在谈到因果关系时所指出的，从长期动态过程来看，原因和结果常常相互易位。这种系统观是符合辩证法精神的[①]。因此在处理文化与经济之间的关系方面，也应当采取一种系统论的观点：它们之间是一种累积因果、交互作用的过程。也正因此，在多元的世界经济舞台上，不仅市场制度表现出了不同模式化的色彩，那种"嵌入"于各国异质性文化环境中的企业制度也必然是各具特色的。

这还只是一种宏观上的说明，如前述，处于特定文化传统环境中的经济人也必然具有特定的选择理性和选择集亦即异质性的行为特征。于是，在特定文化传统环境中，依据特定的标准，企业的某些原先处于潜在状态的利益相关者变成了真实的利益相关者（或者特定利益相关者的谈判实力得到了增强）；企业再谈判过程中，经由前述企业制度逻辑的

---

① 贾根良：《东亚模式的新格局》，山西人民出版社2002年版，第349页。

演绎和表达过程，那些共同的文化传统的因素可以达成"一致性同意"而最终沉淀下来，并外现为企业制度当中，最终形成特定的企业制度模式。

当然这还只是一种在制度演进自发自然假定状态下的一般情况。如上述，在后发国家经济转轨的条件下，遵循交易成本最小化原则，制度变迁往往是一个制度移植结合制度创新的过程。就企业制度创新来讲，主要体现为一个企业制度一般在异质性文化传统（亦即异质性非正式制度环境）之间的转换和重新"嵌入"的问题。这将是一个双向互动的过程：制度输出国的文化传统在企业制度一般上的影响将被逐步剥离，而制度输入国的文化传统将得到创新性的传承。这同样将在上述真实利益相关者身份识别和利益相关者目标函数重新设定的基础之上，使文化传统和企业制度一般经由企业合约逻辑的整合而外现为一种具有适应性效率的企业制度模式。

可见，一国或地区文化传统的承继性是企业制度模式形成的必要条件之一。下面的内容，将主要对文化传统自身的创新性传承作详细的考察。

2. 文化传统自身的创新性传承

如上述，企业制度模式的形成，是以企业制度对文化传统的嵌入性为前提的。这一过程，同样必须以文化传统的创新性传承为基础。

何谓文化？从最简单的意义上来说，文化是人与人之间对其交互行为及其意义进行阐释的工具，是带有默会性的知识，是人们不可避免身处其中的非正式制度环境①。现实的经济人都是嵌入于特定文化环境当中的，因而具有"异质性"。现实社会生活中，信息并非像西方传统经济理论范式所认为的那样，是感觉资料在人们的心智上的无差别反映。事实上，"同样"的信息在不同"语境"中往往获得显著不同的意义。

---

① 贾根良：《东亚模式的新格局》，山西人民出版社2002年版，第351页。

这是因为知识结构赋予感觉资料意义，而不同文化传统中的人在知识结构上存在显著不同。一般来说，个人知识结构是由明示性（Codified）知识和默会性知识（Tacit）交织而成的。明示性知识可以通过语言（广义，如数学语言和计算机语言等）来进行普遍的信息交流；而默会性知识则主要来自于文化传统和独特的体验，难以言传。可见，人与人之间知识结构的不同主要是由文化环境所决定的。总之，人总是处于人与人之间的交互行为之中，人们之间有关经济交易的行为，其意义的获得依赖于其发生于其中的文化环境。

与文化的概念相对应，文化传统主要是就文化的异质性、延续性、地域性和集体性而言。这一方面是因为文化当中默会性知识本身难以言传和难以改变的性质，另一方面也是客观上时空分离的结果。各民族都有自己的文化演进之源头，这构成了各民族文化的原型（archetypes）。如心理学家荣格所指出的，文化史的基础——意识的不断积累的历史，在个人的心理底层积存着自史前时代以来的集体的内容，这种深层心理即集体无意识，是我们的人格和生命之"根"①。但与之不同，我们用风俗习惯、默会性知识及文本所负载的无意识内涵来替代荣格所说的生物遗传来解释这种文化传统的强大力量。即使在信息时代，技术的进步虽然可使可整理知识以信息的形式瞬间全方位传播，但这对默会性知识却作用甚微。正是默会性知识不断积累，造成了文化传统演进的路径依赖之性质。正因为文化对于人类交互行为意义的阐释性质，以及文化借由其本身的默会性知识特性而获得的对于其"文化原型"的保存和延续性质，新制度经济学家诺思才在接受诺贝尔经济学奖的讲演中，直截了当地把文化视为制度变迁路径依赖的关键因素。当然，置身于特定文化传统环境中的企业制度，也必然会被深深打上异质性文化的

---

① 叶舒宪：《探讨非理性的世界——原型批评的理论与方法》，四川人民出版社 1988 年版，第 51 页。

烙印。

但是，如果文化传统之间的异质性区别决定了不同文化之间的不可兼容性，那么文化传统变迁本身的路径依赖性质的后果也有可能是灾难性的，因为它的"锁定"效应可能会使得制度变迁深陷低水平均衡的陷阱，使后发国家的制度移植过程包括企业制度的创新无法进行。

这正是制度整体主义方法论的一个缺陷。事实上，从制度经济学的角度来讲，文化传统属于非正式制度的范畴，而制度本身在终极意义上讲本是一种"内生变量"，只不过由于这种非正式制度本身的"默会"和变迁的路径依赖性质，才会深植于人的意识之中无形中使人本身对其形成了某种依赖，从而异化为外在于人本身的存在。这虽然会在一定程度上压抑人本身所拥有的理性精神和创新本能（或者制度创新精神），但当某种新奇事物明显无法得到解释而获得意义，或与旧的非正式制度之间的矛盾对人的生存本身构成挑战或者威胁的时候，人们的理性精神和创新本能就会觉醒而对这种非正式制度本身作出某种修正①。显然，在这里经济学关于人的理性假设仍然适用。

文化传统的演进不是机械路径依赖性的，而是一种开放的、动态的和创新性的传承过程。显然，当既有的文化传统可以解释人类自身行为的时候，人们不会产生要理解自身行为的需求，因为既有的文化传统已经赋予了人类行为意义。但是，当社会矛盾运动由于不断积累而产生出某种既有文化传统所难以适应或者解释的新奇事物的时候，特别是在那些普遍存在"舶来"制度（比如现代企业制度）的后发转轨国家，理解外生的制度也就是要赋予其意义是十分必要的。对于嵌入于特定文化传统当中的人来说，文化传统对其认知模式的影响是无法避免的，因而对已有概念框架的依赖同样不可避免。既需依赖之（文化传统）又无法解释之（新奇事物），于是，与文化传统的"对话"发生了。这是一

① 田永峰：《再论制度变迁中的创新精神》，《现代经济探讨》2010 年第 6 期。

个理性的价值重新彰显的过程，一个新的理解、适应和学习的复杂过程。

毫无疑问，我们属于传统，远远大于传统属于我们自己，这就是文化变迁路径依赖性的根本原因；但是，如凡勃伦所说，人在智力上能领悟并评价其行为，这是人与其他动物的基本区别。人类心灵具有自我革新之能力，这种能力在极端严酷的社会制度下也是不可能完全遏制的。① 事实上，"我们对传统的疑问、兴趣、责难、争执，都是由我们对现在和未来的迷茫困惑与期望中导引出来"的，因而"传统实际上是'现在'的传统，而不是已逝的过去"。② 这就是说，对传统的理解是由对未来的期待所指引的，因而在文化变迁过程中，"现在"的传统并非也不可能是传统的本来面目，每一时代对传统的阐释是不同的，传统的命运是掌握在阐释者的手中的。这就是文化传统的创新性传承。

可见，即使在面临文化传统约束的条件下，人本身的理性也会自觉能动地对外界环境和自身行为进行恰当的评估，从而使其行为获得意义；只不过，新意义的产生，往往会借由文化传统的形式而体现出来。从微观的企业利益相关者经由博弈均衡的过程推导到企业制度的创新和变迁，于是我们又在文化传统的创新性传承的意义上发现了企业制度模式的必然。当然，文化传统和企业制度之间也是一种互动的和双向的关系，文化传统不仅仅作为一种制度环境作用于企业制度，文化传统还可能需要对自身作出内在的创新，这是一个更加任重道远的过程。

---

① ［意］拉兹洛：《系统哲学讲演集》，中国社会科学出版社 1991 年版，第 106 页。
② 殷鼎：《理解的命运——解释学初论》，三联书店 1988 年版，第 3 页。

7.2.2 我国"家"文化传统中企业治理的家族特色

文化传统是企业制度嵌入其中的基本的非正式制度环境。对于中国而言，一方面中国文化传统和西方社会文化传统在很大程度上是异质性的，另一方面自古以来在社会秩序当中非正式制度的地位相比正式制度而言都处于一种特殊重要的地位上，因此文化传统是制度环境当中作用于中国企业制度的一个非常重要的变量。如前述，文化传统变迁是一个创新性的传承过程；异质性的文化传统与特定的企业制度模式相互对应。基于此，经过对我国制度环境状况尤其是文化传统特点的具体分析，我们得出的基本结论是："家"文化是中国文化传统基本的和突出的特征；在相当长的历史阶段当中，我国企业制度仍将普遍具有家族性的特征。

事实上，如果说现代契约理念是一种普遍主义信用的话，那么中国的家文化传统则是一种特殊主义的信用。借助于前文所述的"社会建构"视角分析发现，在中国企业当中家族制度泛化的真正根源，就在于前者的缺失和后者的泛滥两个因素的共同作用。正是由于存在这样两个客观的根源，我们对我国的家族企业持一种"批判性肯定"的态度。具体来说：

1. 信用是一切经济交易行为的基本前提，是市场经济的重要基石

什么是信用？信用是一种资源，一种社会资本；信用原则要求具有独立利益的行为主体之间的经济往来，讲信用，杜绝欺诈行为，要求以信用为核心来构建市场道德秩序；信用的主要内容包括：个人信用、企业信用、政府信用和社会信用；信用的作用主要体现在：为经济主体的理性选择提供稳定的预期；降低经济交易成本；维持和扩展经济秩序；促进经济的繁荣和发展。

为什么存在对信用的需求？从主观上讲，是因为人都是自利的经济

人，且带有机会主义的行为倾向；从客观上讲，是因为信息不对称普遍存在，契约不可能是完全的。这两个因素共同发生作用，就很容易导致道德风险和逆向选择，极端情况下，经济交易行为根本无法达成，市场机制无法正常运行。为了尽量减少这种不确定性，以道德、伦理等非正式制度形态和以法律、规章等正式制度形态存在的诚信、信任和信用等就必不可少。

正因为一切经济活动的开展都离不开信用，信用已成为现代市场经济的一个基本构成要素或重要基石。在已经加入 WTO 的情况下，我国对信用的需求更加强烈而迫切。林毅夫指出，一个富有效率的社会信用体系，应当包括以下内容：信用数据的开放和信用管理行业的发展；信用管理系列的立法和执法，即使用信用的规范和失信惩罚机制的建立和完善；政府对信用交易和信用管理行业的监督和管理，以及信用管理民间机构的建立；信用管理教育和研究的开发等。[1] 据统计，在发达国家，企业间的信用支付方式已占到 80% 以上。[2] 然而，我国的信用环境状况却不容乐观，信用的价值被严重的忽视，不守信用成为个人、企业、许多政府部门的一种选择甚至社会流传的不良风气。

2. 现代契约理念即"普遍主义"信用资源的稀缺使企业运营普遍存在着高交易成本的预期

普遍主义和特殊主义相对应。如果说特殊主义是指在社会生活中对待不同的人选择不同的交往规则的话，那么普遍主义则是指的社会交往中存在某种一般的、普遍的、共同的、带有传播性与流行性的规则或标准。[3] 一般来说，传统社会以私人信任为主，现代社会则更依赖于系统

---

① 吴亮等：《重建信用中国》，《瞭望》2002 年第 4 期。

② 林其屏：《规则和信用：市场经济两大基石的缺损与重构》，《福建论坛》2002 年第 1 期。

③ 现代契约理念即是一种普遍主义的信用。

信任或者制度信任。换言之，与现代社会和市场经济对应的信用范畴应当是普遍主义的。但是，考察表明，自古以来中国就是特殊主义大行其道的社会，社会人际交往缺乏一般的和通用的准则和标准，普遍主义理念和信用资源严重稀缺。

普遍主义信用的基础是产权，从本质上说代表了不同自利个体之间经过重复博弈所达到的互利均衡结果。现代中国，一方面由于文化传统变迁的路径依赖，另一方面由于缺乏明晰且受到切实保护的产权制度，缺乏法治精神和现代契约理念，市场发育还很不成熟，结果普遍主义信用资源严重稀缺，失信行为广泛存在，整个社会一度陷入了信用危机的状态。资料表明：在我国企业信用制度还没有建立起来，个人信用制度更为落后，政府信用也受到了挑战。假冒伪劣商品泛滥，虚假广告遍地，坑蒙拐骗横行，企业之间的三角债、银行呆坏帐、信用卡诈骗、偷税漏税、走私骗汇等问题大量存在①。这其中，企业和银行之间信用观念淡薄、信用状况恶化的现象相当显著，而政府信用的缺失对企业经营管理的消极后果危害更大。信用危机状态下，由于"劣币驱逐良币"的作用，能够生存下来的经济主体，多选择了失信行为；凡是想要生存下来的经济主体，也往往不得不接受这样的选择，结果在经济素质下降和信用环境破坏之间形成了恶性循环。

处于这样的信用环境中，经济人之间的不信任心理严重扩大，经济交往的交易成本急剧提升，经济生活的不确定性被人为增强，经济组织对其经营后果预期的稳定性显著减弱。在这样一个普遍主义信用缺失的真空状态，企业要想尽量降低经营管理的交易成本并稳定自己的理性预期，就不得不退而求其次选择其他的交往规则或标准：特殊主义的信用。

---

① 胡梅娟：《治理信用"污染"有何良策》，《瞭望新闻周刊》2001 年第 40 期。

3. "家" 文化传统即 "特殊主义" 信用的泛化使企业特别注意了所有权配置的家族标准

中国是一个家文化传统最为悠久和深厚的国度，"从那个最深厚的文化层次中流传下来，至今仍是中国人行为核心的，是家的概念"①，"家族不但成为中国人之社会生活、经济生活及文化生活的核心，甚至也成为政治生活的主导因素"②。虽然建国以来家文化、家族组织受到了强烈的冲击，但现实表明："家族主义"或"泛家族主义"倾向在中国的各种组织或单位中都惊人的相似，并普遍地存在着③。更进一步，有学者指出，中国人对外人的信任是通过"拟亲化"和个人之间心理情感的亲密认同这样两个将"陌生人"变为"自己人"的过程建立的，结果使中国社会变成为一个"熟人社会"④。这是因为，虽然现代化会削弱旧传统的某些层面，然而在社会变迁的过程中，旧传统的某些层面有时会被再度提出和强调，以解决文化断层的危机和建立新的认同⑤。在中国社会转型过程中，计划经济体制规则渐渐失效，健全的市场经济规则还在逐步的建立之中。尤其是在如上述现代契约理念即普遍主义信用资源还相当稀缺导致经济主体对未来预期还带有相当不确定性色彩的情况下，有深厚历史积淀的家庭与家族规则自然就成为在夹缝中发展起来的民营企业创建和发展的支撑构件。对此杰纳深刻指出，20世纪的中国固然伤痕累累，惟一比其他机制更强韧、更蓬勃的就是……中国家庭。⑥

近代社会的现代化过程，在很大程度上也就是一个由身份型社会向

---

① 汪丁丁语，转引自甘德安：《中国家族企业研究》，中国社会科学出版社2002年版，第39页。

② 杨国枢：《家族化历程、泛家族主义及组织管理》，台北远流出版公司1998年版。

③ 樊江春：《中国微观组织中的"家族主义"》，《新华文摘》1992年第5期。

④ 同上。

⑤ Eisenstadt, 1973, Tradition, Change and Modernity, New York, P209～210.

⑥ ［日］福山：《信任——社会道德与繁荣的创造》，远方出版社1998年版，第113页。

契约型社会的转变过程。因此，一般认为家族关系作为身份关系的一种是和契约关系相对立的。如英国法律史学家梅因所说："所有进步社会的运动，到此为止，是一个从身份到契约的运动。……在以前，'人'的一切关系都是概括在'家族'关系中的，把这种社会状态作为历史上的一个起点，从这一起点开始，我们似乎是在不断地向着一种新的社会秩序状态移动，在这种新的社会秩序中，所有的关系都是因'个人'的自由合意而产生的[①]。"体现在企业制度变迁方面，一般认为凸显合约原则的现代企业对家族企业的纵向替代是一个一般性的历史规律。纵观世界经济发展史也证明了这一点。

但是，一般是和特殊相对而言的，也就是说有规律就必然有特例。事实上，虽然"从身份到契约的运动"是社会发展的一般趋势，但对于中国等国家的"家"文化传统并不能作"家文化即身份原则"的肤浅理解。对于中国来说，家文化已经构成了其文化传统的核心和基本的异质性特征，这不仅来自于深远的传统，而且也将在未来持续演进。

显然，家文化传统对应一种特殊主义的信用环境。几千年家文化传统的社会心理积淀或"文化资本"[②]的积累作为一种非正式制度环境对嵌入其中的经济行为人进而企业制度都产生着重大影响。如前述，在不同制度框架下活动着的理性行为人其选择集是不同的。对于浸淫家文化传统几千年的中国人来说，其选择集当中的一个至关重要的内容就是信任、忠诚、情义，或者说是在家族范围内利他主义的世界观。一方面，这是一种内化了的精神效用，虽然我们一般认为精神效用和物质效用存在可替代性，但在一定程度上前者也具有和后者的不可通约性，这依行为人理性社会化程度的不同而具体不同；另一方面，这也是一种

① ［英］梅因：《古代法》，商务印书馆1984年版，第96～97页。
② 储小平：《中国"家文化"泛化的机制与文化资本》，《学术研究》2003年第11期。

据以分配物质资源、经济利益和企业剩余的重要标准和制度安排。因此，对于企业作为利益相关者之间交易契约的一般性质而言，在家文化的非正式制度环境中，一方面，是否拥有家族关系以及是否持有利他主义世界观是判断和确定企业真实利益相关者的重要标准和尺度；另一方面，利益相关者所拥有的产权或者说他据以争取企业所有权配置格局中更高地位的谈判实力在很大程度上取决于他所拥有的家族关系以及信任、忠诚和情义这样一种独特人力资本的"质"和"量"。那么显然，从不同利益相关者对企业进行"相机治理"作为企业制度特殊的内涵出发，在家文化这样一种非正式制度环境中，家族特色必然构成企业制度模式的一个重要内容，进而，这外现于企业制度的方方面面当中。

　　资料表明，在中国私营企业中90%以上是家族企业，绝大部分实行家族式管理。此外，其他类型的企业，如乡镇企业、集体企业、合伙企业、股份合作制企业、民营承包企业，以至于部分国有企业等也大量存在家族制或家族式管理。① 由此可见，我们关于家族治理作为中国特色企业制度重要组成部分的结论已经得到了初步的实践证明。

4. 对中国企业制度家族特色的"批判性肯定"

　　一般认为，在企业的创始阶段，家族式的经营管理在企业融资、增强凝聚力、节约交易成本尤其是创业成功等方面有很大的优势，但随着企业的逐步发展，企业治理的家族特征又开始成为企业进一步发展的约束而必须进行改造。不可否认，企业的家族式管理存在许多内生性的制度缺陷，但承认这一点并不等于接受国内许多学者关于企业要"尽快走出"家族制的主张。（1）从理论解释方面看，这种观点完全没有考虑制度环境特别是文化传统的因素，显然其潜在遵循的逻辑是狭义个体主

---

　　① 甘德安：《中国家族企业研究》，中国社会科学出版社2002年版，序言。

义和纯经济的，因此也就难以避免在企业制度认知问题上的狭隘性和单维性。（2）从实践对策方面看，这种观点仅仅强调企业制度本身的改造，显然是"抓住一点，不及其余"。事实上，既然企业制度特征的深层根源在于制度环境，那么只要这种制度环境一定，企业就必然具有相应的制度特征，也只有改变了这种制度环境才能从根本上改变企业制度本身。

总体上，我们对家族制企业持一种"批判性肯定"的态度。首先，我们认为，在中国独特的家文化传统背景下，家族制企业还将在相当长时期内存在，甚至可能构成中国特色企业制度的重要组成部分。而且，在当前正处于新旧制度转型期的中国社会，在社会普遍主义信用缺失的情况下，家族式企业制度模式还发挥着非常必要而有益的积极作用。其次，鉴于家族制对企业本身进一步发展的约束作用，而且从长远来看，现代市场经济主要依赖于社会普遍主义的信用，而且这种信用主要是制度性、系统性和正式的，因此我们还需要不断优化信用环境本身，特别是要通过相应的制度创新来增加普遍主义信用的供给，进而逐步提升家族制企业的境界。

为此我们需要：第一，进行产权制度改革。产权是信用的基础。产权的功能之一就是给人们提供一个追求长期利益的稳定预期和重复博弈的规则。一个社会人们之间的信任程度与社会对产权和合约的保护程度正相关。中国的产权制度距离现代社会的要求还有相当差距。我们不仅要提高产权所有者对其产权的约束力，还需要用法律来明确和保护之。第二，加速法制建设，提高失信行为的违规成本。尽管信用环境对应着社会的道德秩序，但如果没有健全的法律体系，正常的信用关系就失去了基本的保障。法律一方面可以改变经济行为人成本—收益比较的选择理性，另一方面作为社会普适的规则法治理念的深入人心本身就是普遍主义信用的一项重要内容。第三，从四个方面着手，建立高效和完善的社会信用体系：政府信用对整个社会具有引导作用，因此信用建设首先需要从政府自身做起；个人信用是社会信用的最终践行者，因此信用建设应当以个人信用为突破口；企业是国民经济的微观基础，因此企业信用体系和制度建设是社会信用体系建设的重点；另外，还要利用高度发达的信息手段，在全社会建立起信用评估体系，为现代社会信用体系提供客观的信息基础和制度、组织保障。第四，优化我国的非正式制度环境。我国自古以来有着"诚信"的传统，但是这种"诚"、"信"在本质上是从对天人关系的认知出发进而对人际关系的主张，在中国历史上又异化为了纵向的义务服从关系。显然，这里面既有着高深的哲学意蕴、中国文化传统的异质性特征，也有统治者"愚民政策"的投影。这与以产权原则为基础、以合约原则为核心、以法治原则为保障、主要用来表明和规制经济主体间横向的权利平等关系的现代信用制度是存在显著的差异的①。因此，必须对我国的非正式制度环境进行优化。

由于中国特色企业制度本身的复杂性，在现代中国动态的制度变迁过程中对它进行把握是难之又难的。本书仅仅从基本经济制度与文化传统角度对中国特色企业制度的探讨，虽然具有一定的开创性意义，但还是极为初步的。事实上，企业制度模式与一国整体制度环境中的方方面面都存在密切的关联，比如政治制度、金融制度、市场类型等等，应该对制度环境与企业所有利益相关者（比如政府、银行、机构投资者等）之间的关联性关系作全面的比较分析。总体来看，这一课题将是一个非常值得进一步研究的重要方向，继续努力应当可以作出非常有价值的成果。

在谈到中国的改革开放时，狄百瑞曾意味深长地写道：它越变，越是同一件中国的东西②。中国现代企业制度的建设也是如此。随着制度

---

① 崔宜明：《契约关系与诚信》，《学术月刊》2004年第2期。

② ［美］狄百瑞：《东亚文明——五个阶段的对话》，江苏人民出版社1996年版，第108页。

环境的不断优化，我国企业制度将真正回归其固有逻辑并得到可持续拓展；随着制度环境的持续演化，我国企业制度也将表现出相应的异质性特征。我们预计，中国特色企业制度创新的典型案例，将不仅给中国的和平崛起奠定坚实的微观基础，也必将给世界其他国家的经济发展提供一种新的制度演进路径的借鉴。

第八章　复杂性科学视域中的制度矩阵及其演化

　　21 世纪悄然降临。经济学工匠向窗外望去，发现在更高的山岗上，已经矗立起一座更加富丽堂皇的神殿的脚手架。我们的选择在于：是继续在 20 世纪的经济学殿堂里雕梁画栋，还是到 21 世纪经济学的工地上添砖加瓦[①]。这值得我们每一个人深思。

　　本章的内容，并不是继续在制度"均衡"的角度研究企业制度安排与宏观制度环境之间的双向"选择"关系，而是结合新兴的"复杂性范式"从更为一般的角度讨论整体制度矩阵的"演化"问题。

---

　　① 道格拉斯·C·诺思：《理解经济变迁过程》，中国人民大学出版社 2008 年版，前言第 2 页。诺思在诺贝尔奖网站上的自传补充，可以帮我们了解他的心境："自从 1993 年获得诺奖以来，我仍在继续我的研究，努力发展一种分析架构，以便更好地理解经济、社会和政治的长期变迁。朝着内心这个目标，我更深地介入了认知科学，试图去理解心智和大脑如何工作，了解它们与人们做出选择以及与既有的信仰体系有什么关系。很显然，这些更为基础的制度变迁，是发展一种制度变迁理论必要的先决条件。我还试图整合政治学、经济学和社会学，显然，一种有效的经济变迁理论不可能仅仅是经济学，它应该努力去整合社会科学，并与认知科学相结合。"

8.1 复杂性思想：全新的视角

在人类社会发展的 21 世纪，随着科技的进步与认识的深化，以简单性为核心的经典科学及其思维范式已经越来越显示出其致命的局限。与此同时，世界的复杂性不断地为人类所解读，人们的思维范式也越来越深地被打上了复杂性的印记。经济学作为"显学"，自然不可能脱离开这一趋势。

8.1.1 复杂性思想的提出

在信息化、网络化与全球化的今天，不仅整体的世界图景显示出了前所未有的复杂性，而且不同领域的理论研究，或宏观或微观、或自然科学或社会科学等，学者们也都不约而同地注意到了各种各样的复杂性问题。正如汉森所说："科学能够给我们提供新的知识。令人遗憾的是，这些新知识又产生出新的更多的不确定性。科学解答了我们的一些问题，但又以越来越快的速度产生出新的未解答的问题[①]"。或如诺思所认为的，人类社会是非各态历经[②]的世界，其演进的本质特征是不确定性。与此适应，复杂性研究已经成为本世纪的重大课题，某种意义上说它是"21 世纪的科学"也并不为过。正如复杂性学者、计算机仿真专

[①] 万·欧维·汉森：《知识社会中的不确定性》，《国际社会科学杂志》（中文版），2003 年第 1 期。

[②] 非各态历经意味着，我们所面临的不确定性是全新的，我们没有历史经验来为应对做准备。这一点在现代社会尤为显著。参见道格拉斯·C·诺思：《理解经济变迁过程》，中国人民大学出版社 2008 年版，第 18～21 页。

家约翰·L·卡斯蒂所说：复杂系统的理论家们正处在与伽利略时代的物理学家们相近的位置上。正是伽利略的努力，为牛顿建立简单系统的理论铺平了道路①。

把复杂性研究者与伽利略、牛顿等相提并论，并不仅仅是一种地位或重要性的比照，更根本的原因是，相对于以牛顿力学奠基并影响至今的传统机械论思维方式，复杂性问题的提出及其有关研究成果是一种革命。首先不容否认的是，机械论相对于更早期的神学思维方式乃是一种巨大的进步，而且在过去几百年中也极大推进了科学的发展乃至历史的进程。也正因此，机械论思维方式在现代社会仍然普遍存在，甚至于本来较为科学合理的系统论思想也不自觉被打上了它的深刻烙印。然而，随着时代的发展进步以及各学科理论研究的深入，人们发现了这个世界更为深刻的复杂性本质。而在各种各样的复杂性问题面前，持"还原论"、"构成论"等观点的机械论思想越来越无能为力，以"整体论"、"生成论"等为内核的复杂性科学终于登上了历史舞台。

复杂性科学自其诞生始也经历了一个阶段性的发展演变过程②。概略来说，第一个阶段是"研究存在"③，其主要成就表现为一般系统论、控制论及人工智能等三个方面，其中一般系统论是具有代表性的成果；第二个阶段是"研究演化"，这一阶段的研究对象主要是系统从无序到有序或从一种有序结构到另外一种有序结构的演变过程，主要内容包括耗散结构理论、协同学、超循环理论、突变论、混沌理论、分形理论及元胞自动机理论等。复杂性科学发展的第三个阶段是"综合研究"，这

---

① 约翰·L·卡斯蒂：《虚实世界》序，上海科教出版社 1998 年版。

② 美国圣菲研究所首任所长考温（Gorge Cowan）在回顾复杂性科学的发展史之时，认为复杂性科学是从贝塔朗菲开始的。他说，1928 年，贝塔朗菲在维也纳完成他的关于生物有机体的系统描述的毕业论文，由此唤醒了科学对复杂性的现代兴趣。

③ 金吾伦等：《复杂性科学及其演变》，《复杂系统与复杂性科学》创刊号，2004 年 1 月。

一阶段复杂性科学仍然主要研究演化，研究生命的进化、人的思想的产生、物种的灭绝、文化的发展等①，但其研究方式不再是分门别类地进行，而是打破学科界限进行综合研究，而且也有了专门从事复杂性科学研究的机构即美国圣塔菲研究所（Santa Fe Institute，简称 SFI）②。

总的来说，经过努力，复杂性科学研究取得了丰富的成果，而在其中又以复杂适应系统（Complex Adaptive System，简称 CAS，下同）理论最为典型并具有代表性。CAS 理论是由 SFI 指导委员会主席之一、遗传算法的发明人约翰·H·霍兰德（John H. Holland）于 1994 年 SFI 成立十周年所举行的乌拉姆系列讲座的首次报告会上提出来的。他认为，事物的复杂性是从简单性发展而来的，是在适应环境的过程中产生的，并且存在某些一般性的规律控制着这些复杂适应系统的行为。由于这种认识体现了现代科学技术发展的综合趋势，反映了不同科学领域的共识，CAS 理论一提出就引起了广泛的关注，并被评价为"将复杂系统的研究工作引领到了一个全新的领域，并使其自身具有了与以前的理论根本不同的、新的洞察力"，也有人认为它是"人们认识复杂系统演化规律的一个质的飞跃"。这之后，CAS 理论迅速引起学术界关注，被尝试用于观察和研究各种不同领域的复杂系统，成为当代系统科学引人注目的一个热点。

---

① 沃尔德罗普：《复杂——诞生于秩序与混沌边缘的科学》，三联书店 1998 年版。
② 1984 年 5 月，在诺贝尔物理学奖获得者盖尔曼（M. Gell - Mann）和安德森（Philip Anderson）、经济学奖获得者阿罗（Kenneth Arrow）等人的支持下，由美国著名的国家实验室罗沙拉莫斯前所长考温（Gorge Cowan）负责，聚集了一批从事物理、经济、理论生物、计算机等学科的研究人员，组织创办了一个松散的研究团体即 SFI，专门从事复杂性科学的研究，试图由此创造出一种活跃宽松的学术氛围，找到一条通过学科间的融合来解决复杂性问题的道路。其理念之一就是促进知识统一和消除科学文化与人文文化之间的对立。

8.1.2 CAS理论的基本原理

什么是CAS呢？其核心的概念是"适应性主体"（adaptive agent），核心的思想是"适应性造就复杂性"。围绕"适应性造就复杂性"，霍兰德还进一步提出了研究适应和演化过程的七个重要概念：聚集、非线性、流、多样性、标识、内部模型、积木[1]，同时他又建立了"回声（Echo）"模型，用以模拟和研究一般的CAS行为。这里主要介绍其中的四个范畴。[2]

1. "适应性造就复杂性"

霍兰德在《隐秩序》一书的序言中开宗明义地指出："本书讨论的中心议题，是近来备受关注的一个领域：复杂性。……在写这本书的过程中，我把重点放在复杂性的一个侧面——围绕'CAS'研究。[3]"正因如此，霍兰德把"适应性造就复杂性"作为《隐秩序》一书的副标题，突出了其CAS理论的核心思想。简单来说，CAS是这样一种组织：组织的每个成员都是一个行为主体，这些行为主体具有自主的判断和行为的能力、与其他主体之间交互（信息和物质）的能力、以及对环境依赖和适应的能力，并且具有相互依赖性，每个成员还能根据其他成员的行动以及环境变化不断修正自身的行为规则，以便与整个组织和环境相适应。整个宏观系统的演化，包括新层次的产生、分化和多样性的出现等，都是在这个基础上逐步派生出来的。

2. "适应性主体"（adaptive agent）

既然适应性造就复杂性，"适应性"自然成了CAS理论中一个核心

---

① 约翰·霍兰：《隐秩序——适应性造就复杂性》，上海科教出版社2000年版。
② 解读CAS理论的有关观点，常让人联想起我国古代典籍《易经》中的一段文字："见群龙无首，吉。"
③ 约翰·霍兰：《隐秩序——适应性造就复杂性》，上海科教出版社2000年版，序言。

概念。霍兰德将生物学中适应性术语的范围扩大，把学习与相关过程也包括进来。尽管不同的 CAS 过程具有不同的时间尺度，但适应的概念可以应用于所有的 CAS 主体。所谓适应，就是个体与环境之间的主动的、反复的交互作用。任何系统包括 CAS 都是由大量元素组成的。霍兰德认为它们应该是主动的元素（active element），于是借用了经济学中的主体（agent）一词。从"元素"到"主体"，并不仅仅是一个简单的名称变换，而是在观念上有明显的突破。"主体"概念加上"适应性"概念即构成"适应性主体"（adaptive agent），把 CAS 组成单元的个体的主动性提高到了复杂性产生的机制和复杂系统进化的基本动因的重要位置。"在 CAS 中，任何特定的适应性主体所处环境的主要部分，都由其他适应性主体组成，所以任何主体在适应上所作的努力，就是要去适应别的适应性主体"[①]。正是通过主体的"适应"即主体间主动的、反复的交互作用，组织才以一种不可还原、难以预测且远远高于传统组织速度的方式不断有效地预测并适应着环境的变化。因此，主体与主体之间的相互作用、相互适应成为 CAS 生成复杂动态模式的主要根源。

3."涌现"（emergence）

"适应性"是如何造就"复杂性"的呢？或者说在微观的"适应性主体"与宏观的组织变革即组织复杂性的提高之间存在着一种什么样的机制呢？CAS 理论以"涌现"概念对此做出了形象的解释。亚里士多德曾提出"整体大于部分之和"的命题，而贝塔朗菲和霍兰德等复杂性学者则进一步以"涌现"发挥或者诠释了这一理念。简单地说，CAS 理论认为随着外界环境信息的不断输入，无论是个别主体的"学习"与适应性调整，还是所有主体间不断进行着的交互适应，都带有显著的

---

① 约翰·霍兰：《隐秩序——适应性造就复杂性》，上海科教出版社 2000 年版，序言第 10 页。

主动性、创新性、非线性（non‑linearity）① 等特征。于是，在系统内部，随着稳定与不稳定、竞争与合作、放大与抑制等一系列错综复杂的矛盾运动，促发了不同主体的功能耦合和聚集，结果系统在宏观层次上生成、突现出了事先不可预测、事后不能还原的新的结构、性能和更复杂的行为等。这是一幅活生生的、变化中的、充满新奇和意外的进化过程，这就是"涌现"。显然，相对于传统的观点，"涌现"是一种全新的思维方式，它意味着组织的变革与创新不可能是"设计"出来的，而只能是"生成"的；而且这种生成过程时刻都在发生——它们时时刻刻都在把自己组织成新的模式。正因如此，SFI 明确提出"复杂性实质上就是一门关于涌现的科学……就是如何发现涌现的基本法则"②，SFI 还把涌现作为一个重要的"圣菲理念"。

4."混沌的边缘"（the edge of chaos）

CAS 理论认为，混沌的边缘是复杂系统为解决复杂性问题而必定要走向的区域。所谓"混沌的边缘"，是指系统中的各种因素从未真正静止在某一个状态中，但也尚未动荡至瓦解的那个边缘。混沌的边缘是可以使组织具有足够的稳定性，又同时具有足够创造性的边界③。只有运行于混沌的边缘，即处在稳定区域和不稳定区域之间的相变阶段时，系统才是创造性的④。

---

① 线性意味着单一、均匀、不变，不具备产生复杂性的根源；而非线性则意味着无穷的多样性、差异性、可变性、非均匀性、奇异性和创新性等等。

② 沃尔德罗普：《复杂——诞生于秩序与混沌边缘的科学》，三联书店 1997 年版，第 115 页。

③ 张利斌：《基于复杂自适应系统视角的企业核心刚性研究》，华中科技大学 2005 年度博士论文，第 30 页。

④ 具体的探讨，参见下文"制度演化的系统层级"部分有关"合法系统"与"影子系统"的内容。

8.1.3　复杂性思想革新了经济学的研究范式

范式的概念和理论是美国著名科学哲学家托马斯·库恩（Thomas. Kuhn）提出并在其《科学革命的结构》（The structure of Scientific Revolutions）（1962）中系统阐述的，指常规科学所赖以运作的理论基础和实践规范，是从事某一科学的研究者群体所共同遵从的世界观和行为方式。显然，这里的范式主要是指的思维的范式，而不仅仅是方法论意义上的范式。① 在一定时期内，由于历史和现实的原因，总存在着某种被多数学者所使用的概念和方法，这就是主导范式。库恩曾一针见血地指出：范式的危机、破裂与演变是科学发展的重要环节和集中体现。在库恩看来，科学革命的实质就是"范式转换"，是排挤掉"不可通约"的原有范式。② 显然，思维范式的创新也是人类社会文明进步的重要动力。

每个世纪都有自己的科技特征，每个世纪也都有属于自己的思想特征。正如恩格斯所说，"每一时代的理论思维，从而我们时代的理论思维，都是一种历史的产物，在不同的时代具有非常不同的形式，并因而具有非常不同的内容。因此，关于思维的科学，和其他任何科学一样，是一种历史的科学，关于人的思维的历史发展的科学。"③ 在人类社会发展的 21 世纪，随着科技的进步与认识的深化，人们越来越发现在一系列的新情况新问题、新机遇新挑战面前，已有 400 多年历史的、以简单性为核心的经典科学及其思维范式已经越来越显示出其致命的局限。与此同时，人们越来越发现"自然界不是存在着，而是生成着并消逝

---

① 思维范式指立足于一种世界观、认知体系、信念等而形成的固有的稳定的反复使用的具有范例特点的思维规范、模型或模式。在方法论的意义上，范式指的是某学科内被一批学者和应用者所共同接受、使用并作为交流思想的工具的一套概念体系和分析方法。

② 托马斯·库恩：《科学革命的结构》，北京大学出版社 2004 年版。

③ 恩格斯语，《马恩选集》，人民出版社 1972 年版，第三卷，第 465～466 页。

着"①，发现宇宙在永不停息的形成秩序和结构的过程中涌现出巨大的复杂性特征。这就是说，"客观世界并不稳定，它充满了解构和结构、发散和内聚以及复杂系统自我组织的内聚性进化、动荡、演化和令人震惊的事情"②，"因果性、确定性、决定性、稳定性、简单性这只是世界本质属性的一个方面，而概率性、不确定性、非决定性、动态演化性则是世界本质属性的另一方面，两者的互补与统一才构成了世界的真实图景"③。世界的复杂性不断地为人类所解读，人们的思维范式也越来越深地被打上了复杂性的印记：人们的思维方式不断地"由关注简单性跃进到关注复杂性、从线性思维过渡到非线性思维、从还原论思维转向整体思维、从实体性思维演进到关系性思维、从静态思维走向过程思维"。④ 思蒂芬·霍金断言，"I think the next century will be the century of complexity"⑤。总之，复杂性范式作为"一种既起源于科学又有哲学深度与广度的新体系"⑥，"宣告了科学思维的新纪元：表现在人类自身和人类社会中的进化达到了自我意识的纪元"⑦。

如果说迄今为止复杂性思想在自然科学领域体现和应用的较为广泛的话，那么从长远来看在社会科学领域特别是经济学领域复杂性范式可能会找到自己真正可以大显身手的用武之地。这不仅是因为即便是在复杂性理论特别是 CAS 理论的初创时期经济学也发挥了重大的推

---

① 恩格斯语，《马恩选集》，人民出版社 1972 年版，第三卷，第 451 页。

② 吴彤：《复杂性范式的兴起》，《科学技术与辩证法》，2001 年第 6 期。

③ 颜晓峰：《20 世纪的科学技术发展与思维方式变革》，《湖南文理学院学报》（社科版），2003 年第 5 期。

④ 周学忠：《复杂性思想：开创人类思维范式新变革》，陕西师范大学 2005 年度硕士论文，第 10～20 页。

⑤ Stephen Hawking cited by San Jose Mercury News, "Unified theory's getting closer, Hawking predicts," Sunday, January 23, 2000.

⑥ 洪晓楠：《复杂性科学与当代唯物辩证法》，《安徽师范大学学报》（哲社版），1998 年第 2 期。

⑦ 拉兹洛：《进化——广义综合理论》，社会科学文献出版社 1988 年版，第 20 页。

动作用，也不仅是因为复杂性范式本身具有根本性和普适性，更因为相比较自然世界而言人类社会尤其是经济领域的复杂程度更深、复杂现象更广。

人文、社会科学领域的确有着比自然科学领域更为复杂的复杂性问题。一方面，那种在自然科学领域起作用的客观复杂性仍然在起作用，另一方面，新的复杂性问题也涌现了出来：人类目的性、相互作用和组织结构、社会结构与演化等复杂性问题相互缠绕，交织，体现了从来没有过的、空前的复杂性。这当中最为重要一点就是人类拥有"意识"，正如诺思所说："……我们所理解的与自然科学中的不同。在自然科学中，我们能够使用简化论（reductionism）来理解自然界。……自然科学家们能从自然科学的基本单位入手建构理论，以探究他们试图理解的问题的维度。而社会科学没有与基因、质子、中子和分析相类似的基本单位来建构理论。"①

一直以来，经济学都有着一种"帝国主义"的冲动和把自己发展成为一门"真正的科学"的努力。而客观地说，尽管如诺思所反复的强调的那样，"人类环境的不确定性"远远高于"自然环境的不确定性"②，这决定了在复杂性思想的创生方面经济学有着远远高于自然科学的基础条件，但事实上从经济学的最初诞生开始她就被深深打上了封闭、静态、线性、均衡等一系列简单性范式的烙印。经济学家似乎一直都以构造和论证建立在抽象假定前提上的数学模型为荣，满足于形式上的均衡与秩序，而无视真实世界中触目皆是的复杂性经济现象，以至于有人曾偏激地指出经济学只是"屠龙术"、"少数人显示智力的数学游戏"，其最大作用不过是"为一些所谓的经济学家提供就业机会而已"。

---

① 这句话主要是诺思基于方法论个体主义对自然与社会科学两大领域基本分析单位的比较，并不是说自然界本身就是简单的。道格拉斯·C·诺思：《理解经济变迁过程》，中国人民大学出版社 2008 年版，第 75～76 页。

② 道格拉斯·C·诺思：《理解经济变迁过程》，中国人民大学出版社 2008 年版。

如果说在过去经济学家们的"科学"情结事实上在很大程度上误导着经济学发展的话，那么在现代经济学建设取得突破性进展并有可能追赶上"真正的科学"发展脚步的时机已经到来。这一时机就是复杂性范式的引入。

本质上，复杂的现实经济非常适合用复杂性理论的观念和方法来描述。比如，从整体的角度而言，经济系统也表现出了从简单到复杂的演进趋势，这以为不胜枚举的各类经济现象所证实。再比如，经济系统在趋向复杂的过程中也常有类似"间断式均衡"现象的发生，比如股市的风云、金融的危机、体制的转轨，等等。事实上，经济领域诸多的难以为传统理论所解释的各类现象与问题早已引起不少学者的关注，人们越来越认识到"经济学范式——新古典理论——并非为解释经济变迁的过程而创立。我们生活在一个不确定的并且不断变化的世界，这个世界不停地以全新的方式演化。标准理论在这种背景下解释力有限。为了理解经济、政治和社会的变迁，需要我们从根本上改变我们思考问题的方式。"① 这就是说，现代经济学的危机在于其研究范式——这种范式上的危机又根源于其机械论和简化论的方法论基础，既然是范式的危机，就不可能通过对"外围地带"和"附加假设"的修正来予以挽救。我们需要一个全新的研究范式，它应该能够解释所有那些被主流经济学抛弃掉的重要经济现实。② 既然现实经济本质上是一个不断演化的、复杂的系统，那么，运用复杂性科学的理念和方法对经济进行研究、分析和解释的想法显然是极其诱人的，也是顺理成章的。

复杂性范式的引入能够解决传统经济学所面临的诸多难题，不少经济学家已经在这方面进行了非常有益的探索。比如，人们发现资本市场

---

① 道格拉斯·C·诺思：《理解经济变迁过程》，中国人民大学出版社 2008 年版，前言第 2 页。

② 梁正：《演化经济学研究范式的重新思考》，《南开经济研究》2003 年第 5 期。

的演化已经可以运用混沌、分形理论的工具进行分析和解释，一般市场的演化和计划经济的发展也被一些经济学家运用非线性科学和信息科学的工具进行了描述。近十几年来，突破新古典经济学框架的努力越来越显著，也越来越彻底。除了涌现出诸如行为经济学、法律经济学、新制度经济学、新经济史学等一大批新兴经济理论之外，还形成了不少的诸如系统经济学、混沌经济学、演化经济学、信息经济学、经济控制论、不确定性经济学、经济系统自组织理论等颇具"复杂性范式"特征的非主流经济理论。复杂性范式也越来越为主流经济学家所接受并使用。美国经济学家 W. B. Arthur 通过考察经济均衡和演化动力，提出了非均衡的、演化的非线性的复杂性经济学。① 而肯·阿诺则干脆宣布，"我们原来已经有了一种经济学，就是我们大家都很熟悉的常规经济学（新古典经济学和一般的均衡理论）……现在我们又有了一种经济学，圣塔菲式的进化经济学。……其重要性与传统的经济学理论等量齐观。"②在此基础上，国内也有学者进行了非常有针对性的研究，甚至已经提出了"复杂性范式经济学"的基本假设、基本原理和研究方法等。③

"每次革命都改变了科学研究的对象……每次革命都彻底改变了科学的形象"④。复杂性范式是科学思维领域的重大革命，"复杂性范式经济学"也的确是对传统经济学的颠覆。然而，这并不意味着完全打破重来。事实上，复杂性范式经济学有着极为广阔的视野和巨大的理论容

① 例如，他指出，如果一个政府今天设法减少了出生率，那么十年以后就会影响到学校的大小和多少，二十年以后就会影响到国家的劳动力，三十年以后就会影响到下一代的人口，六十年以后就会影响到退休的人数。均衡经济学的范式同样正在受到混沌研究的冲击；非线性、自组织、小涨落被放大，经济事件被锁定，正反馈效应，报酬递增和报酬递减规律在同时发挥作用，这样的观点正在被主流经济学家所接受。参见 W. B. Arthur, Positive feedback in the economy, scientific American, February 1990, 262, P. 92~99.
② 沃尔德罗普：《复杂——诞生于秩序与混沌边缘的科学》，三联书店 1997 年版，第 459 页。
③ 陆善勇：《复杂性范式经济学导论》，《广西大学学报》（哲社版），2005 年第 4 期。
④ 托马斯·库恩：《科学革命的结构》，北京大学出版社 2004 年版。

量：她为古典理论留有充分的"余地"，同时她也与现代经济学充分"兼容"。也就是说，传统经济学所有的合理成份都构成了复杂性范式经济学的一个侧面或片段，而复杂性范式则将所有这些片段和侧面统摄成了一个有机的整体。总之，对于正处于困境中的经济学，复杂性范式的确给我们带来了希望之光。[①]

此外，还非常值得一提的是，"复杂性范式"与"系统范式"有着天然的联系，两者甚至表现出了相互融合的趋势。在经济思想史中，由于马克思的政治经济学与众不同的采取了整体主义的方法论，而且表现出了强烈的动态的历史感与系统感，马克思曾被誉为现代系统科学的主要先驱。那么马克思的"系统范式"与现代"复杂性范式"是一种什么样的关系呢？我们说，后者显然在很大程度上继承了前者，但是后者又在许多的方面丰富与发展了前者。篇幅所限，在这里对这个问题不作展开。

8.2　复杂性科学视域中的制度演化

尽管在制度演化问题的重要性方面基本达成了共识，但在主流经济学当中有关问题的研究一直是一个薄弱环节。引入复杂性范式于制度演化的分析是一个非常有益的尝试。在前人的基础上，我们试图提出一个较为完整的理论框架。

---

① 复杂性范式也未必就是打开智慧之门的"万能钥匙"。但是，在人类社会发展的当前阶段，复杂性范式代表了人们认识的深化以及相当一段时间内的发展方向是毋庸置疑的。当然，在接受复杂性范式的同时，我们同时也应保持对其滥用以及机械应用的警惕。

8.2.1 复杂性思想引入制度演化领域的探索

长期以来，CAS 理论主要用于技术创新和技术变迁领域的研究。迄今为止，技术创新研究的复杂系统理论框架已经在学术界基本达成共识。鉴于 CAS 理论在技术创新的研究领域取得了很大的成就，一些演化经济学者认为，应该采用 CAS 理论来研究演化经济学领域的另一主题——制度的演化问题。但是长期以来，这一理论框架在制度演化领域的采用遇到了很大的阻力。这是因为制度演化问题并不像技术创新那样从属于人类所面临的物理环境，而是主要产生于人类相互作用所产生的社会经济环境。哈耶克曾专门区分了无机复杂现象与有机复杂现象的区别，认为在自然科学领域，研究者无需使用有关个别要素的具体信息，但是在社会科学领域必须探讨的是有机复杂现象，即那些呈现出这种复杂性结构的特征不仅依赖于构成它们的个别要素所具有的特征以及它们出现的相对频率，而且还取决于这些个别要素彼此相联系的方式。诺思也曾反复强调，"适于应付物理环境不确定性的制度和信念与人类建构的应对人类环境的制度和信念的对比是理解经济变迁过程的关键"[1]，而"从解决物理环境问题而建立的信念体系转换到解决人文环境问题的信念体系是很困难的"[2]，其原因就在于"自然科学借助于简化来得出基本规律，使得它们的科学（可能）是各态历经的"[3]，但是"如果与物理环境相联系的不确定性降低了，随之而来的则是社会环境更大的复杂性。我们理解这种复杂性有限的主要原因在于，社会科学中还没有出现可以与物理科学中的定理相媲

---

[1] 道格拉斯·C·诺思：《理解经济变迁过程》，中国人民大学出版社 2008 年版，第 90 页。

[2] 同上，第 69 页。

[3] 同上，第 18 页。

美的基本公理。一个更为基本的原因是我们不断加以改造的世界的非各态历经的本质"①。总之，技术创新引发的复杂性低于由人类的社会结构所产生的复杂性，CAS 理论在解释制度演化时遇到了更为复杂的问题。

尽管面临着种种困难，但是在过去的一段时间里，还是有相当一部分学者不断尝试着从各自学派方法论局限性的束缚中挣脱出来，开始致力于研究制度的复杂演化过程。随着有关研究的不断深入，不管是属于方法论个体主义（methodological individualism）的阵营，还是属于方法论整体主义（methodological collectivism）的阵营，"制度演化是一个复杂性不断增强的过程"这一观点已经得到学术界的基本认同。在这些研究中，比较有代表性的有哈耶克（Hayek）、霍奇逊（Hodgson）等人。他们的工作都不同程度地受到了复杂性理论的影响，从而在制度演化问题上逐渐达成如下共识：发现不确定性是形成整个人类历史结构演化的潜在条件，认同行为主体的异质性假设，承认制度演化是非线性、不可逆的复杂过程，等等。

此外，复杂性思想的影响还在从属于主流经济学的新制度经济学中引起了一定程度的分化，一些学者开始反思传统方法论在解释制度演化问题上的局限性。其中，最具代表性的是长期致力于制度变迁问题研究的著名学者诺思，以及提出比较历史制度分析新视角的格雷夫。由于新制度经济学自其诞生始就试图把制度纳入新古典分析框架，因此，受制于旧方法论的局限，其主流派别对于制度的复杂演化性质是长期忽视的。20 世纪 90 年代以来，随着新制度经济学派代表人物诺思、格雷夫等人越来越发现经济过程的复杂性本质以及在此基础上对路径依赖、学习和心智模型等问题研究的逐渐深入，迹象显示新制度经济学正在逐渐

---

① 道格拉斯·C·诺思：《理解经济变迁过程》，中国人民大学出版社 2008 年版，第 16 页。

形成基于复杂性范式的制度演化研究的分支。① 而这其中又以诺思所提出的"适应性效率"理论最具有典型性。

诺思在研究长期的经济增长问题时，发现新古典理论存在着多方面的局限，无法对经济在历史进程中的演进作出合理性解释。为此，诺思于1990年提出了"适应性效率"概念，用于描述能够带来长期经济增长的制度结构的特征，认为"适应性效率"而不是"资源配置效率"是长期增长的关键。但是，在当时这一思想虽然具有极大的开创性和突破性，但却仅仅是结论式的，诺思还未来得及进行深入细致的研究。而到了2005年，在花费数年之功深入研究认知科学的基础之上，在《理解经济变迁过程》一书中，诺思对"适应性效率"概念进行了深入的和较为全面的阐释。

概言之，诺思的"适应性效率"概念可以从三个方面展开说明：适应什么？谁适应？如何适应？关于第一个问题，诺思指出，"人类让自身的环境易于理解——减少环境的不确定性——的努力无处不在。但是，正是人类使自身环境易于理解的努力导致了环境的持续变化，并因而给理解环境带来了新的挑战。因此，对经济变迁过程的研究，必须从探究人类在一个非各态历经的世界里处理和面对不确定性时所做的无所不在的努力开始。"② 这表明，诺思所要阐述的适应性，要适应的就是他所谓的不确定性。关于第二个问题，诺思关注的是宏观层次的经济体系的适应性问题，但是研究方法和起点是从微观入手，探讨决策个体的适应性问题。因此，问题的答案就是制度通过促进个体的学习过程进而达至经济体系的适应性。关于第三个问题，诺思指出适应性效率的本质

---

① 比如，哈耶克宣称他的自发秩序演化（即我们通常说的文化演化论）理论受到贝朗塔菲的系统论（system theory）和普雷高津的耗散结构理论（dissipative structure theory）的影响。诺思也在其2005年的著作《理解经济变迁过程》中提及 CAS 理论。

② 道格拉斯·C·诺思：《理解经济变迁过程》，中国人民大学出版社2008年版，第5页。

特征是促进分散化决策、鼓励创新，"在各态历经的世界中，我们最终能够正确地理解世界，但是在异常变化频仍的世界中，我们并不一定能够做到这一点。应对这种异常情况的最好办法是，保持那些允许试错实验发生的制度……"①。至于如何做到这一点，诺思认为和"人造结构"、"信念体系"等密切相关。

随着研究的深化特别是复杂性思想的引入，人们对于制度的理解也已悄然发生了深刻的变化。哈耶克认为制度乃是"人之行动而非人之设计的结果"，诺思也曾说过："制度是人类的一种创造。它们是演进的，并为人类所改变。"② 这意味着人们已经认识到，为人类所创造的制度，仅仅在作为对人类在不断演化的物理和人类行为中已经面对的而且还将继续面对的不同水平的不确定性做出的持续反应时才有意义。这些都启发着我们：关于制度概念的界定还应该增加一个新的维度，那就是不断由简单到复杂再到更为复杂的演化的动态维度。在这个意义上，制度可以界定为"从微观层级的多样性中所产生的宏观层级上稳定的社会规则"③。

可以看出，复杂性范式的引入的确极大地推进了对于制度演化问题的研究。然而，由于仍然或多或少地受着传统方法论的束缚，人们对于复杂性范式的应用仍然比较有限。比如在诺思关于"适应性效率"的理论框架中就明显存在着一个由微观个体的学习到宏观制度的适应性演化之间的逻辑"断链"。也正因此，国内曾有学者提出制度演化的研究需要方法论个体主义与整体主义的综合，但是对于如何综合，以及如何在此基础上构建统一的理论分析框架，目前在很大程度上还是一个空白。

---

① 道格拉斯·C·诺思：《理解经济变迁过程》，中国人民大学出版社 2008 年版，第 146 页。

② 道格拉斯·C·诺思：《经济史中的结构与变迁》，上海人民出版社 1994 年版，第 50 页。

③ 王蓉：《理解制度的演化》，辽宁大学 2008 年度博士论文，第 87 页。

8.2.2　构建基于 CAS 理论的制度演化框架

综上，已有的制度演化框架虽然部分接受了复杂系统理论的研究成果，但是，囿于学派核心方法论的局限性，其所构建的理论体系在解释制度演化问题时，仍然存在这样那样的不足。在新制度经济学中，虽然诺思首创、旨在描述带来长期增长趋势之制度结构特征的"适应性效率"理论具有开创性意义和典型性，而且其基本理念也和复杂性思想颇多契合之处，但其逻辑的完整性以及理论的解释力还需加强。在诺思研究的基础上，根据 CAS 理论的有关原理，对于制度演化的基本框架，我们试分三个层级概括如下。

1. 制度演化的"个体"层级

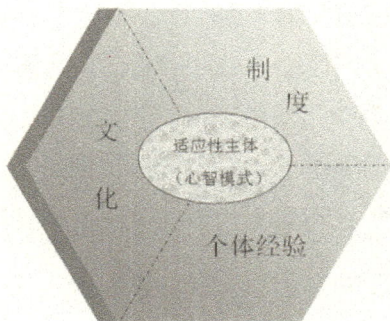

个体层级是制度演化的微观基础。① 这里的个体是指单个的行为主体，也可以是组织。为了分析问题的方便，这里我们暂且把个体界定为单个的行为人。但是，这里所说的行为人，既不是新古典经济学意义上的"经济人"，同时也和诺思作为研究起点的具备有限理性的经济人有

---

① 这意味着，制度"确实是人类行为的结果，而非人类设计的结果"。

着根本的区别，而是一个和"适应性主体"相当的概念。质言之，诺思虽然深刻揭示出了人类意识具备"想象力"、"意向性"两个关键特征①，集中研究了个体经济人的"学习"过程，指出"知识的变化是演化的关键"②，相比较新古典经济学把对个体人的研究从行为拓展到了信念与认知层面，大大提高了理论的解释力，但他仍然明确宣布"个人和组织的学习是制度演化的主要动力"③，没能最终摆脱个人主义方法论的局限。我们这里虽然仍把个体作为制度演化的基础，但是后文将继续进行说明，在制度演化的群体层级，个体之间相互"适应"的交互作用也是"涌现"的重要源泉。事实上，单个的适应性主体只是为了分析的方便，无论在逻辑上还是现实中"原子式"的适应性主体都是不可能存在的，因为即便是单个主体所认识与适应着的环境，本质上也不过是其他的主体或者主体的集合，更不用说个体也无时无刻不在受着整体的"建构"。

具体来说，在制度演化的个体层级，由于个体始终面临着稀缺性所导致的不满足感、人类与生俱来的好奇心，以及诺思所说的人类普遍存在的"使自身环境更易于预测的动力"，在充满复杂性也就是本质上是非各态历经的不确定性的世界中，个体始终在不断地进行着对环境的"认知"或"学习"。④ 在本质上，这就是一个心智模式的修正过程、诺

---

① 道格拉斯·C·诺思：《理解经济变迁过程》，中国人民大学出版社 2008 年版，第 38 页。

② 同上，第 58 页。

③ 同上。

④ "所以问题是，你如何在这样的世界上采取行动。回答是，你要保持尽可能多的选择。你选择是生存能力与可行的方案，而不是所谓的'最优化'。许多人都会对此发问：'这样你不就选择了较次的方案了吗？'不，你没有。因为利益最大化不再是一个界定得很清楚的定义了。你要做的是在前途未卜的世界上变得更强健、更有生存能力。而这反过来又会使你尽可能多地了解非线性关系和偶然因素的作用。你极其小心谨慎地观察这个世界，不期望目前的状况会永远不变。"［美］米歇尔·沃尔德罗普：《复杂——诞生于秩序与混沌边缘的科学》，三联书店 1997 年版，第 469 页。

思所说的"表象式再描述"① 过程或霍兰德德意义上"认知积木"的深入重组过程。这就是说，个体的心智模式是文化、制度以及个体经验三者的函数（如图），即心智模式＝F（基因、文化、制度、个体经验）。② 当来自外界环境的刺激能够被个体头脑当中的文化、制度或个体经验解释时，个体心智模式保持稳定不变；而当相反的情况出现时，个体则不得不通过对既有的知识进行重新安排即类似积木重组的过程来理解它：如果一种重组模式不行就换另外一种，直至能够得到其他主体或外界环境的肯定性反馈，而这时个体既有的心智模式则得到了改变。这本质上是一个"试错"的过程，也正是通过这个过程"新奇"才得以产生。

如上就是制度演化的个体层级一次完整的"学习"或"适应"过程。事实上，心智模式层面的认知与学习过程是一个远比我们所描述的更为复杂的过程，因为如 CAS 理论所揭示的，人的大脑本质上也是一个 CAS，因此认知积木重组的过程也是一个充满着非线性、偶然等的突现过程。这意味着即便是新奇的产生也是一个不可逆的、难以预测的、各自迥异的复杂过程，进而，这也说明异质性也必须作为个体的一个本质特性而被接受。

---

① 心智会按照它们特定的目的将心智模型整理和重组为更为抽象的连续的形式，使之能够处理其他信息。道格拉斯·C·诺思：《理解经济变迁过程》，中国人民大学出版社 2008 年版，第 30 页。

② 显然，从这样一个函数也可以看得出来个人主义方法论的局限，因为即便是个体也普遍在受着既有基因、文化、制度的"建构"，更不用说个体经验本质上也来自于与其他主体间的互动。同时这也正是制度演化具有路径依赖性的重要根源。道格拉斯·C·诺思：《理解经济变迁过程》，中国人民大学出版社 2008 年版，第 66 页。

2. 制度演化的"群体"层级

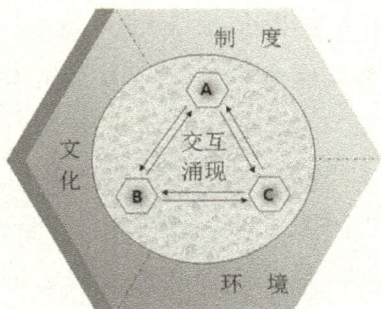

复杂适应性过程无处不在，在个体的认知过程中是如此，在个体与个体之间的交互过程中也是如此。但是，囿于方法论个人主义的局限，如果说诺思对于个体认知过程的分析还算比较深刻的话，那么他对于制度演化群体层级的处理则显得过于轻率了，尽管他也模糊意识到了这一层级的复杂性特征。事实上，诺思意识到了在有限理性的条件下以及不确定性的世界中没人能知道我们所面临问题的"正确"答案，也没有人能实现利润的"最大化"，因此解决问题的最好的办法就是促进分散决策实现试错的最大化，其实这已经非常逼近了世界的复杂性本质，这也就是他所谓"适应性"的根本特征。但是，总体来说，诺思的关注点过分聚焦于个体决策问题，不确定性的环境仅仅被他当做一个背景条件来进行处理因而在很大程度上忽略掉了，而事实上问题的关键在很大程度上就隐藏在这个"不确定性"当中。为什么这么说呢？

诺思已经深刻的认识到了人类社会是非各态历经世界，其演进的本质是不确定性。诺思反复强调了"与物理环境相联系的不确定性"和"与人类环境相联系的不确定性"① 的差异，并明确指出"达尔文进化

---

① 道格拉斯·C·诺思：《理解经济变迁过程》，中国人民大学出版社2008年版，第41页。

论中的选择机制并非由有关最终结果的信念所决定",相反"人类演化变迁的关键是参与者的意向性"①。这几乎已经指出了其实"个体"身处其中且需要应对的"环境"其实也是由其他适应性主体间的交互作用形成的,只需要再向前一小步,诺思就会触及类似"适应性造就复杂性"以及"涌现"等的这个世界的复杂性本质。然而令人遗憾的是诺思的关注点还在于个体的认知过程,因此他的研究在这个地方一转就偏移了。

事实上,在这个被诺思当做"背景"进行处理的"环境"中正在发生着和个体心智模式的更新同样微妙与复杂的事情,甚至在一定意义上可以说前者就是后者的外化与放大。在这样一个制度演化的群体层级,由于对文化与制度的理解、带有隐形知识性质的个体经验、个体所接受到的环境的刺激,特别是各自的理性与目的性等都是各不相同的,即便互动的规则极其简单,结果异质性个体在交互的所有环节以及时间上都会发生无法穷尽和难以预料的变化,甚至有时候偶然性也会在这个过程中发挥令人意想不到的关键作用。根据 CAS 理论,混沌、非线性、不可逆性等是这个过程的本质特征;② 根据演化经济学的观点,这个过程中必然发生的"多样性的自我再创生"③ 是系统演化的发动机;也有学者把这个过程称之为"熊彼特式的创造性破坏"④。这就是"复杂

---

① 道格拉斯·C·诺思:《理解经济变迁过程》,中国人民大学出版社 2008 年版,第 2页。

② 复杂性理论认为,复杂性的特点"完全是道教的。在道教中,秩序不是天然固有的,'世界从一开始,一变成二、进而变成许许多多,许许多多又导致无穷无尽。'在道教中,宇宙是广袤的、无定性的、永恒变化的。你无法将其钉死。虽然其元素永远不变,但它们却永远在进行自我重组。所以这就像一个万花筒:世界的含义在于模型和变化,世上万事万物虽有重复之处,但却永远不可能一模一样的重复,世事永远新颖、永远不同。"〔美〕米歇尔·沃尔德罗普:《复杂——诞生于秩序与混沌边缘的科学》,三联书店 1997 年版,第 464 页。

③ 〔澳〕约翰·福斯特:《演化经济学前沿》,高等教育出版社 2005 年版。

④ 〔英〕J·斯坦利·梅特卡夫:《演化经济学与创造性毁灭》,中国人民大学出版社2007 年版。

性"。显然，在这里传统经济学所讨论的关于最优化、均衡等的概念几乎彻底失去了其意义。

尽管群体层级异质性个体间的交互过程从来不会停止，但这一层级所谓"多样性的自我再创生"过程也具有明显的阶段性：个体间的交互作用会重新推动着系统向有序转化，当多样性逐渐"收敛"于某一种或某几种特定的心智与行为模式时，某种新的认知与规则开始形成，而旧的制度则逐渐淘汰。这是一个"涌现"的过程，也是一个系统的复杂性不断提升的过程。① 问题的关键是，在这样一个重新趋于有序的过程中究竟是一种什么样的机制在发挥作用呢？如何处理各个主体在各个方向上进行"试错"而得来的知识②？对于这样一个问题，以经典的达尔文主义为背景的传统演化经济学以竞争的自然选择机制作了回答，而另外一些从复杂性科学中获得启发的演化经济学家们则提出了合作的自主选择机制③的观点。而事实上，合作与竞争只不过是同一过程的两个方面，两者共同作用才能构成"共同进化之舞"④，并在群体层级减少多样性，形成有序与无序并存的混沌状态，从而在本质上改变系统的整体表现。也正是在这个意义上，有学者引入"知识"范畴对诺思的"适应性效率"做了新的界定：一个社会，由于其制度结构在应对不确定性的过程中通过不断引导变化着的个体行动模式而促进知识的充分、

---

① 复杂性理论认为，"一旦在更高层次上积累了一定数量的多样性，就会进入某种自动催化相变阶段，就会在这个层次上引发新的实体的激增。""所以就出现了由低层次到高层次阶梯式上推的发展，每一个层次的上推都要经过某种类似自动催化的相变阶段。"［美］米歇尔·沃尔德罗普：《复杂——诞生于秩序与混沌边缘的科学》，三联书店 1997 年版，第 445 页。

② 在制度演化的过程中，知识是主要的资源"流"之一。哈耶克也认为，知识问题"就是要找到这样一个方法：不仅能够最大限度地利用散布在社会成员之中的知识，而且能够最大限度地发挥人们发现和开发新事物的能力"。道格拉斯·C·诺思：《理解经济变迁过程》，中国人民大学出版社 2008 年版，第 67 页。

③ 康芒斯称之为人工选择机制以体现人类行为特有的目的性。［美］康芒斯：《制度经济学》，商务印书馆 1962 年版。

④ ［美］米歇尔·沃尔德罗普：《复杂——诞生于秩序与混沌边缘的科学》，三联书店 1997 年版，第 410 页。

正确、协调运用及更新，从而呈现长期增长的趋势。①

3. 制度演化的"系统"层级

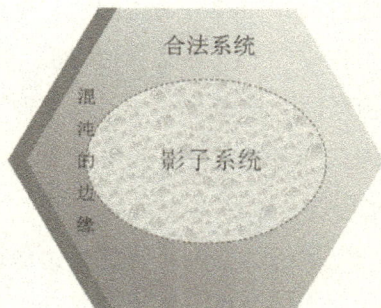

尽管个体层级的学习在一定意义上是制度演化的动力之源，而群体层级的多样性则在很大程度上决定了制度演化的方向，但系统不会允许自己永远以及彻底地陷于"混沌"，这是因为彻底的混沌同时也意味着彻底的破坏。② 无论是历时地看（类似进化史上的间断式均衡③）还是静态的观察（混沌的边缘）都是如此。事实上，CAS 的本质特征就是微观层级的不确定性与宏观层次的有序性并存。而"最大的适应度恰恰出现在相变阶段。所以关键的在于，所有作用者都改变自己的景观，就好像受到一只无形的手的控制。每一个作用者都这样做是为了有利于自己，从而使整个系统在共同进化中向着混沌的边缘发展。"这也就是说，"混沌的边缘其实就是复杂的系统为解决复杂的问题而

---

① 巫威威：《"适应性效率"理论的研究与创新》，吉林大学 2008 年度博士论文。

② ［美］米歇尔·沃尔德罗普：《复杂——诞生于秩序与混沌边缘的科学》，三联书店 1997 年版，第 439 页。

③ 或"断点均衡过程"。［美］米歇尔·沃尔德罗普：《复杂——诞生于秩序与混沌边缘的科学》，三联书店 1997 年版，第 438、450 页。

走向的区域。"①

"混沌的边缘"为我们所熟知的现象所印证。比如，"一切健康的经济和健康的社会都必须保持秩序与混乱之间的平衡，……它们必须在反馈与控制之网中调整自己，但同时又为创造、变化和对新情况的反馈留有充分的余地。……在自下而上组织而成的、具有灵活弹性的系统中，进化油然而兴。但同时，在该系统中，自下而上的活动必须导入正轨，使其无法摧毁组织结构，进化才有可能。"②

"混沌的边缘"究竟是一种什么样的状态呢？"这是一个较为微妙的问题。在所有可能的动力行为空间，混沌的边缘就像是一片无穷薄的膜片，这是一个产生从混乱中分离出秩序的复杂行为的特殊领域。就像海水的表面只不过是以一个水分子的厚度来分隔水与空气那样，混沌的边缘地区也有如海洋的表面，浩淼得无边无际，作用者可以在这之中以无穷无尽的方式来尽显其复杂性与适应性。"并且，学习与进化功能"不仅仅只是把经济作用者缓慢地、时续时断地、然而却不可阻挡地拉向混沌的边缘，而且使作用者沿着混沌的边缘往越来越复杂的方向发展"。③

"混沌的边缘"可以方便地以系统的"合法系统"与"影子系统"概念来进行说明（如上图）。CAS 理论认为，系统其实是以显性模式和隐形模式两种形式同时存在，或者说，在组织内部事实上存在着合法系统与影子系统两个系统。合法系统也就是我们日常所熟知的组织所存在的那种状态；合法系统服务于组织生存所必须的一系列现实任务，并由一系列规章制度等显性符号系统作为支撑；合法系统是组织的正式系

---

① ［美］米歇尔·沃尔德罗普：《复杂——诞生于秩序与混沌边缘的科学》，三联书店1997年版，第438～440页。

② 事实上，制度的演化过程也往往是增量的或者边际性的。［美］米歇尔·沃尔德罗普：《复杂——诞生于秩序与混沌边缘的科学》，三联书店1997年版，第413页。

③ ［美］米歇尔·沃尔德罗普：《复杂——诞生于秩序与混沌边缘的科学》，三联书店1997年版，第414～415页。

统，其理想形态呈线性。与合法系统相反，影子系统则是行为主体在合法系统中相互作用时通过非正式渠道而建立起的一种网络；影子系统并不执行组织当下的主要任务，且由一系列虽然没有成文但却一直起作用的隐形符号来推动；影子系统一般没有统一的行为价值取向，具有极大的差异性和复杂性；影子系统是组织的非正式系统，完全呈非线性。更进一步 CAS 理论认为，就组织的生存与发展而言，合法系统本质上是"简单"的，只能进行"单环学习"①，主要与组织静态均衡效率相对应；相反，影子系统虽然不处理组织的现实事务，甚至还潜在地给合法系统制造着矛盾、混乱和破坏，但由于复杂性与适应性是影子系统的本质属性，影子系统可以进行有效的"双环学习"，因此它还是组织的创造与创新之源。可见，所谓"混沌的边缘"，其实就是组织"合法系统"和"影子系统"之间存在一定的张力的状态。

此外，在系统层级，制度演化还不得不纳入另外一个重要的因素那就是文化。事实上从广义的角度来讲，文化也属于合法系统的组成部分，并且也在影子系统的推动下而不断地演化。但是，由于文化往往构成了各个体共享的稳定信念，以一种类似"基因"的性质代代相传，且一般情况下其演化速度极为缓慢，因此文化的因素往往被界定为制度演化的一个专门的层级，并作为一般制度演化的某种"背景性"因素发挥作用。② 由于西方社会生发过程的自然性质，尽管有不少复杂性学者认识到文化与制度演进的路径依赖性有着必然的联系，但总的来说并没有对其赋予足够的重视。而与此相反，由于诺思的研究更关注于长期的经济增长以及不同国别的比较分析，事实上他在这方面的研究更为深

---

① 学习理论认为，单环学习只有单一的反馈环，其特点是组织对于错误的处理倾向于按照过去的常规和当前的政策与规范进行修正，不触动组织规范本身；相反，双环学习则是一种创造性学习，它能够对组织规范进行探索和重建，与这些规范相联系的策略和假定也需要重新制定。

② CAS 理论就把这一层级称为地理环境层级。

入，他的适应性效率范畴与文化也有着必然的联系。① 诺思认为，"学习过程是一个增量性的过程，受到一个社会文化的影响，文化决定着可认识到的报酬。""当演化的信念体系创造出了一个'良好的'人造结构，能够处理个人和社会面临的新奇经历，也能够很好地解决新的两难问题时，经济发展就能成功。当新奇经历从信念体系的人造结构中被剔除掉，个人和社会缺少心智和人造结构的'基石'来解决新奇问题时，经济发展就会失败。如果我们想要研究不同时期不同国家经济绩效的差异，想要解释当今世界不同国家的经济绩效的差异，我们就必须从这个问题着眼。对人造结构的研究越深入，我们就越有可能成功地解决新奇问题。这也就是适应性效率的含义；创建必须的人造结构是经济政策的基本目标。"② 这一点，对于我国的制度演化过程尤其重要。③

8.3　复杂性科学对中国制度演化的启示

中国的制度演化不仅一般地说是一个复杂性过程，而且由于其独特的国情，比如悠久的文化、经济的转轨、政府主导型的市场经济等，中国的制度演化还具有许多特殊的复杂性因素。结合上述复杂性范式背景

---

① 诺思认为，西方学者相当近视的眼光不仅在地理上只集中于西方世界的兴起而忽略了世界的其他部分，而且在时间上只集中于将工业革命作为经济史——实际上是社会史——的分水岭而忽略了更早的世纪，也忽略了构成现代经济增长基础的社会、政治和广泛的制度因素。全面分析必须一视同仁地包括西方世界的兴起和其他文明的"受抑制的"发展，包括英国创新的加速和在此之前的长期渐进的变革。道格拉斯·C·诺思：《理解经济变迁过程》，中国人民大学出版社 2008 年版，第 80 页。

② 道格拉斯·C·诺思：《理解经济变迁过程》，中国人民大学出版社 2008 年版，第 64 页。

③ 对这一问题的详细讨论，参见下文有关"制度演化过程中的深层次复杂性因素"的部分。

下的制度演化的理论框架给我们的启示，我们对中国经济学发展以及独特的制度演化过程做一具体的讨论。这既是理论的进一步具体化，同时也是对于实践的原则性要求。

8.3.1 让经济学"重返"亚当·斯密传统

复杂性科学与市场经济都自发产生于西方经济与社会的土壤，这并非一种偶然。事实上，从深刻的哲学与文化角度，复杂性科学与市场经济本来就具有内在的相通性。尊重主体、崇尚自然、宽容试错、激励创新这些既是复杂性科学的基本主张，它们又何尝不是市场经济的题中应有之义？这在"市场经济之父"亚当·斯密的理论体系中体现得尤为显著。然而可惜的是，一方面，随着数理工具和公式模型的广泛运用，经济学内蕴的思想性却越来越贫乏；另一方面，囿于狭隘的功利考虑，现代经济学也在一定程度上偏离了其本来的哲学传统与核心理念。在"经济学帝国主义"甚嚣尘上、经济分析方法不断向其他领域开疆拓土的背景下，在我国经济发展取得了举世瞩目的成就同时也面临着一系列复杂性问题挑战的今天，我们尤其要注意经济理论的正本清源、去伪存真。在这方面，亚当·斯密的理论观点仍旧值得我们思考、借鉴。

作为"市场经济之父"，亚当·斯密不仅是一个经济学家，他更是一个道德伦理学家和哲学家。要真正理解亚当·斯密，需要我们跳出狭隘的经济逻辑，而从更为深刻的文化视角进行解读。这不仅具有重要的理论价值，更具有强烈的现实意义。

1. 在亚当·斯密的理论体系中，《道德情操论》所蕴含的人性观及其道德伦理思想更为根本，但却未得到应有的重视

亚当·斯密及其《国富论》在经济学说史上的地位是众所周知的，也是毋庸置疑的。正如马克思所说，在亚当·斯密那里，政治经济学已

发展为某种整体，他所包括的范围在一定程度上已经形成。约瑟夫·熊彼特更认为，该书不仅是最为成功的经济学著作，而且也是或许除了达尔文的《物种起源》外迄今出版的最为成功的科学著作。然而，事实上亚当·斯密一生留下了两部传世名著，除了《国富论》外还有一本《道德情操论》，而且一定意义上后者的重要性更甚于前者。原因何在呢？

首先，亚当·斯密本人从来没有忽视《道德情操论》，甚至可以说在这本书中倾注了更多的心血。《道德情操论》是斯密的第一部著作，首先出版于 1759 年 4 月，后又经过 1761 年、1767 年、1774 年、1781 年、1789 年等五次修改，直到 1790 年 3 月他去世前的几个月，《道德情操论》第六版才出版。而《国富论》的写作则是在 1764 年才开始，1776 年出版，1786 年的第四版是亚当·斯密生前审定的最后一个版本。可以看出，《道德情操论》与《国富论》的撰写与交叉修改是贯穿斯密一生的主线，甚至可以说斯密本人对前者倾注了更多的心血。

其次，亚当·斯密不仅是一位伟大的经济学家，他更是一位伟大的"道德哲学"思想家。斯密早年从事哲学和伦理学的研究，中年转向经济学研究，晚年后又继续进行伦理学的研究。由于斯密本人曾是道德哲学教授，他的许多著作都是作为哲学著作来构思和完成的，相对于典型的现代经济学研究方式，他更侧重于运用哲学方法的经济学研究。具体来说，正是由于斯密始终将他的伦理学思想融合到经济学的研究中，才写出了杰出的、至今还对现代经济实践和我们的经济生活产生重大影响的名著《国富论》。由于《道德情操论》一书集中体现着斯密的道德伦理思想，虽然这两本著作共同构成和体现了亚当·斯密的思想真谛，但"要真正理解而不是十分肤浅地理解《国富论》，就必须很熟悉《道德情操论》及斯密的其他著作。"

一般来说，经济学家在建构自己的理论体系的时候，往往都渗透着各自的哲学、价值观和方法论等，正是这些因素在根本上决定着这一理论体系的本质和动态。亚当·斯密同样如此。从这个角度来说，《道德情操论》一书已经超越了一个一般意义上的伦理学著作的功能，而具有了作为斯密整个思想体系的方法论意义；而《国富论》则更像是一部以《道德情操论》为基础对经济领域的某些问题进一步加以系统阐发的经济学著作。事实上，即便在《国富论》当中，也有大量的斯密的伦理学、法学、政治学和历史观等渗透其中。如果我们仅仅从所谓的现代经济学的观点出发去理解亚当·斯密，不仅犯了明显的断章取义的错误，甚至有可能完全曲解斯密的本意。

2. 亚当·斯密从未主张过一种"精神分裂"式的生活，"看不见的手"也并不等同于一般所谓的市场机制，惟有把握亚当·斯密终生一贯的"自然秩序"信仰，才能透彻理解他的整个理论体系

一旦研究的视角触及《道德情操论》，人们又往往困惑于何以《道德情操论》与《国富论》做出了"利他"和"利己"两种截然相反的人性假定，这就是所谓的"亚当·斯密问题"。另外，一般的理解，亚当·斯密著名的"看不见的手"的理论，就是对市场机制的资源配置作用的一种比喻性的描述，然而事实果真如此吗？这是我们无法求助于亚当·斯密本人而必须自己解决的问题。的确，斯密本人似乎从未谈及《道德情操论》与《国富论》两种不同人性假定的关系，斯密的著作也没有对"看不见的手"下一个明确的定义，这都给后人准确理解他的理论造成了一定的困难。

事实上，斯密本人从未主张要过一种"精神分裂"式的生活，"看不见的手"也并不能简单等同于"市场机制"。要透彻理解他的整个理论体系，首先必须要把握亚当·斯密终生一贯并且深深融入到他的理论当中的"自然秩序"思想。然而，正如恩格斯所说，"历史是这样创造的：最终的结果总是从许多单个的意志的相互冲突中产生出来的，而其中每一个意志，又是由于许多特殊的生活条件，才成为它所成为的那样。"① 要说明斯密的"自然秩序"思想，我们首先还必须从亚当·斯密所处的整个时代和文化背景谈起。

18 世纪的欧洲，经历了文艺复兴的洗礼，思想得到了空前的解放，人权战胜了神权，理性超越了蒙昧，科学压倒了宗教，在此基础上，启蒙运动又极大地推动了社会改革。然而，新型的商业社会引出了新的道德伦理问题，财富和美德之争重又兴起，如何既推动经济社会的发展又不至于引起道德失范和伦理的扭曲成为摆在学者们面前的难题。对于这个问题，霍布斯和洛克等人认为，人根本是自爱的动物，人的自然状态不是"战争"就是"孤独"和"孤立"，社会秩序只有借助于人的理性设计、运用政治和法律手段才能达成。与此不同，亚当·斯密部分继承了早期苏格兰启蒙运动的代表人物、他在格拉斯哥大学的道德哲学老师哈奇森以及终生挚友休谟等人的思想并在此基础上有所拓展，如黑格尔所言，他主张"精神的自在性表现在自然存在形式"②，对自然状态和自然秩序深信不疑，认为"在人类社会这个大棋盘上每个棋子都有它自己的行动原则"③，人虽然以个体形式存在，但人与人之间存在着自然的相互作用，从这些作用中，产生出了社会的自然秩序。具体来说，人与人的情感之间存在着自然的联系，从"旁观者"对当事人的"同情"中，产生出了自然的道德准则；人还有着与他人交换的本能，社会中商品供给者与需求者之间相互交换的实现，使市场交易最终趋向于不由任何人的理性决定的"自然价格"。④ 人们在社会中遵守和趋向的各种"游戏规则"，也都是自然生发出来的，而并非人为设计的产物。斯密

① 《马克思恩格斯选集》第 4 卷，人民出版社 1995 年版，第 695～698 页。
② 黑格尔：《哲学讲演录》第 4 卷，商务印书馆 1981 年版，第 213～214 页。
③ 亚当·斯密：《道德情操论》，蒋自强等译，商务印书馆 1997 年版，第 302 页。
④ 参见王楠：《亚当·斯密的社会观：源于人性的自然秩序》，《社会学研究》2006 年第 6 期。

认为，社会秩序的背后有着隐匿的"天意"，是"造物者"设计了人性，这只"看不见的手"使人受激情和欲望而不是理性的驱使而行动，却在无意间实现了人世的秩序和繁荣。这就是说，社会是个体的集合，社会虽然有秩序，但这种秩序是由个体普遍的社会性本性当中自然产生的；换言之，个人虽然服从社会的规则，但归根结底仍只是受着自身本性的引导。

从上可见，斯密所说的"看不见的手"就是自然秩序，而且它比人为建立的任何秩序都要优越。如果说政治和法律也有其存在的价值和意义的话，那么，政治和法律的目标也不在于别的，而只在于维护这种社会的自然秩序。同时，斯密关于人的本性的见解，也是植根于"自然状态"或"自然秩序"这一思想基础上的。他认为，人天然地具有利己心和利他心，如果让它们不受干预地自由表达出来，每个人就会受着一只"看不见的手"的指导去尽力达到并非他本意想要达到的目的。斯密在《道德情操论》中将人的"本性"比作时钟上的长针和短针，认为时钟制成后，这两根针就会自动地表示时间，不需要制钟的人去拨动它们。

总之，自然秩序是亚当·斯密终生怀抱的信仰，也是他的所有理论当中一以贯之的核心思想，只要把握了这把"万能钥匙"，所有的"斯密问题"都可以迎刃而解。

3. 亚当·斯密的"自然秩序"信仰与中国有关思想的相似性及两者间千丝万缕的联系，说明西方经济学有着非常深远的中国渊源，而中国传统文化和现代经济学之间，也客观上存在着深层次的内在会通

在谈到亚当·斯密的"自然秩序"信仰的时候，常使人油然而生一种"似曾相似"的强烈感觉。这种感觉并非空穴来风，而是有着多方面的客观表现。"自然秩序"让我们想起老子的"道法自然"；"公正的旁观者"以及"心中的那个居民、内心的那个人、判断我们行为的伟大的法官和仲裁人"让我们想起庄子的"天在内，人在外"①；"看不见的手"又让我们联想到司马迁对当时市场作用的描述："人各任其能，竭其力，以得所欲。故物贱之征贵，贵之征贱，各劝其业，乐其事，若水之趋下，是夜无休时，不召而自来，不求而民出之。岂非道之所符，而自然之验邪！"②诸如此类的相似性不胜枚举。这就让我们自然地产生这样一个猜想，难道西方经济学也有着深远的中国渊源？

当然，"东方有圣人，西方有圣人，此心同，此理同"，人不分东西，学问也不为任何一方所独有，理论的相似性本身并不能说明问题。但是，据记载，许多有案可稽的调查研究，也都得出了和我们的猜想具有共同指向性的结论，就很能说明问题了。这里仅举一例说明。大家公认的是，对西方社会产生划时代影响的"自由放任（lais-sez-faire）"一词，最早源自法国重农经济学创始人弗朗索瓦·魁奈。但是，魁奈本人并未具体说明该词的出处，以至于后世莫衷一是，西方权威的《不列颠百科全书》就承认，"laissez-faire"并不能从西方国家找到其发源。《全书》是这样定义该词的："主张政府尽量不干涉个人和社会经济事务的一种政策。此词的起源不明，在1756～1778年间盛行于法国。"③尽管《全书》并未指出其出处，但却给我们留下了一个重要的线索，那就是该词在18世纪盛行于法国。我们都知道，18世纪正是欧洲启蒙运动如火如荼的时期，而法国正是启蒙运动的中心和大本营，法国启蒙运动的领军者如伏尔泰等人均是中国文化的狂热崇拜者，魁奈本人就特别赞同其中的"自然"思想，甚至由于其专著《中华帝国的专制制度》的出版，魁奈还赢得了"欧洲的孔子"的称号。这都给我们留下了丰富的联想空间，而不少西方学者的

---

① 参见《庄子·外篇·秋水》。

② 参见司马迁，《史记·货殖列传》。

③ 转引自《老子文化与现代文明》，李世东等著，中国社会出版社2008年版。参见 http://blog.sina.com.cn/s/blog_55a9b53c0100aa6s.html。

评价则更为直接：英国学者 J. M. 霍布森指出，"魁奈思想当中有很多概念受惠于中国的政治经济学概念，而其中最重要的是把'无为'概念译成法文的 laissez - faire"；① 香港《远东经济评论》总编迈克尔也认为，"虽然在进入工业时代的时候中国可能是落后于欧洲了，但是中国对现代的欧洲经济思想的贡献是巨大的。……当欧洲处于启蒙运动的痛苦分娩中的时候，……中国被认为是比较开明的。自由市场经济的基本思想是在中国人理论的帮助下，由 18 世纪中叶的耶稣传教士得出的"；② 英国哲学家 J. J. 克拉克更进一步指出，"魁奈的革命性的观点将（经济思想）从正统的重商主义中解放出来……他对亚当·斯密的自由市场经济理论的影响是深远的。人们在描述魁奈在现代思想史中的地位时常常略去他对中国所负的债，而在当时，他被称为'欧洲的孔子'。"③ ……

可见，尽管还缺乏更为直接的证据，但综合考虑东西方文化特征、18 世纪中国文化深深影响了欧洲启蒙运动的大背景以及亚当·斯密通过魁奈、休谟等人与中国文化建立的微观联系等都可以初步证明，西方经济学并不像我们一般所认为的是一种完全"异质性"的文化，相反，它有着非常深远的中国渊源；而中国传统文化和现代经济学核心思想的相似性或一致性，也充分说明两者之间客观存在着深层次的内在会通。显然，这样一个结论的得出，恐怕是出乎我们很多人意料之外的，也将给我们带来许多新的启发和认识。

---

① 转引自《老子文化与现代文明》，李世东等著，中国社会出版社 2008 年版。参见 http://blog. sina. com. cn/s/blog_55a9b53c0100aa6s. html。

② 迈克尔：《意义重大的思想》，香港《远东经济评论》，1999 年 6 月 10 日。

③ 转引自《老子文化与现代文明》，李世东等著，中国社会出版社 2008 年版。见 http://blog. sina. com. cn/s/blog_55a9b53c0100aa6s. html。

4. 近代中国经济史上"奇异的悲歌"与当前中国经济社会发展的"人文伦理道德危机"都在警醒我们，透彻理解亚当·斯密的理论精髓、努力提升经济发展的文化境界，才能真正建立起"好的市场经济"，也才能最终到达和谐与繁荣的彼岸

　　早在亚当·斯密那个时代，在中国仍然还维持着表面繁荣的时候，他就已经敏锐地感觉到"许久以来，它似乎就停滞于静止状态了。今日旅行家关于中国耕作、勤劳及人口稠密状况的报告，与500年前视察该国的马可·波罗的记述比较，几乎没有什么区别。"① 对于中国的衰落和西方世界的迅速兴起，马克思也曾用"奇异的悲歌"一词预言了中国可能的结局，"一个人口几乎占人类二分之一的大帝国，不顾时势，安于现状，人为地隔绝于世并因此竭力以天朝尽善尽美的幻想自欺。这样一个帝国注定最后要在一场殊死的决斗中被打垮：在这场决斗中，陈腐世界的代表是基于道义，而最现代的社会的代表却是为了获得贱买贵卖的特权——这真是一种任何诗人想也不敢想的一种奇异的对联式悲歌。"② 时至今日，反省一如马克思所预言的中国近代史，我们不能不钦佩更早期的亚当·斯密对于当时中国发展状况的敏锐觉察。

　　近代历史上中国停滞的原因何在呢？斯密谨慎地认为，"也许在马可·波罗时代以前好久，中国的财富就已完全达到了该国法律制度所允许的发展程度"。他还说："若易以其他法制，那么该国土壤、气候和位置所可允许的限度，可能比上述限度大得多。"③ 再次回顾中国重新崛起的内在逻辑、改革开放的时代主旋律，以及西方新制度经济学在中国大行其道的客观现实，我们不能不更加折服于先哲的先知先觉。当

---

　　① 参见［英］亚当·斯密：《国民财富的性质和原因的研究》第八章《论劳动工资》，商务印书馆，2002年中译本。

　　② 《马克思恩格斯选集》，人民出版社1995年版，第716页。

　　③ 参见［英］亚当·斯密：《国民财富的性质和原因的研究》第九章《论资本利润》，商务印书馆，2002年中译本。

前，中国已重新屹立于世界的东方，中国经济正在以一日千里的速度迅猛发展，中国 GDP 总量已达到世界第二位，这样一个伟大成绩的取得，不能不说，也包含着亚当·斯密的一份功劳。然而，在经济发展取得辉煌成就的同时，不少学者已发现中国可能正在深陷入另外一系列危机，其中一个就是"人文伦理道德危机"①。环顾我们周围的世界，客观评价社会发展状况，应该说，这绝非杞人忧天，也并不是一个夸大其词的判断。某种意义上，人文精神失落、道德失范、缺乏诚信等已成为当前中国必须高度重视并认真加以解决的重大问题。联想到中国自古以来就是一个礼仪之邦、诚信之邦，联想到中国传统文化和现代经济学的内在会通，中国发展的这种"人文伦理道德危机"尤其令人汗颜。正如前文所说，亚当·斯密从未主张过一种"精神分裂"式的生活，亚当·斯密更反对人的"利己心"的极度膨胀甚至扭曲。尽管中国经济发展在某种意义上秉承了《国富论》的核心要旨，但我们不能不说，我们对于斯密意义上的"经济人"做了过于简单化和庸俗化的理解；我们的经济学研究且不说有什么创新发展，甚至我们根本就没有真正理解亚当·斯密；我们的这种伴随着"人文伦理道德危机"的经济发展与其说是一种成绩，倒不如说恰恰是亚当·斯密所最不愿意看到的；甚至，在一定意义上，我们的经济发展干脆就是以文化的堕落和倒退为代价的，更谈不上什么境界的提升。我想，恐怕正是由于这个原因，在谈到亚当·斯密的时候，我国总理温家宝说过这样一句话："亚当·斯密的《国富论》，各位都很熟悉，他所著的《道德情操论》同样精彩。"②

在经济学不断向其他领域开疆拓土的同时，说不准经济学本身已经越来越"空心化"和"黑洞化"。"说不完的亚当·斯密"，但是，请让

---

① 刘旭明：《港资深媒体人杨锦麟：中国目前存在五种危机》，新加坡联合早报 2010 年 4 月 5 日。

② 《温家宝荐书企业家，〈道德情操论〉同样精彩》，《重庆晚报》两会报道，2005 年 3 月 10 日。

我们首先"回到亚当·斯密"!

8.3.2　有机结合建构理性主义与演进理性主义

"毋庸置疑，理性乃是人类所拥有的最为珍贵的禀赋。"（哈耶克）的确，理性是人作为万物之灵的根本特征，也是复杂性世界中保证人类生存与发展的"诺亚方舟"。但是，人类的理性真的是无限的吗？或者说，人类应该如何看待和运用自身的理性？更特别的，在制度的演化过程中人类理性究竟发挥着什么样的作用？这是一个很难回答但又不可能绕过去的问题。在前人研究的基础上，这里我们着重从 CAS 理论的视角对有关理性的两种截然不同的思径取向即"建构理性主义"与"演进理性主义"分别作一观照，并讨论两者在中国整体制度演化过程中分别发挥的作用及地位。

1.　建构理性主义与演进理性主义之辨

尽管其思想渊源相当久远，但"建构理性主义"（Constructivist Rationality）与"演进理性主义"（Ecological Rationality）两个概念的第一次明确提出却不得不归功于哈耶克。哈耶克作为久负盛名的自由主义大师，正是他在其代表作《自由秩序原理》中最早区分并系统论述了社会科学领域"建构理性主义"与"演进理性主义"两种显著不同的思径取向。①

如何认识这两种截然不同的思径取向呢？简言之，理性的有限性和无限性是建构理性主义与演进理性主义得以泾渭分明的界线。建构理性主义可以称为"无限理性论"。它视人的理性为某种外在于自然的东西，而且是那种独立于经验即可获致知识及推理的能力。它还无限夸大人的理性及其作用，认为人类的进程是可以通过智慧来规划的，文明是

---

①　哈耶克：《自由秩序原理》，三联书店 1997 年版。

可以通过智者的深思熟虑来设计和创造的。尽管并不是必然的，但建构理性主义通常容易滑向自由的反面甚至导致独裁的发生。与此相反，演进理性主义也可以称之为"有限理性论"。它认为人的理性不可能是万能的，知识只能是"分立"的即不可能存在那种所谓的整体的知识。它还认为社会科学理论并不是社会发展过程中某种规律的总结或发现，而只能是客观世界某种自然秩序的主观重构过程，因此，其必然是一个不断证伪的过程，不存在永恒的绝对真理，也不可能依靠人的智慧一劳永逸或者一蹴而就地设计或者建构出那种"至善"的社会。由于哈耶克的自由主义取向，自然他更偏好于演进理性主义而不是建构理性主义。

哈耶克对建构理性主义和演进理性主义的区分和论述，在社会科学领域产生了深刻的影响。

2. 经济学中的建构理性主义与演进理性主义

一般地说，经济学中并不缺乏有关理性的讨论，作为经济学研究一个基本的前提假设，理性问题甚至还是许多争论的核心。但是，总起来说，无论是传统经济学所持的"完全理性"假设，还是自阿罗以来的"有限理性"假定，经济学对于理性问题的关注往往都局限于经济人的微观层次，主要是在给定制度的前提下讨论市场运行的有关问题，这和社会科学的其他领域从人类整体层面的经济行为以及制度演化角度所关注的理性问题两种不同的思径取向毕竟存在着微妙然而本质的不同。

尽管建构理性主义与演进理性主义的分歧并不是传统经济学所关注的焦点，但这并不意味着这一问题不重要，也不意味着经济学领域就不存在有关问题的研究。事实上，哈耶克认为曼德维尔在 18 世纪提出的标准化社会经济科学模型（SSSM）就是一种典型的建构理性主义，并对 19 世纪的李嘉图、边沁和约翰·穆勒等经济学家形成了重要影响。而在演进理性主义方面亚当·斯密则是首倡者，因为亚当·斯密经济学说的核心就是自然演化论，即历史进程不可以人为预先设计，其代表性的观点是"分工……是基于人类天性的必然的自然演化的结果"①。

总体而言，经济学领域的建构理性主义与演进理性主义也存在显著的分歧。比如，前者主张经济人具备完全信息，而且信息是对称的；而后者则认为经济人只具备有限理性，而且信息往往是不对称的。再比如，前者不注重经济个体的差异，并把复杂分解为简单②；而后者则较为注重基于经验和常识而为的个体行为，认为个体之间的交互性是智慧的源泉③；还有，前者的实施还需要考虑经济环境的变迁或突变，而后者则认为社会经济系统形成于文化和生物的不断进化，无论是人类行为原则、标准、传统的形成，还是道德规范的形成，都遵循自然的、内生的进化过程。④

总体而言，与社会科学其他领域的情况类似，在经济领域演化理性主义也越来越取得了对于建构理性主义的优势，⑤ 而且近年来实验经济学的不少研究也有效证明了演进理性主义的合理性。尽管如此，我们还应注意到，由于之前研究范式的局限，即便是演化理性主义也存在明显

---

① 岳翔宇：《英国式自由主义的有限理性——论亚当·斯密》，《经济研究导刊》，2008年第 14 期。

② 这一点正如迈因策尔（1999）所言："人的行为如同遵从一定运动数学定律的机械系统中的元素一样，是规则的，可预见的。如果起始条件和环境都是已知的、可测量的，那么就可以确信，社会经济系统中的个体行为就如同气体中的分子那样，其行为是确定的。"

③ 坚持进化理性主义的符号互动论奠基人米德（1934）就认为社会不是"存在"的，而是随着互动中的人们的行动不断被创造和再创造出来的，是"发生"于互动中的个体之间的事件流。

④ 张谊浩：《经济学中的建构理性主义和进化理性主义》，《山西财经大学学报》，2004年 6 月。

⑤ 在经济领域中，有关研究对于进化理性主义的应用以演化经济学最为典型，其主要代表包括纳尔逊、温特等人。纳尔逊和温特早在 60 年代初就对新古典经济学家提出的所谓"市场选择论"进行了颠覆性的反驳，并且他们后来在 1982 年合著的《经济过程的演化理论》一书中将这一思想系统化了。此外，坚持进化理性主义的经济学家还包括旧制度经济学派的开创人凡勃仑、经济自由主义领袖哈耶克、现代比较制度学派的代表青木昌彦等人。

的不足，而这正是复杂性科学大显身手的地方。①

3. 建构理性主义、演进理性主义与中国制度演化

表面看来，在建构理性主义与演进理性主义之间似乎可以作出不言自明的抉择。的确，无论是从两者理论上的比较，还是从学界明显的倾向性，我们都可以看得出来后者远远"高明"于前者。更何况，演进理性主义的基本主张与观点与复杂性思想的有关内容也相契合。然而问题果真如此简单吗？

一旦我们将视野从理论拉回到实践，以及从西方联系到中国，我们就会发现其实在建构理性主义与演进理性主义之间作出选择也是一个相当复杂的问题。事实上，就我国的经济实践而言，在历史上既曾深陷于演进理性主义的漩涡，也曾受惠于建构理性主义的激进；既整体体现出了向演进理性转换的趋势，也确实不能够离开科学定位与合理运用的建构理性。为什么这么说呢？

（1）发展长期陷于"内卷化"②的历史喻示着演进理性主义并不是万能的。

关于中国的历史，一个比较普遍的共识是我国曾长时间深陷于"内卷化"的陷阱而难以自拔。"内卷化"作为一个学术概念，意指一个社会或组织既无突变式的发展，也无渐进式的增长，长期以来，只是在一个简单层次上自我重复。如果换成诺思的语言，内卷化就是在各社会经济制序的驻存和演变史中，如果没有一些外生力量冲击，如果单凭社会

---

① 行为经济学的研究发现，经济个体的有限理性行为还会基于一定的心理感染和信息传染机制，导致经济群体的认知出现系统性偏差，并进一步引起"羊群行为"，甚至集体无意识行为。在这种情况下，经济学中的建构理性主义将受到根本性挑战，甚至对进化理性主义也构成潜在威胁。

② 20世纪60年代末，一位名叫利福德·盖尔茨的美国人类文化学家，曾在爪哇岛生活过。这位长住风景名胜的学者，无心观赏诗画般的景致，潜心研究当地的农耕生活。他眼中看到的都是犁耙收割，日复一日，年复一年，原生态农业在维持着田园景色的同时，长期停留在一种简单重复、没有进步的轮回状态。这位学者把这种现象冠名为"内卷化"。

内部自生力量，一个社会可能由于"路径依赖"和"锁入效应"而在同一个制序层面上不断地自我复制和"深化"，以致可能在很长的时期内甚至永远不能自发型构出哈耶克所说的"人类合作的扩展秩序"来。仅此一例，即可以充分说明演进理性主义的局限。

（2）市场经济对于计划经济的取代证明建构理性主义存在着致命的缺陷。

经济转型前的中国无疑是遵循建构理性主义的，政府对经济资源的计划性配置、对社会财富的整体性持有以及对经济主体的普遍性控制，都体现了建构理性主义对经济发展预测和社会制度设计能力的自信，而建构理性主义的政府也因此成为经济系统进而整个社会的中心决策主体。尽管有很多证据表明我国经济起飞的基础在很大程度上就是在计划经济时代奠定的，在一定意义上也可以说曾经受惠于政府的建构理性，但无论如何，计划经济后期所暴露出的深刻弊端以及最终向市场经济的转型，都无可辩驳地证明了建构理性主义的致命缺陷即缺乏适应性效率。

（3）现实经济中大量存在的"混序"（chaord）① 现象说明建构理性主义与演进理性主义的结合不仅是必然的，而且是必要的。

"混序"是一个非常接近于 CAS 理论"混沌的边缘"理念的概念。事实上，"混序"的提出者哈克本人也承认，"混序"是对"混沌边缘有序形态"的探索。既然"混沌的边缘"是复杂性的本质，研究"混沌的边缘"是复杂性研究的核心，那么，哈克的"混序"研究自然应属于复杂性研究的范畴了。那么什么是"混序"呢？可以认为混序就是"任何自我组织、自我管理、有适应能力、非线性复杂的有机体、组

① 法国哲学家莫兰用"有序—无序—相互作用—组织"来表达复杂性与复杂思维的基本特征。国际维萨信用卡（VISA）创始人迪伊·哈克则用"混序"来描述组织的复杂性。混序就是混沌和有序的组合，混沌有序（chaord）是借用混沌（chaos）和有序（order）两个字的第一个音节组成的一个词。

织社群或系统、无论是物理、生物或社会行为，均能和谐地结合混沌与秩序两种特性"。①

"混序"基本上相当于"混沌的边缘"意味着什么呢？如前述，CAS 理论认为"混沌的边缘"是系统演化必然趋向，也是最具有适应性效率的状态，而本质上"混沌的边缘"就是"合法系统"与"影子系统"并存且具有一定张力的状态。由于"合法系统"主要依靠显性的制度进行管理，"影子系统"则是主要通过非正式渠道而建立起的一种网络，那么有理由认为在很大程度上"合法系统"与"影子系统"两者分别对应着"建构理性"与"演进理性"，而两者的结合即"混沌的边缘"或"混序"则必然也在一定意义上意味着建构理性主义与演进理性主义的结合。

上述推论并非是空穴来风。事实上，无论是理论上的研究还是现实中的实践都已经证明了建构理性主义与演进理性主义的结合才能构成比较完善的思维方式与认识论框架。前者诸如诺思所揭示的重要事实——在任何现实社会中，可能是自生自发的社会制序与刻意设计和建构的制序并存，并且二者经常交织与卷缠在一起，难分难解，②哈耶克所谓的由"内部规则"与"外部规则"共同构成的"人类合作的扩展秩序"亦如是。至于后者，改革开放以来我国"政府主导型"市场经济的蓬

---

① 具体来说，混序的理念架构主要包括两个方面：首先，任何组织都是人类创造的产物。它们都是人群心智、情感与精神的形成力量，吸引人们为追求共同目标而奋斗的理念构架。不能把它们看作像一栋房子或一部机器那样一成不变的实体。任何组织都是其社会环境的具体展现，它们与其整体社会环境相互作用、相互依存，是一组变动不居的关系网，不是静态的，而是不断变动和演化的。其次，健全的组织必须是开放的，是居于"混沌"和"有序"之间的"混序"组织。否则，它将会按熵增原理逐步衰退为稳定状态，成为"死"结构。混序组织的中心思想所阐扬的人际关系，会让人由衷地为其中的希望、愿景、价值、意义与自由而共同致力追求。这样的组织将诱发与激励人的积极性和建设性，它们才会有不断进取的活力。金吾伦：《混序组织及其应用》，《学习时报》2005 年 10 月 10 日。
② 徐传谌：《诺思制序分析中的建构理性主义及反思》，《上海经济研究》2006 年第 8期。

勃发展更是毋庸置疑的说明。可以说，中国 30 多年来经济改革的历史
轨迹，就是中国社会内部自发型构的社会经济秩序的出现、成长和扩
展，以及计划经济时期残留的人为刻意设计制序弱化、消弭的历史过
程，是建构理性与演进理性相互磨合、融合以至趋于统一的试错过程。

综上可见，尽管从整体上看来，在我国经济转轨过程中建构理性主
义在人们思维中的中心地位正在逐渐让位于演化理性主义，我们也应该
时刻警惕着避免重犯"致命自负"的错误，但是可以断言，我国制度
演化的每一步都离不开能够正确反映历史发展趋势的理性设计和建构努
力。过去是如此，现在和将来也是如此。至于如何随着复杂性情境的转
换而根据"适应性效率"原则动态地把握建构理性与演进理性之间的
张力，那正是我们所面临的最大考验。

8.3.3　着力解决制度演化过程中的深层次复杂性问题

基于 CAS 理论我们发现：那种机械的单向的解释范式，例如从部
分到整体——反之亦然……都是不可取的，因果关系是双向的（霍奇
逊）。这是因为整体固然离不开部分，但脱离开整体的部分也是不可思
议的，惟有从"主体"之间的复杂交互过程中才能发现所谓部分与整
体的真实意义。这一点固然没错。但是，如果我们不能具体问题具体分
析，而只是同样机械地把这种"双向因果关系"盲目的适用于任何情
境，我们也只能陷入一个无限反推的"哲学陷阱"而将得不到任何尽
管具有相对性但却非常具有针对性的有价值的结论。

事实上，CAS 理论既承认"适应性造就复杂性"，但同时也没有忽
视"适应性主体"的微观基础地位，甚至作为 CAS 理论最核心的概念
之一，"适应性主体"的学习与适应性特征如何还是区分自然世界的复
杂性与社会领域复杂性的根本标准。由于外在的行为模式不过是内在心
智模式的外化，为此，CAS 理论还对后者作了深入的探讨。这也就是布

赖恩·阿瑟所说的"经济学的粒子很聪明，而物理学的粒子很笨拙"，以及"经济学的问题并不简单，经济学像他们的物理学，但这门学问有两个有趣的怪词：战略和期望"。① 显然，在这个意义上我们甚至可以说，"经济人"各种各样的心智模式及其运作就是整体制度演化过程中的深层次复杂性问题。而在这个方面，如果说西方自然自发的市场经济都难以避免的话，那么在具有深厚文化积淀的中国，在其文化日益多元化甚至"碎片化"背景下的制度建设与演化就更是如此。对于这样一个问题，诺思在理论研究方面提出了不少独到见解，而中国历史上"制度矩阵"异化的案例则是一个有力的佐证，这为我国当前的制度演化提供了深刻的启示。

1. 诺思的研究

对于制度演化问题的深入探讨必然会逐渐深入到认知领域，这是因为认知过程的深化会拓展可行的制度集的边界，而认知过程的滞后则使有利可图的制度无法进入人们的视野。这就需要拓展原有的新制度经济学分析框架，使之能够对人类心智结构的变迁提供更好的诠释，并对制度的未来演进做出更好的预测。诺思的结论是，"人类信念决定他们所做的选择，进而决定他们所采取的行动"②。

诺思的研究经过了这样一个严谨的逻辑理路。第一，非各态历经是人类社会的本质特征，也就是说人类发展始终并且将越来越多遭遇着全新的不确定性的挑战。这是一个基本的背景条件。第二，人类一直在致力于塑造环境使其更易于预测，这一努力从未停止。这意味着个体人是一个"active agent"。第三，有限理性的情况下，面临着所谓的"C-

---

① 沃尔德罗普：《复杂——诞生于秩序与混沌边缘的科学》，三联书店 1997 年版，第 192 ~191 页。

② 道格拉斯·C·诺思：《理解经济变迁过程》，中国人民大学出版社 2008 年版，第 189 页。

D"缺口①，人们会构造一些规则去限制这种条件下选择的灵活性，这些规则就是制度。通过把选择导向（约束、激励等）一个更小的行动集，制度可以改进人类控制环境的能力。第四，制度尽管是对个体行为的约束，然而制度本身却不过是人类的自我创造。简言之，制度就是人类共享的心智模式或者说是针对社会互动中不断涌现的问题的共享解决办法。第五，特定的制度总是对应着特定的情境。随着时间和条件的变化，制度必须有足够的灵活性以有效应对，否则组织或者社会就将失去其"适应性"。这就是说，适应性效率是经济长期增长的关键。第六，由于制度创新的复杂性本质，在不同的国家出现效率差异巨大的制度设计是并不奇怪的，这里问题在于不少的国家陷于长期的经济落后而难以自拔，甚至在引入已被证明为"有效"的制度安排时仍然不能够解决问题。诺思的研究就是以此为起点和切入点继续进行的。第七，经过长时间的研究，诺思越来越认识到，适应性的本质最终与社会文化有关："……文化不仅决定某一时期的社会绩效，而且通过它的支持性框架（scaffolding）约束参与者，从而影响长期的变迁过程。"② 文化就是制度演化过程中的最重要的深层次的复杂性因素。

更具体地说，诺思是通过将认知科学的有关研究成果引入到制度分析中而得出上述结论的。通过对认知科学的深入学习，诺思认识到制度并不是一个先验的存在物，恰恰相反，制度实际上不过是人们认知活动及其交流的产物。诺思甚至认为行为个体是完全理性还是有限理性的本身并不重要，重要的是个体是如何进行推理和做出选择的。基于认知科学，诺思发现，"我们所构建并试图去理解的这个世界是人类心智的建

---

① 罗纳德·海纳 1983 年在《美国经济评论》上发表了长达 37 页的论文《可预测行为的起源》，试图将不确定性与制度联系起来。"C－D"缺口就是这篇论文的核心概念，这也是人类行为的关键。"C"是指当事人最大化自己福利的能力，"D"是指当事人所欲最大化问题的困难程度。

② 道格拉斯·C·诺思：《理解经济变迁过程》，中国人民大学出版社 2008 年版，前言第 3 页。

构物。它不能在人类心智之外独立存在"①，"构成人类互动（social interaction）基础的总体结构是人类心智的一种建构，并且随着时间的推移以一种递增的过程演化着"，更直白地说，"理解社会中制度作用的关键是认识到制度体现了我们有意识的心智的意图"②。这就说明，作为人类应对环境不确定性挑战的根本途径，"适应"或者"学习"在本质上就是一个依据环境反馈对心智模式不断进行修正的复杂过程。而由于"信念体系是人类行为的内在表现的具体体现，……制度则是这种内在表现的外在显示"③，制度也并不是来自于别处，而是深藏于人的意识之中。

更进一步，诺思对"信念"作了刻意的研究。诺思发现"适应性效率……需要一套能够迅速适应冲击、扰动和普遍不确定性……的制度体系。这种灵活的制度是以非正式约束所形成的信念为基础的"④，"信念是建立理解经济变迁过程的基础的关键，它既包括个体拥有的信念，又包括那些形成信念体系的共享信念"⑤，而在这里，"社会文化就是世代沿袭的信念和制度的集合体"⑥，并且，"文化构成了人脑的使用方式，……学习过程是一个增量性的过程，受到一个社会文化的影响，文化决定着可认识到的报酬"⑦。这就更明确揭示了文化在意识的深层对人类心智模式发挥着至关重要的影响作用。那么文化是如何对人类心智发挥作用的呢？诺思认为，"人类学习不仅仅是单个个体终其一生的经验积累，而且也是过去数代人的经验累积……文化不仅决定某一时期的

① 道格拉斯·C·诺思：《理解经济变迁过程》，中国人民大学出版社 2008 年版，第 75 页。
② 同上，第 145～146 页。
③ 同上，第 47 页。
④ 同上，第 71 页。
⑤ 同上，第 75 页。
⑥ 同上，第 6 页。
⑦ 同上，第 64 页。

269

社会绩效，而且通过它的支持性框架（scaffolding）约束参与者，从而影响长期的变迁过程。"① "学习过程显然是以下两个因素的函数：（1）一个给定的信念体系对来自经验的信息进行过滤的方式；（2）在不同时期个体和社会所面临的不同经验。"② 这就是说，"当演化的信念体系创造出了一个'良好的'人造结构③，能够处理个人和社会面临的新奇经历，也能够很好地解决新的两难问题时，经济发展就能成功"；反之，"当新奇经历从信念体系的人造结构中被剔除掉，个人和社会缺少心智和人造结构的'基石'来解决新奇问题时，经济发展就会失败"。正是在这个意义上，诺思拓展了他的路径依赖理论，认为路径依赖以认知层面为起始，中间经过制度层面，最后才走向经济层面。显然，所谓认知层面的路径依赖，本质上就是指的文化对于制度演化所发挥的深刻、复杂的影响。

诺思的研究并没有到此为止，诺思还指出由于人类的意识具有非凡的想象力和创造力，学习过程还是一个复杂的"适应性重组过程"④，即人类心智模型还有一个最大的特点就是能够作出"表示型的再描述"⑤，这种类似"积木"重组的创造性过程喻示，虽然人类发展在深层次上受着文化的约束，但在这种约束面前我们并不是无可作为的。相

---

① 道格拉斯·C·诺思：《理解经济变迁过程》，中国人民大学出版社 2008 年版，前言第 3 页。

② 同上，第 44 页。

③ 所谓人造结构，就是经过许多代的文化传递，一个民族所学到的很多单个人一生都无法学到的东西，它作为文化传递到当前几代人的信念结构中。并且尽管一个社会的正式规则能反映这种文化遗产，但根植于行为规范、习俗和自愿遵守的行为准则之中的"非正式约束"才是这个人造结构最重要的"载体"。道格拉斯·C·诺思：《理解经济变迁过程》，中国人民大学出版社 2008 年版，第 48 页。

④ 道格拉斯·C·诺思：《理解经济变迁过程》，中国人民大学出版社 2008 年版，第 33 页。

⑤ 所谓表示型的再描述（或）是指这样一种过程，在这个过程中原先用于解决环境中某个特定问题的知识被重新安排用来解决更大范围内的一系列问题。这就类似 CAS 理论的"积木"重组的过程。道格拉斯·C·诺思：《理解经济变迁过程》，中国人民大学出版社 2008 年版，第 61 页。

反，"如果我们想要研究不同时期不同国家经济绩效的差异，想要解释当今世界不同国家的经济绩效的差异，我们就必须从这个问题着眼。对人造结构的研究越深入，我们就越有可能成功地解决新奇问题。这也就是适应性效率的含义；创建必需的人造结构是经济政策的目标。"①

总之，尽管诺思的方法论个人主义限制了他对于个体间复杂互动过程的研究，然而却反过来大大促使他在个体学习或适应环境的内在机理研究方面取得了长足的进展。事实上，诺思已经在很大程度上逼近了适应过程的复杂性本质，他关于心智模式的有关理论也在很大程度上丰富与补充了 CAS 理论关于"适应性主体"的思想。这对于我国的现实制度演化提供了一个全新的深刻视角。

2. 中国历史上的"内卷化"问题与制度矩阵的异化

按照新制度经济学的理解，技术本身就是经济发展，制度因素才是经济发展的深层原因。事实也是如此，那些发达的、繁荣的国家总有一套合理的并且运转良好的制度安排（环境）；反之，那些愚昧、落后的国家也总可以找到导致这些情况出现的深刻制度根源。问题在于，人类历史上曾出现数个辉煌一时的文明国家，何以大多如昙花一现般湮灭？另一个更为尖锐与困难的问题是，工业革命为什么首先在西方社会爆发，反而没有选择在当时发达和文明程度都明显较高的中国？②

上述问题的答案还要从诺思的"不确定性"以及"有限理性"的两个基本假定前提中去寻找。首先，正如诺思所说，人类社会是非各态历经的世界，人类发展永远面临着不确定性的挑战与考验。正因如此，成功应对一种不确定性挑战的集体心智模式不一定能有效应对另一种挑战，成功应对过去的不确定性考验的集体心智模式并不一定能够有效应

---

① 道格拉斯·C·诺思：《理解经济变迁过程》，中国人民大学出版社 2008 年版，第 64 页。
② 这一问题也具有普遍性的意义。如诺思所指出的，事实上在历史中"经济增长已经成为特例，而经济停滞和衰退成为普遍的情况，这反映了人类组织失灵的持久趋势。"道格拉斯·C·诺思：《理解经济变迁过程》，中国人民大学出版社 2008 年版，第 120 页。

对未来的考验，作为集体心智模式的外化的制度当然也是如此。其次，真实世界里的经济人都只具备"有限理性"，这意味着人类永远只能在一定的程度上获取与处理信息、增进知识来应对新不确定性的考验，任何一种心智模式都只是在相对的意义上和非常有限的程度上认识、理解和把握了这个世界，人类永远无法凭借自身的理性来一劳永逸地"建构"一个置四海而皆准、俟百世而不易的制度框架来。相反，人类只能"边干边学"，只能通过不断建立起新的心智模式并进而不断创新、演进既有的制度平台才能维持和拓展自己的生存空间，而一旦这种创新失败，结果是可想而知的。

由"不确定性"和"有限理性"衍生，回答上述问题还不能忽略的另外一个更为重要的现实原因，那就是制度自身的"异化"。如上述，制度只是在相对和非常有限的意义上给人类认识、理解和把握这个世界提供了一个工具，在充满着不确定性的世界上，特定制度的存在是暂时的，制度自身的创新、变迁和演化则是绝对的。因而，人类必须经常地学习、不断地创新。然而，正如我们所熟知的，制度一旦形成，特别是正式制度一旦确立就意味着某种超越性的存在：制度作为一种规则约束着所有的人包括政府，制度的实施以"强制"为后盾，本来是从非正式制度派生、转化而来的正式制度甚至可以反过来再转化成为某种道德的、伦理的软性力量再内化到人的头脑当中发挥着约束作用，而"自由"则在这里遭到了彻底的消释。这就是说，制度一旦确立就成为了某种"外部规则"，"外部规则"对于人类社会的正常运转发挥着主导性作用。显然，正如政府在人类社会中所扮演的角色一样，一定意义上制度也是某种"必要之恶"。正是由于清醒地意识到了这一点，在对制度即集体心智模式普遍持有敬畏之心的同时，人类也始终对其怀有深刻的警惕心理，人类一直在提醒着自己不要陷入到诸如"人类为自然立法"此类的"致命的自负"当中去。

对此，中国历史发展中的"内卷化"现象就是一个典型的案例。我们都知道，中国的历史演进过程具有典型的路径依赖性质。事实上，摆在我们面前的问题并不是中国在制度方面一直落后的问题，而是中国曾经在制度上领先过，但又被其他国家甩在后面的问题。比如，春秋战国时代，经济、政治等关系变化多端，国际大环境充满了不确定性，人们的学习本能和创新精神被空前地激发起来，产生了儒家、法家、兵家等多种代表异质性心智模式的学术流派，经过百家争鸣的表达、竞争和选择过程，经过较长时期的融汇和沉淀，中国成功地形成了一种集体共有的心智模式，并据此创建了一套行之有效的制度安排，这鲜明的体现在"儒家的制度化与制度的儒家化"① 等历史事实上。而秦汉制度的相对先进，不仅保证了中华民族历千年之久的长期生息繁衍，而且在相当长的历史中，在接触到的异族文化和制度面前，显示出了明显的制度优势和强大同化力，在事实上树立起了"华夏中心"的国际形象，以至于历史上的"中国"从来都不是一个种族的、地域的或政治性的概念，而是一个文化和制度的概念。但令人扼腕的是，这种获得巨大成功的制度，最终没能逃避"异化"的命运，反过来极大地压抑了人的学习本能与探索和创新精神，最终使自身发展陷于停滞。由于制度的极大成功，中华民族对本国制度逐渐形成了根深蒂固的优越感、推广普及的使命感、天下中心的世界观、因循守旧的历史观等。也就是说，这种本来是人所创造的心智模式和制度安排被神圣化和固化了。制度一旦神圣化和固化，就由实质上的内生变量演化成了外生变量：人们的学习本能和创新精神处于"休眠"状态，所有人都自然地接受了这种制度的约束，这时需要的不再是对外界不确定性环境的"学习"，而是对历史文化传统的"学习"；不再是适应不确定性、变革旧制度的创新精神，而是一种"祖宗之法不可变"的"守成"意识。人们不仅对显而易见的旧制度弊端视而不见，人们甚至把它也涂抹上一层神圣的色彩；人的生存不

---

① 干春松：《制度化儒家及其解体》，中国人民大学出版社 2003 年版，第 35 页。

仅充满着巨大的惰性，人几乎已经彻底沦为"制度的奴婢"。更有甚者，既然制度不可变革，即便制度所造成的灾难也只能归咎于人自身，这就是为什么中国的旧制度历经了无数次的改朝换代都未能革新从而具备了超稳定性的真正原因，这就是为什么只有在经历了列强血与火的打击几乎亡国灭种后，中国人的学习本能和创新精神才被空前激发的真正原因，这也就是为什么中国近代的现代化追求实际遵循着"器物 → 制度 → 文化"的逻辑层层深入的真正原因。当然，所谓的"李约瑟之谜"，也可由此而得到彻底的说明。

可见，正因为集体心智模式是制度的深层内核，一旦某种集体心智模式形成并获得成功，与此对应的制度也将同时固定下来并获得极大的稳定性。在不确定性的世界中，只有始终承认并坚持人类自身的有限理性，只有始终保持并不断激发人类的学习本能和创新精神，才能避免陷入"刻舟求剑"式的心智陷阱，才能维护制度矩阵免遭"异化"的命运，也才能不断拓展人类自身的生存空间。

3. 制度演化与文化自觉

上文已述，制度的演化本质上不过是心智模式的演进，而人类的认知"不只是受到文化和社会的影响，而且在非常基本的意义上，它就是一个文化和社会过程"。[①] 一旦发现了制度背后的心智模式，那么，制度创新就已经超越了单纯的成本——收益比较的逻辑，从而与人的学习本能和创新精神的"激活"联系起来。[②] 然而，对于一个已在旧制度矩阵的梦魇中沉睡了千年之久的民族来说，想要回到制度演化的正确轨道上来并非易事。这不仅是因为传统的遗存包含有至为精华的因子仍在时刻诱惑着人们重蹈覆辙，更因为新的文化"陷阱"也在越来越多地干

---

① 哈耶克语。参见道格拉斯·C·诺思：《理解经济变迁过程》，中国人民大学出版社2008年版，第31页。

② 田永峰：《再论制度变迁中的创新精神》，《现代经济探讨》2010年第6期。

扰着国人的心智。好在人们在这种文化的约束面前并不是无可作为的。诺思在深刻揭示文化约束的同时也潜在提出了文化自觉①的理念。诺思认为，虽然人类发展在深层次上受着文化的约束，但在这种约束面前我们并不是无可作为的，这是因为人类意识还具备"想象力"、"意向性"② 两个关键特征。诺思认为，正是由于人类意识具有非凡的想象力和创造力，学习过程不仅受着文化的约束，它更是一个复杂的"适应性重组过程"③，即人类心智可以根据新的环境与挑战对既有的文化作出"表示型的再描述"④。这种类似复杂性科学"积木"重组的创造性过程，恰就是一个国家或民族通过文化自觉不断对传统文化发扬其优点、改正其缺点、弥补其缺陷的过程，进而也是一个通过创造性学习不断完善集体心智模式、不断促进制度创新演化、不断提高适应性效率、不断提高经济绩效的过程。在这个意义上，我们说，文化自觉不仅是一个独特的文化范畴，它更具有深刻的效率意蕴与经济发展功能。

文化自觉的命题于我国有其特殊的价值与意义。这不仅是因为我国文化的发展经历了跌宕起伏的历史变迁，也不仅是因为在我国传统文化脱节与泛滥并存、西方文化多元化与"碎片化"同在的现实背景中我国制度演化面临着重重的束缚，更因为唯有在高度文化自觉的基础上，我国的未来发展也才能不断扬弃自我，不断与时俱进，始终保持高度的适应性效率。在此，从经济与文化发展之间的互动关系角度，试对我国近代以来的历史做一简要的阶段划分，并对未来的发展前景做一预测。

---

① 文化自觉就是："各美其美、美人之美、美美与共，天下大同"。这句话暗合着 CAS 理论关于"适应性造就复杂性"的基本观点。费孝通：《反思·对话·文化自觉》，《北京大学学报》（哲社版），1997 年第 3 期。

② 道格拉斯·C·诺思：《理解经济变迁过程》，中国人民大学出版社 2008 年版，第 38 页。

③ 同上，第 33 页。

④ 所谓表示型的再描述是指这样一种过程，在这个过程中原先用于解决环境中某个特定问题的知识被重新安排用来解决更大范围内的一系列问题。同上，第 61 页。

（1）疑为经济发展"桎梏"的文化

近代，自从中国从"中心之国"沦为"边缘之国"，我们就踏上了对于现代化的漫漫求索之路。尽管，亡国灭种的严峻威胁、急于赶超的功利心态，以及"身在此山中"的情境迷局，让我们从来都忙于"赶路"，而疏于对"历史方位"、"科学发展"等问题的深入探究。但事实上我们都清楚：忘记历史就意味着背叛，没有反思就没有科学发展。因此，批判的声音从来都存在，反省的"自觉"也时刻在与时俱进。

总体而言，我国的现代化历程和西方发展史有着根本的不同。这主要体现为：西方的现代化，是从它自身传统的生产方式中逐渐生长出来的，是内生的，自然生成的；而我国的现代化则是由西方列强的坚船利炮和血与火的打击而推动的，是外生的、强制性的。因此，西方的"现代化"主要表现为一个不断自我否定、自我更新的过程，而我国的现代化则主要表现为一个异质性文化对本国文化的挑战、威胁甚至否定的过程、一个文化的碰撞与选择的过程。事实上，无论是理论上的自我反省还是实际的社会变迁，我国的现代化路径自觉不自觉地表现出了"器物→制度→文化"层层深入的逻辑。可以说，中国从感觉到"器物"的不足，到进而认识到"制度"的问题，再最后发现"文化"的根源，本质上，这是一个对落后的原因不断深化认识并力图改正创新的过程。这一过程，从根本上推动着中国近代史的演进变迁。在这个意义上，文化转型正是我国现代化建设的深层实质。正如我国学者钱穆所说：今天的中国问题，乃至世界问题，并不仅是一个军事的、经济的、政治的或是外交的问题，而已是一个整个世界的文化问题。一切问题都从文化问题产生，也都该从文化问题来解决。①

（2）被经济发展"挤出"了的文化

"可爱者不可信，可信者不可爱。"（王国维）一旦人们"自觉"到

---

① 钱穆：《文化学大义》第一讲，台湾中正书局印行 1983 年版。

本国文化与自身的落后存在千丝万缕的联系，文化疑似中国衰退的根源，文化疑为经济发展的桎梏，尽管这还只是一个模糊的印象，甚至可能是不见得准确的推测，但这已经是一个异常残酷的判断，一个无比艰难的选择。首先在精神层面，中国的学者和精英们遭受到了前所未有、旷世罕见的矛盾与痛苦。对于本国文化和异质文化，深爱、痛恨、疑惑、反思、争论、激辩、破裂、冲突……种种强烈且复杂的情感，盘绕在学者们的心头。然而，即便是这些残酷的精神斗争与挣扎也已是难得的奢望，因为社会"达尔文主义"正在大行其道，因为正面临着亡国灭种的危险，因为血与火的打击就在身边。尽管有满腹的疑团未解，人们仍然不得已投入到了现实的斗争中去。正是由于还来不及进行从容的和真正深刻的文化反思，在严峻以及紧迫的现实考验面前，人们只好凭借着朴素的认知，自觉不自觉地，对于文化反思与转型问题采取了"搁置"、"存疑"或"存而不论"的态度，而把主要的精力放在了"器物"及"制度"层面的学习和经济发展方面。某种意义上，这也是一种历史的必然，因为尽管这种发展还缺乏高度的文化自觉，但它毕竟在一定程度上解了"燃眉之急"。另一方面，也正因不可能达致高度的文化自觉，这一时期的发展方式过度追求经济本身的增长，忽视了客观的规律以及经济社会全面、协调、可持续的发展。至于文化被"挤出"而产生的严重后果，比如"GDP拜物教"的流行、国民创新精神的缺失、经济增长深层动力的孱弱等，都正在随着时间的流逝而逐渐凸显出来。

（3）沦为经济发展"工具"的文化

"斯文扫地"、"靠边站"并不是文化所要面对的最坏结果。当狭隘的经济逻辑控制了人们的头脑，文化不再是"可有可无"的存在，文化本身的"经济价值"也终于被发现并得到了充分的实现，文化终于从指引发展的"灯塔"沦落为发展本身的"工具"。套用经济的"文化自觉"句式，这种情况也可以方便地概括为文化的"经济自觉"。极而言之，这时的文化不仅"尴尬"、"可悲"，有时甚至"可耻"。吊诡的是，这时文化的地位却得到了一定程度的提升，甚至还会放射出夺目的光芒。——尽管，这种地位的提升常和文化原本的价值无涉，而文化所放射出来的"金光"又和智慧之"辉光"大异其趣。事实上，这个时候我们在经济逻辑上已走的太远，在文化发展上已失去了太多。当我们以经济的名义大力"发展"文化的时候，我们只不过是给自己披上了尼采的那件"披在冻馁裸体上的褴褛彩衣"[1]；当我们在掘金道路上高歌猛进的时候，我们已给后人留下了太多的"生命不可承受之轻"！这并非危言耸听。试看我们的社会："教育产业化"饱受诟病；大学生早已不是"天之骄子"；"暴发户"满街游走；"笑贫不笑娼"大行其道；失信行为到处泛滥……我国改革开放的总设计师邓小平对此早有警觉，他说：风气如果坏下去，经济搞成功又有什么意义？会在另一方面变质，反过来影响整个经济变质，发展下去会形成贪污、盗窃、贿赂横行的世界。[2] 试举一例：2003 年，我国市场交易中因失信行为而造成的经济损失就高达 5855 亿元。[3] 斯人再世，不知又将作何感想？

（4）因经济发展而"复兴"的文化

当文化不得不"靠边站"，当文化甚至沦为经济发展的工具，我们付出的代价是巨大的，面临的情势是悲观的。正如一位学者所说："现在看来，中国在物质层面上的现代化在历经曲折和磨难后已经走上正途，其光明前景是可以预期的。然而，中国人的精神却始终没有明确的定位。大多数国人至今仍然没有在文化上自觉'中国人之所以为中国人'，不知道中华民族的族性（Chinese Identity）何在。"[4] 现实的确如

---

① 周国平译：《尼采美学文选》，北岳文艺出版社 2005 年版，第 130 页。
② 邓小平：《在中央政治局常委会上的讲话》（一九八六年一月十七日）。
③ 数据来自中国产品质量协会发行的《2004—2010 社会力量推动质量信用体系建设白皮书》。
④ 傅有德：《传统与现代之间：犹太教改革及其对中国文化建设的借鉴意义》，《孔子研究》2005 年第 5 期。

此，而且现实不仅如此：国内，因文化"贫困"而导致的失信泛滥、道德滑坡等问题不断出现；国际上，中国文化的竞争力也越来越弱。且不说《阿凡达》的火爆与"攻城略地"，《孔子》（电影）遭遇的"冷场"和"笑场"，也不说即便国外的学者们也注意到了中国的"文化贫困"，发出了"中国的知识界在哪里"的疑问，英国前首相撒切尔夫人一语中的：中国不会成为超级大国。中国没有那种可以用来推进自己的权力，进而削弱我们西方国家的具有"传染性"的学说。今天中国出口的是电视机，而不是思想观念。难道这还不能够让我们警醒吗？

然而我们大可不必就此灰心丧气。老子说过："反者道之动。"[①] 反者，返也。这种"返"不是简单的回复，而是一种更高层次上的复归。经济和文化的关系问题也符合这一规律。事实上，随着中国经济的发展与国际地位的不断提高，已有越来越多的有识之士开始重视文化，重视教育，也有越来越多的人"自觉"到了"现代化并不等于西方化"，认识到"越是民族的，越是世界的"，"文化立国"要成为国家战略的呼声也越来越高。"传统文化热"、"于丹热"、国外的"汉学热"尤其是我国政府再一次提出的文化自觉、文化自强、促进社会主义文化大发展、大繁荣的号召更是给我们了很多的希望。毕竟，中国是一个文明古国，中国早已历经沧桑；毕竟，"仓廪实而知礼节"、"衣食足而知荣辱"，随着经济实力的不断积累，随着文化自觉精神的高昂，我国经济与文化发展必将走向良性互动的轨道。

（5）超越经济并具有"内生"经济功能的文化

如果一种文化会因经济的落后而消亡，或者，如果一种文化要靠经济力的推动才能生存，那么，这种文化本身即便不是缺乏生命力的，也很难说具有永恒的价值。换言之，有生命力的文化自有其生存的空间，需要"拯救"才能生存的文化恰不具备拯救的价值。我们都记得孔子

[①] 老子：《道德经》，第四十章。

颠沛流离甚如丧家犬的一生，我们也记得中国历史上曾遭多次入侵而文化始终屹立不倒甚至反过来同化了入侵者的事实，或许，我们还会因《孔子》（电影）中"共饮一碗稀粥"的场景而哑然失笑，但我们不能不承认，如果我国的文化本身并不具备超时空的生命力，如果孔子对于传承的文化没有强烈的信心和信念，恐怕中国文化早已湮灭于历史，而孔子本人也不可能名垂千古吧？事实上，我国著名学者梁漱溟早已指出，中国文化是人类文化的早熟，富含独特的智慧，具有普适性的价值。[①]

从长远来看，我国文化还将越来越表现出超越经济本身的意义。当然，这里的"超越"并不是说文化可以脱离经济而独存，而是说文化作为一种人类智慧历尽劫波后的积淀，其对于人类的生存与发展，自有其独特的地位和作用，而这种地位和作用，是经济所无法替代及发挥的。按照我国哲学家冯友兰先生的划分，人生（类）境界包括四种：自然境界、功利境界、道德境界、天地境界，不夸张地说，中国文化在很多方面早已超越功利境界和道德境界，甚至也在很多方面触及了那种神秘的"天人合一"。[②] 一旦文化寻找到了其独特的意义和价值，文化就不再仅仅作为矛盾的一个方面而与经济相对应，同时文化也获得了某种可以影响和作用于经济的力量。就是说，文化本身的魅力已足以得到可以保障其生存与发展的支持力量，而且文化还会反过来促进经济的增长。"谁喜欢你的文化，你就拥有了谁"，世界许多大国的文化产值早已大大超过其重要工业产值，就是这种情况的生动写照。在这个意义上，文化不仅是超越经济的，而且具有"内生"性的经济功能。

当然，文化价值的呈现，特别是文化中缺陷的弥补，如果没有高度

---

① 梁漱溟：《中国文化要义》，上海人民出版社 2005 年版。
② 冯友兰：《中国哲学简史》，商务印书馆 2009 年版，第 491～495 页。

的文化自觉，那也是很难想象的。可以说，没有文化自觉就不可能实现文化的真正传承，也不可能实现真正的文化自强，更无法激发出文化的经济功能。我们清醒地看到，尽管我国经济发展已取得长足的进步，但其适应性效率还比较薄弱，长期可持续发展仍面临不少风险；我们深刻的认知，尽管我国文化有其高尚的境界与智慧，但其也存在束缚心智的成分、阻碍创新的因子。在我国大国崛起的关键时刻，要想早日跨过"拐点"实现大发展大繁荣，要想真正实现经济与文化发展的良性互动，唯有文化自觉，唯有文化自强，舍此别无他途。

8.3.4　构建学习型社会，提高适应性效率

如前述，诺思在如何提高制度演化的适应性效率方面作出了非常有益的探索，也给我们的研究提供了一个非常坚实的起点。但是，虽然"适应性效率"充满着对于制度及其创新的复杂性本质的深刻洞见，然而在诺思那里它还是一个不够完整、不够彻底，并且未曾充分展开的理论。其根本的原因在于，尽管有了极大的拓展及修正，但诺思并没有最终突破方法论个人主义的局限。这就必然导致在其理论体系中，虽然诺思已经明确指出他所说的"适应"就是"学习"，而且他对于学习的本质也作出了深刻揭示，甚至他也提及了集体的学习①，但总的来说，他所关注的学习主要的还只是"个体"的学习，而对同样具有复杂性本质的群体和系统层级的学习却做了过于简单化的处理。这鲜明地体现在他对于"知识"有关问题的分析上。

诺思首先对"知识"的地位给予了恰如其分的评价。事实上，在他那里知识是一个与"学习"、"适应"、"文化"、"心智模式"等同等程

---

① 我们的注意力必须集中于人类学习——学习的内容、学习在社会成员之间分享的方式、信念和偏好的渐进变化过程以及长期内学习影响经济绩效的方式。道格拉斯·C·诺思：《理解经济变迁过程》，中国人民大学出版社2008年版，前言第3页。

度的概念，甚至它还是一条可以把上述概念有机串联在一起的核心主线。比如他认为，"亚当·斯密的专业化和劳动分工——市场发展的必要条件——实际上是知识的专业化。"① "已成增长关键特征的专业化和劳动分工实现了知识专业化，使其成为一个基本特征，这导致了人类生产率的显著提高。"② "我们对经历过的事物所赋予的性质严格说来并不是那些事物的属性……我们所知道的整个世界都具有理论的性质，而我们所有的经验所能够做的就是改变那些理论。"③ "个人拥有的知识存量是经济、社会绩效的潜在决定因素，知识的变化是经济演化的关键。西方世界的兴起归根结底是技能和知识积累的结果，……关键之处是，个人和组织的学习是制度演化的主要动力。"④ 显然，诺思深刻地认识到了劳动分工的本质就是知识的分工，而知识的分工就是制度演化与经济增长的关键，这的确是一个巨大的进步。另外也可以看出，这里的"理论"与"集体心智模式"、"文化"或"总体知识"程度相当，"经验"不过就是分散决策得来的知识，"知识存量"的决定性作用反映了制度演进的重要约束条件，而"知识的变化"的关键性地位则体现了制度演化的增量特征，等等。

诺思虽然把知识放在了其应有的重要地位上，但他自始至终的核心关注点是个体学习过程中"知识的存量"对于"知识的变化"进而制度演化所发挥作用的问题及其解决，⑤ 而对于群体与系统层面以

---

① 道格拉斯·C·诺思：《理解经济变迁过程》，中国人民大学出版社 2008 年版，第 77 页。

② 同上，第 88 页。

③ 同上，第 31 页。

④ 同上，第 58 页。

⑤ 知识存量的增加是增进人类福利的基本决定性因素。如果仅仅关注这一点我们的研究就十分简单了；而实际上是知识、制度和人口因素之间复杂的互动关系才构成了经济变迁过程……我们这项研究的一个主要部分就是参与者的信念反映"现实"的精确度，以及预测参与者行为能否产生合意结果的精确度。道格拉斯·C·诺思：《理解经济变迁过程》，中国人民大学出版社 2008 年版，第 71 页。

个体互动为表象的知识的交流与协调，则仅仅指出了问题的所在而并没有展开。① 前者作为制度演化的微观基础固然非常重要，但后者的复杂性本质对于深入研究制度演化的"适应性效率"甚至更为直接和关键。在这一方面，诺思甚至比哈耶克都走的更远，但很可惜的是他并没有进一步深究。比如，哈耶克虽然意识到了分立存在的个体知识向整合了的社会知识及诺思所谓集体心智模式转化的必要，② 但他把这个问题的解决仅仅归结为市场价格体系，而诺思则表达了不同的观点，他认为还需要一种"复杂的制度与组织结构"来解决这一问题。他明确指出，"知识整合的成败是经济发展的核心问题"；③ "知识协调需要比价格体系更复杂的体系来保证知识在解决人类问题时的有效性。这就意味着当经济变得越来越复杂时，制度结构在分散知识的整合程度和可供解决问题方面起关键作用"；④ "以低交易成本整合分散的知识是一个不能完全依靠价格体系来解决的问题。它需要新的制度和组织的联接来克服妨碍价格体系充分整合分散知识的一些问题，如公共物品、外部性和

①　知识问题，引用哈耶克的话，就是"就是要找到这样方法：不仅能够最大限度地利用散布在社会成员之中的知识，而且能够最大限度地发挥人们发现和开发新事物的能力。"道格拉斯·C·诺思：《理解经济变迁过程》，中国人民大学出版社2008年版，第67页。

②　"知识分工"是哈耶克在1936年发表的《经济学与知识》一文中提出的问题，被经济学界视为其立基于"劳动分工"之上提出的最具原创力的思想。哈耶克认为，只有分立存在的个人知识，没有一种整合了的社会知识。因此，他认为"如果我们可以同意社会经济问题主要是适应具体时间和地点情况的变化问题，那么我们似乎就由此推断出，最终的决策必须要由那些熟悉这些具体情况并直接了解有关变化以及立即可以弄到应付这些变化的资源的人来作出。我们不能指望通过让此人首先把所有这些知识都传递给某一中央机构，然后该中央机构综合了全部知识再发出命令这样一种途径来解决这个问题，而只能以非集权化的方法来解决它。因为只有后者才能保证及时利用有关特定时间和地点之具体情况的知识，但是，'在现场者'又不能光依据他有限然又直接的对周围环境的了解来做出决策。所以，仍然存在如何向他传递他所需要的信息以使其决策符合更大范围经济体系的整个变化模式这样一个问题。"参见哈耶克：《个人主义与经济秩序》，北京经济学院出版社1991年版，第76页。

③　道格拉斯·C·诺思：《理解经济变迁过程》，中国人民大学出版社2008年版，第67页。

④　同上。

信息不对称。"①

上述分析表明，诺思已经很敏锐地意识到了在分散决策的基础上、知识的协调与整合对于制度演化和经济增长发挥着关键性的作用，但他对于何以"当前的成功绝不是预知的结果"②，以及他所谓的用以整合分散知识的"新的制度与组织联接"究竟为何物却语焉不详。③ 事实上，"适应性效率"这一空缺的逻辑链条恰恰就是复杂性因素在发挥作用的地方，而诺思理论在制度演化的群体以及系统层级的研究空白也恰恰可以为同样以复杂性科学为基础的学习型组织理论所弥补。

迄今，自彼得·圣吉及其导师佛瑞斯特发端的学习型组织理论已有了几十年的历史。随岁月流逝，这一理论不仅没有湮没，反而显示出了越来越旺盛的生命力。然而，在几乎所有的组织都言必称"学习"的同时，人们对这一理论的理解却各有千秋，实践层面更是五花八门。某种意义上，当"学习"无处不在的时候，"学习"的真义反而越来越模糊。

事实上，学习型组织理论与适应性效率理论一样充满着洞见，而它们所各自着力的方向却并不相同。之所以可以把两者相提并论，一方面是因为两者都不同程度地受到了复杂性思想的影响，另一方面则是因为"学习"与"适应"几乎就是同一概念的不同表述，而前者所强调的"系统思考"与后者所专攻的"深层认知"甚至也可以珠联璧合、相得益彰。这里，我们着重从制度演化的群体与系统层面考察学习型组织理论对于适应性效率理论的补充以及给我们的启发。

学习型组织理论远远没有像它流行的程度那样为人所了解，尤其在

---

① 道格拉斯·C·诺思：《理解经济变迁过程》，中国人民大学出版社 2008 年版，第 77 页。

② 同上，第 7 页。

③ 有学者引入"知识"范畴对诺思的"适应性效率"做了新的界定：一个社会，由于其制度结构在应对不确定性的过程中通过不断引导变化着的个体行动模式而促进知识的充分、正确、协调运用及更新，从而呈现长期增长的趋势。我认为这虽然准确指出了诺思适应性效率中空缺着的这一理论链条，但却并没有彻底地完善它。

中国更是如此。表面看起来，学习型组织理论的流行与其精髓的难为人知两者似乎都与其文本的表述方式有关。但在本质上，这还是因为它的理论基础以及理论的框架都属于复杂性科学的范畴：在简单性思维、理论以及文化和组织制度等都还大行其道的当下，尽管不少人都已经普遍、隐约意识到了简单性思维不足以解释，更不用说驾驭这个复杂性日益增强的世界，但大家对于究竟什么是复杂，以及如何应对复杂性问题还仍然停留在较为初级的水平上，这就必然会导致建设学习型组织口号上一呼百应、理论上语焉不详、实践中更莫知所从的局面的发生。

学习型组织究竟是什么样的一种组织？从 CAS 的特点（适应性造就复杂性、涌现、混沌的边缘等）就可以看出其端倪；学习型组织究竟要干什么？从诺思关于制度演化的适应性效率理论出发"接着讲"就可以发现其价值。质言之，在一定意义上，学习型组织理论就是在致力于建构诺思提出但并未阐发的"复杂的制度与组织结构"，其目的在于通过一系列措施"激发"、"顺应"并试图"调控"组织的"知识创新"特别是"知识整合"的复杂过程进入到"混沌的边缘"状态，最终促进制度沿着组织适应性效率"最大化"的方向持续演化。

具体来说，学习型组织理论在制度演化的三个层级上都提出了有针对性的对策和要求：

1. 在制度演化的个体层级，学习型组织理论指出了"自我超越"与"心智模式"的修炼途径

何谓自我超越？事实上，所要超越的不是别的，就是那些因长期"简单性"环境的束缚而给人们造成的思维的狭隘、眼界的局限、精神状态的萎靡特别是心智模式的固化等，就是要通过这种超越重新塑造"学习人"或者"适应性主体"。惟此才能从根本上打破"认知性的路径依赖"，奠定制度演化的微观基础，也才能最大限度地促进分散决策，最终促进"知识的变化"即创新。正如圣吉所言："只有通过个人学习，组织才能学习。"① 或如哈耶克所说："在芸芸众生之中，哪些人会对文明进化作出巨大贡献是由许多人们无法把握的偶然因素促成的。而我们事先并不知道，谁注定会成为这样的'幸运儿'。只有将自由给予所有的人，才会使少数人有可能充分地利用自由所提供的机会，才不会将对未来发展具有决定性意义的新思想和新事物扼杀在摇篮中。"② 显然，自我超越的确是学习型组织也是制度演化的"重要基石"和"精神基础"。③

2. 在制度演化的群体层级，学习型组织理论提出了"团队学习"与"共同愿景"的调控手段

个体的学习与知识获得并不必然指向组织适应性效率的最大化，这不仅是因为在制度演化的群体层级处处皆是充满着非线性、偶然性等的复杂交互过程，还因为个体的学习具有深刻的动机、明确的意识和各异的价值取向，再加上各自理性程度的不同，个体经验当中大量充斥的是"意会性知识"，如果没有恰当的调控与有效的交流，这一过程中所谓"熊彼特式的创造性破坏"将很有可能只剩下了"破坏"，又或者知识的共享与协调仅仅停留于浅层次而无法深入进行。为此，采取有效的措施在不同个体间进行"标识"、促进有关个体的"聚集"并展开"深度汇谈"（dialogue）以促进"多样性的自我再创生"是非常必要的。总之，对于"促进彼此学习得来的知识的充分、正确、协调运用及更新"而言，群体的互动环节的确是制度演化的"惊险一跃"，惟有通过"团队学习"与"共同愿景"两大手段的调控，我们才能有效把握这一进程。正如圣吉所言："团队学习之所以重要，是因为团队，而非个人，才是现代组织的基本学习单位……除非团队能够学习，否则，组织是不

---

① 彼得·圣吉：《第五项修炼》，中信出版社2009年版，第137页。
② ［英］哈耶克：《自由宪章》，中国社会科学出版社1998年版，第11页。
③ 彼得·圣吉：《第五项修炼》，中信出版社2009年版，第7页。

能学习的。"

3. 在制度演化的系统层级，学习型组织理论强调了"系统思考"的核心理念

与其说"系统思考"是打造学习型组织的"第五项修炼"，倒不如说它就是学习型组织理论的精髓，事实上它也是彼得·圣吉最重视的一项修炼。"系统思考"为什么那么重要？彼得·圣吉明确地说，系统思考是"整合其他修炼的修炼"，目的在于时刻提醒我们"整体大于局部的组合"[①]，避免出现类似的情境发生："我们总是把注意力集中在为系统的各个孤立组成部分拍摄快照上，然后纳闷为什么我们最深层的问题总是得不到解决"[②]。

本质上，以"系统思考"为核心的"五项修炼"正是要打造这样一种组织或者促进组织运行在这样一种状态上：最大限度地促进分散决策同时又最大限度地促进知识的整合。显然，这与 CAS 理论关于"混沌的边缘"理念颇有异曲同工之妙，两者不约而同为制度矩阵指出了同样一条最具有适应性效率的演化之路。那么究竟经济发展与制度演化到了一个什么样的程度才能算得上是具有了适应性效率？关于这一点诺思曾不无讽刺地说，他经常观察到经济学家看到一个国家持续增长了 10 年、20 年就会兴奋地说，"这个国家正处于通向发展的道路上"，或者"我们最终会成功实现经济的转轨"。诺思本人认为，"对经济史学家来说，这的确是谬见"，"至少要在 50 年或 100 年的时期，如果发展到这样一个社会：有抵挡冲击的能力，有战胜频繁出现的问题的能力"，这时才能基本判断制度能否有适应性效率。这番言论，对于我国的改革与经济之路颇有借鉴意义。

总之，复杂性科学是适应性效率与学习型组织理论的科学基础，适

---

① 彼得·圣吉：《第五项修炼》，中信出版社 2009 年版，第 13 页。
② 同上，第 7 页。

应性效率及学习型组织理论则是复杂性科学的跨学科应用。如果说，适应性效率理论侧重从个体学习的层面刻画了复杂适应过程的微观机理，那么，学习型组织理论则在系统规划的层面描绘了复杂适应过程的宏观框架，这两者共同为我们深刻揭示了非各态历经世界中整体制度矩阵演进的深刻逻辑。最终，"流行的管理体系的核心问题是致力于使一切趋于平庸。它迫使人们越来越辛苦的工作，以弥补一种缺失，即人们在一起共同工作处于最佳状态时所特有的精神和集体智慧的流失"①，解决这个问题，就是要建设学习型组织（社会）；解决了这个问题，制度演化（与组织、社会发展）就具备了适应性效率。

---

① 彼得·圣吉：《第五项修炼》序言，中信出版社 2009 年版。

参考文献

1. 马克思、恩格斯. 马克思恩格斯选集. 人民出版社, 1995.

2. 邓正来. 哈耶克论文集. 首都经贸大学出版社, 2001.

3. 邬焜. 古代哲学中的信息、系统、复杂性思想. 商务印书馆, 2010.

4. 干春松. 制度化儒家及其解体. 中国人民大学出版社, 2003.

5. 王晓毅. 郭象评传. 南京大学出版社, 2006.

6. 杨春学等. 近现代经济学之演进. 经济科学出版社, 2002.

7. 邓正来. 自由与秩序. 江西教育出版社, 1998.

8. 黄欣荣. 复杂性科学的方法论研究. 重庆大学出版社, 2006.

9. 袁恩桢等. 交易活动与经济关系演进. 上海社会科学院出版社, 2002.

10. 谢识予. 经济博弈论. 复旦大学出版社, 1997.

11. 张五常. 经济解释. 商务印书馆, 2002.

12. 钱国靖等. 比较经济学. 复旦大学出版社, 1997.

13. 朱羿锟. 公司控制权配置论. 经济管理出版社, 2001.

14. 陈佳贵等. 企业经济学. 经济科学出版社, 1997.

15. 谢德仁. 企业剩余索取权：分享安排与剩余计量. 上海人民出版社,

2001.

16. 周振华. 体制变革与经济增长. 上海三联书店, 1999.

17. 杨春学. 当代西方经济学新词典. 吉林人民出版社, 2001.

18. 洪远朋等. 共享利益论. 上海人民出版社, 2001.

19. 厉以宁. 资本主义的起源. 商务印书馆, 2003.

20. 云南民族学院等. 经济全球化与民族文化多元发展. 社会科学文献出版社, 2003.

21. 朱成全. 经济学的"科学困境"及人文转向. 东北财经大学出版社, 2007.

22. 周其仁. 产权与制度变迁. 社会科学文献出版社, 2002.

23. 冯友兰. 中国哲学简史. 北京大学出版社, 1996.

24. 梁漱溟. 中国文化要义. 上海人民出版社, 2005.

25. 林岗等. 马克思主义与制度分析. 经济科学出版社, 2001.

26. 干春松. 制度化儒家及其解体. 中国人民大学出版社, 2003.

27. 王汉亮. 中国国有企业产权问题研究. 北京大学出版社, 2003.

28. 余光剩. 企业发展的知识分析. 上海财经大学出版社, 2000.

29. 高程德. 现代公司理论. 北京大学出版社, 2000.

30. 牛国良. 现代企业制度. 北京大学出版社, 2002.

31. 杨小凯. 新兴古典经济学和超边际分析. 中国人民大学出版社, 2000.

32. 费方域. 企业的产权分析. 上海三联书店, 1998.

33. 焦赋龙. 中国企业家人力资本：形成、定价与配置. 经济科学出版社, 2000.

34. 汪丁丁. 制度分析基础. 社会科学文献出版社, 2002.

35. 张维迎. 企业的企业家—契约理论. 上海三联书店, 1995.

36. 史正富. 现代企业中的劳动与价值. 上海人民出版社, 2002.

37. 张维迎. 产权、政府与信誉. 三联书店, 2001.

38. 王国成. 企业治理结构与企业家选择. 经济管理出版社, 2002.

39. 甘德安等. 中国家族企业研究. 中国社会科学出版社, 2002.

40. 魏杰. 企业前沿问题. 中国发展出版社, 2001.

41. 魏杰. 市场经济前沿问题. 中国发展出版社, 2001.

42. 魏杰. 企业制度安排. 中国发展出版社, 2002.

43. 刘光明. 企业文化. 经济管理出版社, 2002.

44. 世界银行政策研究报告. 官办企业问题研究. 中国财政经济出版社, 1997.

45. 张其仔. 新经济社会学. 中国社会科学出版社, 2001.

46. 王凤荣. 金融制度变迁中的企业成长. 经济科学出版社, 2002.

47. 程恩富等. 企业学说与企业变革. 上海财经大学出版社, 2001.

48. 周小亮. 市场配置资源的制度修正. 经济科学出版社, 1999.

49. 周永亮. 中国企业前沿问题报告. 中国社会科学出版社, 2001.

50. 韦伟等. 现代企业理论和产业组织理论. 人民出版社, 2003.

51. 郭金林. 企业产权契约与公司治理结构. 经济管理出版社, 2002.

52. 杨瑞龙. 企业的利益相关者理论及其应用. 经济科学出版社, 2000.

53. 张维迎. 企业理论与中国企业改革. 北京大学出版社, 1999.

54. 范黎波等. 企业理论与公司治理. 对外经贸大学出版社, 2001.

55. 贾根良等. 东亚模式的新格局. 山西人民出版社, 2002.

56. 张维迎. 博弈论与信息经济学. 上海三联书店 1996.

57. 张兴茂. 中国现阶段的基本经济制度. 中国经济出版社, 2003.

58. 涂文涛. 当代中国所有制结构变迁研究. 西南财经大学出版社, 2002.

59. 董瑞华等. 经济学说方法论. 中国经济出版社, 2001.

60. 何树贵. 比较经济体制学. 浙江大学出版社, 2001.

61. 喻敬明等. 国家信用管理体系. 社会科学文献出版社, 2000.

62. 徐坡领. 俄罗斯经济转型轨迹研究. 经济科学出版社, 2002.

63. 盛洪. 中国的过渡经济学. 上海三联书店, 1994.

64. 顾海良等. 简明帕氏新经济学辞典. 中国经济出版社, 1991.

65. 徐崇温. 利害相关者资本主义. 重庆出版社, 2001.

66. 左大培等. 现代市场经济的不同类型. 经济科学出版社, 1996.

67. 中国改革与发展报告. 制度的障碍与供给. 上海远东出版社, 2001.

68. 孙永祥. 公司治理结构：理论与实证研究. 上海三联书店 2002.

69. 晏智杰等. 西方市场经济理论史. 商务印书馆, 1999.

70. 盛洪. 现代制度经济学. 北京大学出版社, 2003.

71. 吴宣恭等. 产权理论比较. 经济科学出版社, 2000.

72. 程恩富等. 经济学方法论. 上海财经大学出版社, 2002.

73. 周勤淑、赵学清. 要素报酬与社会公正. 中共中央党校出版社, 1998.

74. 王仕军. 马克思企业理论的现代拓展. 光明日报出版社, 2009.

75. 赵学清. 劳动与劳动价值新论. 解放军出版社, 2002.

76. 田永峰、赵学清. 经营管理劳动与先进生产力的代表. 现代经济探讨. 2002（9）.

77. 田永峰等. 制度变迁中的创新精神探析. 南京师大学报. 2000（2）.

78. 田永峰. 论新制度经济学对马克思制度经济学的丰富和补充. 中共福建省委党校学报, 2000（2）.

79. 田永峰. 宏观制度视野中的现代企业理论：框架和意义. 南京政治学院学报. 2004（2）.

80. 田永峰. 再论制度变迁中的创新精神. 现代经济探讨. 2010（6）.

81. 费孝通. 反思·对话·文化自觉. 北京大学学报（哲社版）. 1997（3）.

82. 徐传谌. 诺思制序分析中的建构理性主义及反思. 上海经济研究. 2006（8）.

83. 岳翔宇. 英国式自由主义的有限理性——论亚当·斯密. 经济研究导

刊. 2008（14）.

84. 陆善勇. 复杂性范式经济学导论. 广西大学学报（哲社版）. 2005（4）.

85. 梁正. 演化经济学研究范式的重新思考. 南开经济研究. 2003（5）.

86. 吴彤. 复杂性范式的兴起. 科学技术与辩证法. 2001（6）.

87. 德姆塞茨. 企业经济学. 中国社会科学出版社，1999.

88. 亚当·斯密. 道德情操论. 中央编译出版社，2009.

89. 康芒斯. 资本主义的法律基础. 商务印书馆，2003.

90. 阿瑟·奥肯. 平等与效率. 华夏出版社，1999.

91. 加里·D·利贝卡普. 产权的缔约分析. 中国社会科学出版社，2001.

92. 青木昌彦等. 经济体制的比较制度分析. 中国发展出版社，1999.

93. 杰克·J·弗罗门. 经济演化. 经济科学出版社，2003.

94. 马克斯·韦伯. 儒教与道教. 商务印书馆，2003.

95. 诺思. 经济史上的结构和变革. 商务印书馆，1999.

96. 德姆塞茨. 所有权、控制与企业. 经济科学出版社，1999.

97. 莱斯利·巴顿. 人民的资本主义?. 重庆出版社，2001.

98. 柯武刚等. 制度经济学. 商务印书馆 2001.

99. 哈特. 企业、合同与财务结构. 上海三联书店，1998.

100. 迪屈奇. 交易成本经济学. 经济科学出版社，1999.

101. 平乔维奇. 产权经济学. 经济科学出版社，1999.

102. 奥尔森. 集体行动的逻辑. 上海三联书店，1995.

103. 斯蒂格利茨. 东亚奇迹的反思. 中国人民大学出版社，2003.

104. 布莱尔. 所有权与控制. 中国社会科学出版社，1999.

105. 亚当·斯密. 国民财富的性质和原因的研究. 商务印书馆，1974.

106. 巴师夏. 和谐经济论. 中国社会科学出版社，1995.

107. 巴泽尔. 产权的经济分析. 上海三联书店，2002.

108. 布罗姆利. 经济利益与经济制度. 上海三联书店, 1996.

109. 贝克尔. 人类行为的经济分析. 上海三联书店, 1995.

110. 斯蒂格利茨. 社会主义向何处去. 吉林人民出版社, 1998.

111. 缪勒. 公共选择理论. 中国社会科学出版社, 1999.

112. 科斯. 财产权利与制度变迁. 上海三联书店, 1994.

113. 哈耶克. 经济、科学与政治——哈耶克思想精粹. 江苏人民出版社, 2000.

114. 约翰·斯科特. 公司经营与资本家阶级. 重庆出版社, 2002.

115. 哈耶克. 通往奴役之路. 中国社会科学出版社, 1997.

116. 热若兰·罗兰. 转型与经济学. 北京大学出版社, 2002.

117. 阿马蒂亚·森. 以自由看待发展. 中国人民大学出版社, 2002.

118. 钱德勒. 看得见的手. 商务印书馆, 2001.

119. 青木昌彦. 比较制度分析. 上海远东出版社, 2001.

120. 科斯等. 契约经济学. 经济科学出版社, 1999.

121. 哈耶克. 自由宪章. 中国社会科学出版社, 1998.

122. 约翰·N·德勒巴克 等. 新制度经济学前沿. 经济科学出版社, 2003.

123. 约翰·福斯特. 演化经济学前沿. 高等教育出版社, 2005.

124. 梅特卡夫. 演化经济学与创造性毁灭. 中国人民大学出版社, 2007.

125. 哈耶克. 自由秩序原理. 北京三联书店, 1997.

126. 哈耶克. 个人主义与经济秩序. 北京经济学院出版社, 1991.

127. M·盖尔曼. 夸克与美洲豹. 湖南科技出版社, 1999.

128. 埃德加·莫兰. 复杂性思想导论. 华东师范大学出版社, 2008.

129. 道格拉斯·C·诺思. 理解经济变迁过程. 中国人民大学出版社, 2008.

130. 约翰·L·卡斯蒂. 虚实世界. 上海科教出版社, 1998.

131. 沃尔德罗普. 复杂: 诞生于秩序与混沌边缘的科学. 北京三联书店,

1998.

132. 约翰·霍兰德. 隐秩序 – 适应性造就复杂性. 上海科教出版社,
2000.

133. 托马斯·库恩. 科学革命的结构. 北京大学出版社, 2004.

134. 拉兹洛. 进化——广义综合理论. 社会科学文献出版社, 1988.

135. 道格拉斯·C·诺思. 经济史中的结构与变迁. 上海人民出版社,
1994.

136. 彼得·圣吉. 第五项修炼. 中信出版社, 2009.

137. 埃瑞克·G·菲吕博顿. 新制度经济学. 上海财经大学出版社,
1998.

138. Coase, R. (1937), "The Nature of the Firm," Economica 4:386 – 405.

139. Coase, R. (1960), "The Problem of Social Cost," Journal of Law and E-
conomics.

140. North, D. C. (1961), The Economic Growth of the United States 1970 –
1860, Englewood Cliffs, NJ: Prentice – Hall, Inc.

141. North, D. (1990), Institutions, Institutional Change and Economic Per-
formance. Cambridge, U. K. and N. Y.: Cambridge University Press.

142. F. Fukuyama (1995), Trust: the Social Virtues and the Creation for Pros-
perity. Hamilton. London.

143. Staney Wasserman, and Katherine Faust (1994): Social Network Analy-
sis. Cambridge University Press.

144. Blair, Margaret, 1995, "Rethinking Assumptions behind Corporate Gov-
ernance", Challenge, Nov. – Dec. ,12 – 77.

145. Harris, J, and Hunter, J (1995), "The new institutional economics and
third world development." Rould Co.

146. Dietrich, M (1994), "Transaction Cost Economics and Beyond," London
and York: Rouledge &Thoemmes Pre.

147. Hayek，F. A.，"The Use of Konwledge in Society"，American Economic Review(September 1945).

148. Hayek，F. A.，"Economics and Knowledge"，Economica (February 1937).

后　记

如果自 2001 年算起，这本书的写作可以说前后延续了十年之久。"十年磨一剑"，终于呈现于世。

这本书是在我的博士论文的基础上修改而成的。于我而言，攻读博士学位的那三年真的是一段相当令人难忘的心路历程。无数个夜晚，孤灯独照；多少次问天，苦思冥想。常似超拔于尘嚣之外，又觉举世皆系乎一心。时至今日，我仍然认为读博不仅意味着知识的积累与创新，更是一种人生的历炼与升华。如果说前者尚可以付诸看得见的文字，那么后者则更多的是一种自证自明的内心体验。冷暖自知，我已付出我所有，剩下的就是顺其自然了。

饮其流者怀其源，学其成时念吾师。在这里我还要再次对我的导师赵学清先生致以衷心的感谢与诚挚的敬意。先生为学为人，足称楷模；弟子目濡耳染，受益终生。

在论文写作、答辩以及在工作之后的继续研究、探索过程中，沈立人、冯均义、李应宁、周明生、葛守昆、赵子忱、张寿正、邱英汉、崔战利、蒋建新、谈万强、杜人淮、林荣林、何家成、宋联江、杨占营等先生都曾多次给予我热忱而富有智慧的指导和帮助。我的师兄、弟（妹）以及同窗好友们也给予了我极大的支持，他们是项飞博士、王仕军博士、李文平硕士、吴萌硕士、高玉林博士、夏顺忠硕士、陈忠炼硕士、曹二刚硕士、李塘硕士、顾国兵硕士、邹衍硕士、李铮硕士、李梅硕士、孙峰硕士、王胜利硕士、杜永吉博士、张进存硕士、陈小明博士、荆小平博士、杨超博士、胡晓博士等。无法一一列举，在此一并表示深深的感谢。特别要感谢学习期间以及工作后学院、专业系、研究生大队等的关怀和大力支持。

当然，这本书还要奉献给我的父母以及妻子女儿。这些年来，他们一直在默默支持着我，而我则对他们亏欠了太多。但愿这微薄的献礼，可以弥补于万一。

最后，还以当年引《射雕》侠事戏填的一首词作结：《踏莎行》——"空明拳成，桃花阵破，自在樊笼水天阔；十载面壁终破壁，仰天狂笑出洞去。踏鲨而游，行止在我，碧海潮生无奈何；莫道行者无贪嗔，情深更在无情处。"会心一笑，尽在不言中。

田永峰

2012 年 3 月于南京半山园